ISBN 978-0-282-88873-2
PIBN 10392082

For support please visit www.forgottenbooks.com

English
Français
Deutsche
Italiano
Español
Português

www.forgottenbooks.com

Mythology Photography **Fiction**
Fishing Christianity **Art** Cooking
Essays Buddhism Freemasonry
Medicine **Biology** Music **Ancient
Egypt** Evolution Carpentry Physics
Dance Geology **Mathematics** Fitness
Shakespeare **Folklore** Yoga Marketing
Confidence Immortality Biographies
Poetry **Psychology** Witchcraft
Electronics Chemistry History **Law**
Accounting **Philosophy** Anthropology
Alchemy Drama Quantum Mechanics
Atheism Sexual Health **Ancient History**
Entrepreneurship Languages Sport
Paleontology Needlework Islam
Metaphysics Investment Archaeology
Parenting Statistics Criminology
Motivational

MÉMOIRES

SUR LES CAMPAGNES

DES ARMÉES DU RHIN

ET

DE RHIN-ET-MOSELLE,

DE 1792 JUSQU'A LA PAIX DE CAMPO-FORMIO.

IV.

MÉMOIRES

Sur les Campagnes

DES ARMÉES DU RHIN

ET

DE RHIN-ET-MOSELLE,

DE 1792 JUSQU'A LA PAIX DE CAMPO-FORMIO;

PAR

LE MARÉCHAL GOUVION SAINT-CYR,

Tome Quatrième.

SUITE DE LA CAMPAGNE DE 1796,
ET CAMPAGNE DE 1797.

Paris.

ANSELIN, LIBRAIRE POUR L'ART MILITAIRE,

RUE DAUPHINE, N° 9.

1829.

CET OUVRAGE SE TROUVE AUSSI:

A Paris, chez PICQUET, quai Conti, n° 17 ;

LEVRAULT, rue de la Harpe, n° 81 ;

Et à Strasbourg, même maison de commerce.

PARIS.— IMPRIMERIE DE CASIMIR, RUE DE LA VIEILLE-MONNAIE, N° 12.

MÉMOIRES

SUR LES CAMPAGNES

DES ARMÉES DU RHIN

ET

DE RHIN-ET-MOSELLE,

DE 1792 JUSQU'A LA PAIX DE CAMPO-FORMIO;

PAR

LE MARÉCHAL GOUVION SAINT-CYR.

TOME QUATRIÈME.

SUITE DE LA CAMPAGNE DE 1796,
ET CAMPAGNE DE 1797.

PARIS.

ANSELIN, LIBRAIRE POUR L'ART MILITAIRE,

RUE DAUPHINE, N° 9.

1829.

MÉMOIRES

SUR LES CAMPAGNES

DES ARMÉES

DU RHIN ET DE RHIN-ET-MOSELLE,

DE 1792 JUSQU'A LA PAIX DE CAMPO-FORMIO.

ARMÉE DE RHIN-ET-MOSELLE.

SUITE DE LA CAMPAGNE DE 1796.

CHAPITRE QUINZIÈME.

Combats d'Emmendingen et de Waldkirch.

MOREAU et l'Archiduc se trouvaient dans une position semblable à celle où ils s'étaient rencontrés le 9 juillet, à la suite de l'affaire de Rastadt, lorsque celui-ci, après ses succès sur la Lahn, revenait plein de confiance, et ne doutait pas de rejeter son adversaire sur la rive gauche du Rhin. Ce dernier ayant placé un corps nombreux dans les montagnes, y eut des succès qui décidèrent le gain

de la bataille, malgré ceux que l'Archiduc avait obtenus dans la plaine. Cette manœuvre ayant réussi
à Moreau, rien n'était plus convenable que de la
répéter; car, ce qui arrive si rarement à la guerre,
toutes les circonstances étaient les mêmes, jusqu'aux
fautes de l'Archiduc qui se trouvaient exactement
répétées : ce prince, ainsi qu'on l'a déjà observé,
n'amenant pas au combat toutes les forces dont il
aurait pu disposer.

Les mesures que Moreau aurait dû prendre
étaient aussi simples que faciles; il fallait laisser
dans la plaine l'aile gauche et la réserve de cavalerie, placer le corps du centre en entier à Waldkirch, pour le faire agir dans les montagnes par
Elzach, sur les revers qui regardent le Rhin, ou
selon les circonstances et les mouvements de l'ennemi, sur Haslach, dans la vallée de la Kintzig.
L'Archiduc avait affaibli Fröhlich pour se renforcer
dans la plaine. Ainsi Ferino, qui depuis long-temps
lui faisait face, avait suffisamment de monde pour
le contenir. A la vérité les succès n'étaient plus
aussi faciles à obtenir qu'ils l'eussent été immédiatement après la conférence de Donaueschingen,
puisqu'alors l'Archiduc n'avait point son armée
réunie, et que dans ce moment on lui avait laissé
le temps de la rassembler; mais pour être plus
difficiles, ils n'en étaient pas moins probables.

Le 12, à l'arrivée de Saint-Cyr sur l'Elz, si on l'eût fait marcher dans la direction de Kehl, il n'aurait rencontré qu'une partie de la division Petrasch, et les 9,000 hommes que l'Archiduc amenait. Ce prince a dit lui-même qu'il se trouvait hors d'état de résister à une de nos divisions, et dès lors, à plus forte raison, au corps entier du centre, suivi, ainsi qu'il aurait pu l'être, par Desaix et la réserve. Mais comme si l'on eût craint que Saint-Cyr ne tentât ce mouvement de lui-même, et sans attendre d'ordre, on lui avait prescrit de s'arrêter sur l'Elz, et l'on avait retenu sans nécessité sur le Hohle-Graben, sa meilleure brigade, celle de Lecourbe. Il paraîtrait que l'intention de Moreau était que le corps de Desaix marchât en tête de l'armée, dans la direction de Kehl. Le 13, à l'arrivée du général en chef à Freiburg, on avait connaissance que l'Archiduc n'amenait du bas Rhin qu'un détachement : Moreau put alors espérer qu'il arriverait sans obstacle à Kehl. Delà le projet de porter son armée d'abord sur l'Ettenbach, en faisant appuyer le corps de Desaix, qu'il destinait à se porter sur Kehl, par celui de Saint-Cyr, qui n'aurait qu'un parti détaché sur Elzach ; projet qui fut d'abord retardé par le voyage de Moreau à Strasbourg, et ensuite par l'attaque dont nous parlerons, que les Autrichiens firent le 18, sur les troupes de Ferino.

1*

Ainsi Moreau ne croyait rencontrer que le détachement de l'Archiduc dans la vallée du Rhin, tandis que celui-ci, mettant à profit le temps qu'il lui laissait, attirait à lui une partie des troupes de Fröhlich, celles de Latour, Nauendorf et Petrasch. Cette erreur lui avait inspiré un excès de confiance d'où résulta la mauvaise disposition de ses troupes, qui ne se trouvaient placées convenablement ni pour l'offensive, ni pour la défensive.

Saint-Cyr répondit à la lettre de Reynier du 16 octobre, qu'on ne connaissait d'autres chemins que ceux d'Emmendingen à Ettenheim, et de Waldkirch à Elzach; que ce dernier était occupé en forces par l'ennemi qui avait ses avant-postes jusqu'à portée de canon de Waldkirch, et que l'on était en ce moment occupé à les repousser [1]. Saint-Cyr prévenait aussi que le lendemain il ferait une reconnaissance plus à fond des troupes ennemies qu'il avait en face de Waldkirch. L'on ne pouvait juger que par ce moyen de leurs forces dans la vallée de l'Elz; vu que les paysans étant pour la plus grande partie insurgés, il était impossible de trouver des espions dans le pays, ou d'en envoyer d'étrangers, sans qu'ils fussent aussitôt arrêtés par eux.

Il partit de Waldkirch dans la matinée du 17, avec la brigade de gauche de Taponier; celle de Lecourbe n'était pas encore arrivée du Hohle-Graben et de Saint-Mergen. On reconnut la position de Bleibach et de Simonswald, occupée par la division de Nauendorf: on vit bientôt que le prince Charles avait mieux jugé l'importance de la vallée de l'Elz et de la position de Waldkirch que notre général en chef; et il nous fut facile de prévoir que ce point serait le plus vivement attaqué, aussitôt que les préparatifs des Autrichiens seraient terminés, ce qui ne pouvait tarder. On entretint la fusillade avec les troupes de Nauendorf pendant une partie de la journée, mais avec beaucoup de circonspection, parce que nous n'avions sur ce point que la brigade de Girard-dit-vieux. D'ailleurs la profondeur et la rapidité du courant ne permirent pas de passer la rivière à Bleibach, dont l'ennemi avait rompu le pont [2].

Le général en chef avait fait quitter à Duhesme sa position sur la rive gauche de l'Elz près d'Am-Wasser, pour le porter sur la rive droite en avant d'Emmendingen, dans le but de soutenir la division de Beaupuis du corps de Desaix, que l'on avait placée sur la même rive entre Köndringen et Malterdingen. Ces deux divisions étaient séparées par le ruisseau venant de Heimbach.

L'Archiduc fit une reconnaissance le même jour sur ces deux divisions. Ces différentes reconnais-

sances faites par l'ennemi ou par nous, ne laissaient
point douter de la concentration des forces de l'Archiduc, sur la rive droite de l'Elz, et de ses projets
de prendre immédiatement l'offensive. De son côté
Moreau paraissait peu s'en inquiéter; il allait être
conduit, par l'effet de son indécision, à se tenir sur
la défensive absolue, c'est-à-dire, à faire la guerre
la plus difficile et la plus ingrate.

Ce même jour 17, Latour, après plusieurs marches forcées, s'était réuni à l'Archiduc. Ce prince
nous a appris depuis qu'il avait fixé son attaque au
18, mais qu'il l'a remise au lendemain 19, afin de
laisser reposer les troupes de Latour. Pour exécuter la réunion de ses corps, l'Archiduc avait
un peu compliqué leurs mouvements, ce qui lui
causa un retard dont Moreau aurait pu profiter. Il
avait fait passer Latour à la droite de Nauendorf :
ce mouvement qui n'était pas commandé par la
nécessité, fatigua ses troupes, et lui occasiona une
grande perte de temps. Il semble que, si ce prince
eût voulu seulement se renforcer dans la vallée du
Rhin, il lui était plus facile de faire serrer le corps
de Latour sur Nauendorf, et ce dernier sur les
troupes qui étaient déjà dans la plaine. Il eût pu
attaquer les Français deux jours plus tôt(1). A cette

(1) Je crois même qu'il eût mieux fait d'appuyer sur sa
gauche, de joindre ses troupes à celles de Latour, au lieu

époque la victoire appartenait à celui qui, le premier, aurait concentré son armée sur les principaux points d'attaque. Il y eut aussi beaucoup de changements parmi les généraux autrichiens, mais les déplacements de ceux-ci, n'ont pas autant d'inconvénients que ceux des troupes. Par ces dispositions, plusieurs virent décroître leur importance : Petrasch fut réduit au commandement de quelques bataillons, et les généraux en chef, Wartensleben et Latour, chacun à une division ; quelques jours plus tard, Fröhlich fut traité de même. Il y avait probablement des motifs, nous ne les connaissons pas; et nous n'osons nous permettre de les interpréter. Nauendorf continua à commander son corps, qui fut même renforcé et chargé de l'attaque la plus importante. Il paraîtrait que ce serait lui qui aurait le mieux pénétré les idées du prince Charles, et qui aurait précédemment le mieux exécuté ses instructions. On voit, dans cette espèce de résignation des généraux Latour et Wartensleben à accepter des fonctions aussi inférieures à celles qu'ils venaient de remplir, un acte de patriotisme qui

de l'attirer à lui, d'attaquer les Français par leur flanc droit, en débouchant des montagnes, par les vallées de l'Elz, de Glotterthal, et de Freiburg. Lui-même est d'avis que la position des montagnes rend maître de celles de la plaine. Ses mouvements eussent été moins compliqués, ses troupes moins fatiguées, et il eût plus promptement réuni son armée.

doit se produire assez souvent sous l'influence de
certains gouvernements, mais que l'on rencontre
bien rarement dans une monarchie; et je ne con-
seillerais pas à un généralissime qui ne serait pas
prince du sang, d'user de ce moyen.

Le 18, pendant que les troupes de Latour pre-
naient le repos que l'Archiduc avait jugé nécessaire de leur accorder, il fit attaquer différents
points de notre armée par des forces assez considérables. Duhesme soutint plusieurs combats en
avant d'Emmendingen, et finit par conserver tous
ses postes en faisant à l'ennemi soixante prisonniers. Nauendorf s'approcha de Waldkirch, en faisant reployer tous les avant-postes qu'Ambert (¹)
avait en avant de cette ville; mais lorsque Saint-
Cyr eut jugé que cette attaque n'était qu'une forte
reconnaissance, il ordonna à Ambert de les reprendre. Alors s'engagea un nouveau combat entre
les troupes de la brigade de Girard-dit-vieux et
celles de Nauendorf, à la suite duquel ces dernières
furent rejetées sur les positions d'où elles étaient
parties; on leur fit des prisonniers. Saint-Cyr prévint Moreau qu'il lui paraissait évident que l'ennemi se disposait à nous livrer bataille; que ce qui
avait retardé l'exécution du projet qu'il lui sup-

(¹) Ce général venait de remplacer Taponier, que l'état de
sa santé avait obligé de quitter l'armée.

posait, était probablement le mauvais état des chemins endommagés par les dernières pluies, et qu'il
fallait s'attendre que sa principale attaque aurait
lieu par la vallée de l'Elz. Il semble que cet avis
aurait dû le déterminer à concentrer dans cette
vallée le corps entier du centre, mais il n'en fit
rien. Il continua de n'y laisser que la brigade de
Girard-dit-vieux, et nous allons voir qu'il dissémina encore davantage ce corps, par les dispositions qu'il adopta pour le lendemain, et dont je
vais rendre compte.

Dans la journée du 18, les troupes de Fröhlich
avaient aussi attaqué les postes de Ferino, qui
avaient relevé ceux de la brigade Lecourbe à
Hohle-Graben, Saint-Mergen et Saint-Pierre. Moreau ordonna à Ferino de les reprendre dans la
journée du 19; il voulut que Saint-Cyr protégea
cette opération, en faisant avec sa droite une attaque sur Simonswald, par les hauteurs de Kandelberg, d'où l'on devait pousser vivement l'ennemi
dans la vallée, et envoyer quelques corps d'infanterie sur Auf-dem-Behrblatt par le Kandelberg, et
un autre par le Glotterthal [3]. Reynier prévenait
en outre, qu'il envoyait directement l'ordre à Lecourbe de faire monter de l'infanterie par la gorge
de Zähringen, sur la hauteur qui se trouvait à la
droite de son camp, pour défendre cette position

contre celle que l'ennemi pourrait y envoyer par les
montagnes, avant l'attaque qui devait avoir lieu le
lendemain matin : d'une part par les troupes de
Ferino, pour reprendre les hauteurs dont elles
avaient été chassées la veille, et de l'autre par les
troupes du centre qui devaient attaquer Simonswald,
Saint-Mergen, et la position du ·Hohle-Graben.

Les motifs de l'attaque de ces postes par l'ennemi, dans la journée du 18, étaient probablement
de donner de l'inquiétude aux Français dans cette
partie, et de les empêcher d'en tirer des troupes,
pour renforcer les points que l'Archiduc se proposait d'attaquer le 19. Moreau fut trompé par
cette diversion; en faisant coopérer les troupes 'de
Saint-Cyr à celles de Ferino, il disséminait encore
davantage le corps du centre, au moment où il
aurait dû le réunir en entier sur Waldkirch. Il fut
la dupe d'une ruse grossière, employée presque
tous les jours dans les armées.

Moreau allait recevoir la bataille dans une position de passage, bonne tout au plus à faire une
halte, et qu'il n'avait momentanément occupée que
dans l'intention de se porter le jour suivant sur
l'Ettenbach. Son indécision s'étant prolongée, l'Archiduc avait eu le temps de réunir une armée, où
Moreau ne croyait rencontrer qu'un détachement,
et celui-ci n'était pas en position de recevoir l'atta-

que de cette armée; pour cela il aurait fallu que la sienne se fût trouvée en entier sur la rive gauche de l'Elz, et que le haut de cette vallée, par où on pouvait la tourner, eût été occupée par un corps considérable. Au contraire, les deux divisions Beaupuis et Duhesme se trouvaient en avant de l'Elz, que les grandes pluies d'automne avaient fait déborder, et elles pouvaient facilement y être acculées. Les deux corps de la gauche et du centre avaient ainsi par une disposition bizarre, chacun une division sur la rive droite, et une sur la rive gauche, les premières se trouvant séparées par un horrible défilé; de manière que Moreau ne pouvait tirer aucun parti du point où il était le plus en force. Le centre surtout était entièrement morcelé, vu que la division Duhesme se trouvait à la distance de deux lieues de celle d'Ambert; en sorte que ni l'une ni l'autre ne pouvaient, au besoin, s'entr'aider, ni communiquer ensemble autrement que par des patrouilles. Le but de cette disposition était de faire appuyer par la division Duhesme, celle de Beaupuis qui n'aurait pas eu besoin de ce secours, si on l'eût placée en arrière de l'Elz; et comme si le centre n'eût pas eu assez à faire, Moreau ordonnait en outre que la division Ambert protégerait, avec une partie de ses troupes, l'attaque de Ferino sur Fröhlich, auquel il était déjà supérieur, en raison

du détachement que celui-ci avait fourni à Latour (¹).

Ce n'était pas la première fois que dans cette
campagne, le corps du centre avait souffert des
erreurs de Reynier, ou de sa prédilection pour Desaix. Dans cette occasion, Saint-Cyr s'en plaignit
à Moreau, en lui faisant sentir ce qui pouvait arriver à la brigade qui occupait Waldkirch, du
moment que l'Archiduc prendrait l'offensive; mais
il était totalement dominé par son chef d'état-major. Il répondait, que si l'on était attaqué à Waldkirch, il ne fallait pas se compromettre; qu'il fallait se retirer dans la plaine; qu'il y réunirait
son armée, en faisant repasser l'Elz à Beaupuis et
à Duhesme, et qu'il serait alors en état de faire re-
pentir le prince Charles de sa témérité. Saint-Cyr
lui rappela alors le système qu'il avait suivi au

(¹) Moreau ne connaissait probablement pas le mouvement
que Latour avait fait, et le supposait encore devant Ferino.
Il était depuis six jours à Freiburg, mais dans ce pays tout
dévoué aux Autrichiens, et qu'ils avaient insurgé, il put se
trouver privé d'espions. Toutefois il pouvait bien supposer que
l'ennemi mettait à profit le temps qu'on lui laissait, et qu'il
réunissait quelque part des troupes assez nombreuses, pour
prendre l'offensive sur les points qui lui offriraient le plus
de chances de succès. Cette probabilité devenait presque
une certitude, lorsqu'il s'agissait d'un ennemi aussi entreprenant que l'Archiduc. Elle devait le conduire à prendre
une bonne position défensive, pour se mettre en mesure de

début de la campagne; ses manœuvres dans les montagnes, qui avaient été la cause de ses succès, et qui pouvaient s'adapter aux circonstances présentes; mais il ne put obtenir aucun changement à ses dispositions vicieuses, et ne vit plus d'autre parti que d'obéir.

Nous venons de faire connaître les dispositions de Moreau; nous allons indiquer celles de son adversaire, telles qu'elles sont rapportées par lui. Son ordre de bataille fut disposé comme il suit:

La 1re colonne, de 8 bataillons et 14 escadrons, sous le commandement de Nauendorf, devait attaquer Waldkirch; la 2e, de 12 bataillons et demi et 23 escadrons, sous le commandement de Wartensleben, était dirigée contre Emmendingen, et le pont de l'Elz; la 3e, de 8 bataillons et demi, et de 15 escadrons, commandée par Latour, se divisa en deux sections, pour s'avancer par Heimbach et

lui résister d'abord, en attendant qu'il connût, par le développement de ses forces, s'il lui était convenable de la garder, ou de prendre l'offensive.

Un principe de l'art de la guerre, qui permet peu d'exceptions, c'est qu'une armée ou seulement une division, quelque soit sa force, ne peut, à proximité de l'ennemi, s'arrêter sans danger (ne fût-ce que pour quelques heures), sans prendre une position où elle puisse combattre avec les avantages du terrain, si elle se trouve inopinément attaquée par des forces égales, ou se retirer ensemble, si elle l'était par des troupes trop supérieures en nombre.

Malterdingen, sur le pont de Köndringen; la 4e, de 5 bataillons et 3 escadrons, sous le prince de Fürstenberg, devait occuper Kenzingen, faire des démonstrations contre Riegel, et se maintenir derrière Rust, Kappel et Grafenhausen. Outre leur artillerie de campagne, on donna à ces colonnes quelques petits obusiers (1).

Le 19, Lecourbe fit partir de grand matin deux colonnes d'infanterie, l'une par le Glotterthal, et l'autre par les hauteurs de Rosskopf, à droite de cette vallée; elles se dirigèrent sur Auf-dem-Behr-blatt, et firent reployer les troupes de Condé, qui s'étaient emparées la veille des postes de Hohle-Graben, Saint-Mergen et Saint-Pierre. Ainsi Ferino put les faire réoccuper de suite; mais comme il se sentait appuyé à sa gauche par les troupes que Lecourbe y avait envoyées, il se porta principalement sur sa droite. Ambert avait pris, sur la brigade Girard-dit-vieux, un détachement qu'il dirigea par le Kandelberg, sur le village de Simonswald, dont ce détachement s'empara, en chassant l'ennemi qui l'occupait, et le rejetant sur Nieder-Winden; tandis que, pour appuyer ce mouvement, Ambert, avec une autre partie de la brigade Girard-dit-vieux,

(1) Voir dans l'Atlas la Pl. XIII *bis*, sur laquelle se trouve indiquée la position des deux armées, dans la matinée du 19 octobre.

remontait la vallée de l'Elz, pour prendre position devant les troupes de Nauendorf, placées sur les hauteurs en arrière de Bleibach, et l'empêcher de se porter en force sur les troupes destinées à s'emparer de Simonswald. Un faible détachement flanquait le mouvement d'Ambert, sur les hauteurs de la rive droite de l'Elz, et le chemin de Siegelau n'était gardé que par un poste, parcequ'on fut trompé par le rapport d'un officier d'état-major, qui avait été chargé d'en faire la reconnaissance, et qui avait déclaré qu'il était impraticable pour l'artillerie. Le reste de la brigade Girard-dit-vieux (environ deux bataillons, une compagnie d'artillerie légère et un régiment de cavalerie), était resté à Waldkirch.

Les Autrichiens purent croire un moment que notre mouvement était une attaque réelle, et l'Archiduc s'exprime dans ce sens. Intimidé par l'attaque du détachement qui, après avoir forcé Simonswald, avait tourné sa gauche sur Nieder-Winden (par un excès de confiance ou de témérité, en opposition aux instructions d'Ambert), Nauendorf nous cédait du terrain, que nous ne pouvions ni ne voulions occuper. En effet le but du mouvement sur Simonswald n'était que de flanquer l'attaque de Lecourbe, et de lui faciliter la reprise des postes que Fröhlich avait enlevés la veille à Ferino; tandis que celui de Bleibach n'avait d'autre motif

que de soutenir le détachement porté sur Simonswald. Le résultat qu'on avait désiré, se trouvait
obtenu, dès les neuf heures du matin, moment fixé
par l'Archiduc pour le commencement de l'attaque
générale qu'il avait ordonnée. Mais l'ennemi eut
bientôt jugé la faiblesse des troupes qui se présen-
taient devant lui; et comme Nauendorf avait toutes
les siennes dans la main, renforcées par quelques
bataillons que lui envoya l'Archiduc, qui destinait ce corps à former la principale attaque de la
journée, il se trouvait, par l'effet des mouvements
de la brigade Girard-dit-vieux, plus en mesure de
la faire avec succès. Dans ce moment cette brigade
était partagée en trois fractions, l'une sur Simonswald, l'autre devant Bleibach et la troisième restée
à Waldkirch, où il était difficile qu'elles se réunis-
sent sans éprouver d'échecs, gênées d'ailleurs, dans
leur retraite, par les défilés et les mauvais chemins
qu'elles avaient passés, et qui allaient devenir
pour elles de nouveaux obstacles, lorsqu'elles seraient attaquées.

Quand Nauendorf eut bien reconnu le petit nombre de troupes qu'il avait devant lui, il arrêta le
mouvement rétrograde qu'il avait commencé. Il rejeta dans le Simonswald le détachement qui avait
tourné sa gauche sur Nieder-Winden, et qui, d'après
ses instructions, n'aurait pas dû dépasser cette val-

lée. Ce petit succès, si facilement obtenu, l'engagea à tenter davantage; il détacha deux bataillons sur sa droite, qu'il dirigea de Siegelau, derrière la gauche des troupes qu'Ambert avait devant Bleibach. Celles que ce général avait sur la droite de l'Elz, n'étaient pas assez nombreuses pour arrêter le mouvement de ces deux bataillons; mais sur un terrain aussi accidenté, elles pouvaient le retarder, et donner le temps de les renforcer, au moyen de celles laissées à Waldkirch, que l'on n'avait pas jugé nécessaire de porter plus avant, puisqu'il ne s'agissait, je le répète, que d'une démonstration sur le corps de Nauendorf.

Le commandant des troupes que nous avions à la droite de l'Elz, n'ayant pas exécuté sa mission avec l'intelligence qu'on devait attendre de lui, et s'étant assez précipitamment retiré sur l'autre rive, découvrit le flanc gauche du général Ambert. Les troupes de Girard-dit-vieux furent étonnées de recevoir des coups de fusil des tirailleurs ennemis, qui se montrèrent vis-à-vis le village de Kollnau, des hauteurs de la rive droite de l'Elz. Les soldats qui, comme on l'a dit tant de fois, ont toujours un œil derrière les épaules, montrèrent de l'inquiétude, avec d'autant plus de raison que l'on entendait alors une très vive canonnade dans la direction d'Emmendingen, qui ne laissait plus douter que

l'Archiduc tentait sur l'armée une attaque générale.

Ambert commença son mouvement rétrograde;
il rapprocha ses troupes de Kollnau, et tandis qu'une
partie se fusillait avec les Autrichiens arrivant de
Siegelau, le reste se dirigeait sur Waldkirch. Nauendorf, après avoir réuni ses troupes aux deux bataillons qu'il avait détachés, se présenta dans l'a-
près-midi devant Waldkirch; les Français défendaient leur terrain pied à pied, malgré leur infériorité numérique. Comme on ne pouvait pas
douter que c'était une attaque générale que l'on
avait à soutenir, et que l'armée se trouvait engagée
sur tous les points qu'elle occupait, Saint-Cyr envoya l'ordre à Lecourbe, resté à Zähringen, de rapprocher ce qu'il avait encore de disponible de sa brigade; il envoya aussi des officiers à la recherche des
détachements partis le matin pour Simonswald,
afin de les rallier sur les crêtes du Kandelberg, et
autres montagnes les plus rapprochées de nous.

La canonnade et la fusillade ne discontinuaient
près de Waldkirch, que pour recommencer ensuite
avec plus de vigueur; mais enfin sur les trois heures, cette ville fut occupée par l'ennemi. Il mit
plus d'une heure à faire ses dispositions pour en
déboucher, et semblait attendre que nous évacu-
assions ce défilé. Il parut nous fournir le prétexte

de le faire, en détachant par la droite de l'Elz
deux bataillons et un escadron sur Buchholz, derrière notre gauche, c'est-à-dire qu'il répétait la
manœuvre qui lui avait réussi à Siegelau; mais
malgré ce mouvement et l'ordre du général en chef
de ne pas se compromettre', et en cas d'attaque un
peu sérieuse, de se retirer dans la plaine, il nous
parut indispensable de défendre la vallée de l'Elz,
jusqu'au moment où nous apprendrions que notre
détachement de Simonswald serait en sûreté, et
la division Duhesme repassée sur la rive gauche.
Ainsi, nonobstant notre infériorité sur ce point,
la brigade Girard-dit-vieux dut continuer à défendre la position nouvelle qu'on lui avait fait prendre en arrière de Waldkirch, et elle la défendit
avec la plus grande vigueur jusqu'à la nuit. On
présumait alors que les détachements envoyés le
matin dans le Simonswald et les montagnes, avaient
eu le temps de se retirer assez en arrière pour n'ê-
tre pas compromis, ce qui eut lieu en effet. L'ennemi ne prit dans cette partie que les traînards ou
des hommes égarés; de plus on avait la certitude
que Duhesme avait repassé l'Elz, et rompu le pont
d'Emmendingen.

Quoiqu'il fut presque nuit, quand Ambert ordonna à Girard-dit-vieux de quitter la position
qu'il occupait à la lisière du bois, en arrière de la

2*

chapelle Saint-Martin, l'ennemi voulut profiter
de ce mouvement rétrograde, pour attaquer de nouveau cette brigade, et déboucher peut-être a vec elle
dans la plaine; mais Lecourbe venait d'arriver sur
la hauteur de l'Aichberg, avec un bataillon de la 84ᵉ.
Saint-Cyr lui donna l'ordre de tourner l'ennemi
qui pressait vivement en queue la colonne de Girard-dit-vieux, en se portant par les hauteurs, dans
le bois situé entre les ruisseaux de Weigelbach et
Dettenbach, et qui se termine devant Waldkirch;
ce que Lecourbe, favorisé par l'obscurité, exécuta
avec sa vigueur ordinaire. Les troupes de Nauendorf,
qui avaient débordé la droite de celles de Girard-
dit-vieux, furent en un instant culbutées; et ce général, protégé par l'attaque de Lecourbe, fut prendre tranquillement la position qui lui était indiquée
sur les hauteurs de Suckenthal, près de Buchholz,
et qui se trouvait en même temps la plus favorable, pour empêcher l'ennemi de déboucher dans la
plaine. En effet la vallée de l'Elz, qui s'élargit autour de Waldkirch, en formant un bassin où toutes
les armes peuvent manœuvrer, se rétrécit tellement
aux environs de Buchholz, où l'Elz se trouve resserrée par les montagnes boisées, qui dominent et
plongent les deux rives, que ce passage peut difficilement être forcé. Il faut, pour s'en rendre maître, le tourner par le Glotterthal, où l'on ne peut

se porter de Waldkirch que par un sentier, qui part de ce dernier endroit, et sur lequel Lecourbe se trouvait, ou en faisant un grand détour par Simonswald et les hauteurs du Kandelberg.

Si l'on n'avait eu en vue que de défendre le débouché de la vallée de l'Elz, c'était de cette manière que les troupes françaises auraient dû être établies en occupant les hauteurs du Kandelberg. Mais Moreau se disposant à marcher sur l'Ettenbach, ne comptait se servir de cette vallée, que pour pousser un parti sur Elzach. Cette marche qu'il projetait de faire le 19, avait été retardée par l'attaque de Fröhlich sur Ferino, qui avait donné à Moreau une grande inquiétude, parce qu'il supposait à l'ennemi beaucoup plus de forces qu'il n'en avait dans cette partie. Comme nous n'avions de ressources pour vivre que ce que nous trouvions dans les villages que nous occupions, il fallait s'étendre, et occuper en avant de notre position défensive, le plus de terrain possible.

La nuit qui survint pendant le mouvement dont je viens de parler, ne permettant plus aucune disposition de quelque importance ni à l'un ni à l'autre parti, le combat cessa. Ainsi les Autrichiens, après beaucoup d'efforts, et malgré leur supériorité dans la vallée de l'Elz (où ils avaient 11,000 hommes contre 5,000), étaient seulement arrivés à

la fin de la journée devant la position qui défendait
le débouché de la plaine, où ils devaient éprouver
le plus de résistance, et où leur cavalerie et leur
artillerie leur devenaient inutiles. Si nous avions
pu disposer d'une heure de jour de plus, cette affaire aurait eu pour les Français le résultat le plus
brillant; j'en dirai tout à l'heure les raisons.

Ambert et Nauendorf prirent position : l'un gardait le défilé, à la hauteur de Buchholz, et l'autre
avait le gros de ses troupes à Waldkirch. La division Duhesme, dans la mauvaise position qu'elle
occupait, avait combattu toute la journée la colonne
principale de l'Archiduc, celle de Wartensleben.
Elle avait été assez heureuse pour pouvoir repasser
sans perte le défilé de l'Elz, en rompant son pont
derrière elle; ensuite elle s'achemina, du propre
mouvement de son chef, ou par l'ordre de Moreau
(ce que je crois plus vraisemblable, sans pouvoir
toutefois l'affirmer), dans la direction de Buchholz.
Si ce mouvement eût été fait dans la matinée, ou
seulement à midi, Duhesme nous aurait rejoint vers
les trois heures; il eût changé la face de nos affaires, et l'on peut dire, sans témérité, que la division
de Nauendorf aurait été détruite. Mais n'étant arrivé qu'à la nuit close à la hauteur de Buchholz,
sa division ne pouvait plus être d'aucune utilité sur
ce point. Elle occupa le village de Suckenthal et

les hauteurs qui le dominent, de manière à garder le défilé, et empêcher l'ennemi de déboucher dans la plaine. On profita du rapprochement des deux divisions du centre, pour faire reprendre à chacune son ordre de bataille primitif. Celle d'Ambert repassa à la gauche de celle de Duhesme, et vint bivaquer près de Langen-Dentzlingen, où s'établit le quartier-général du centre. L'ennemi ayant à sa disposition le pont de Köndringen, par lequel il avait déjà fait passer des troupes sur la rive gauche de l'Elz, le centre dut rectifier la position qu'il avait prise à la fin du combat. Duhesme ne conserva que des postes à la hauteur de Buchholz, le gros de ses troupes fut placé en arrière du ruisseau qui vient de la vallée de Glotterthal.

La division de Beaupuis avait combattu comme celle de Duhesme, dans une position défavorable; mais elle fut moins heureuse. Le général Decaen qui commandait son avant-garde, fut blessé d'une chute de cheval, au moment où il se rendait à ses avant-postes, attaqués par les troupes de Latour. Beaupuis le rencontrant dans un état qui ne pouvait plus lui permettre assez d'activité, lui dit: « Aujourd'hui, mon camarade, c'est à moi de faire » le général d'avant-garde, reste à la division. » Il partit, et fut tué peu d'instants après. Desaix fut pé¹ niblement affecté, en apprenant, au commencement d'une affaire importante, la perte d'une officier-général aussi distingué que Beaupuis, et en voyant Decaen, pour ainsi dire, hors de combat. Tout en donnant de vifs regrets à son ami, il dit à Decaen : « Sauvons la division, nous le pleurerons après. » Les troupes défendirent avec vigueur les hauteurs et le village de Malterdingen; mais enfin elles furent rejetées en deçà de l'Elz, et perdirent beaucoup de monde. Elles n'eurent pas le temps de rompre le pont de Köndringen dont l'ennemi s'empara; ce qui lui donna la facilité d'occuper dans la soirée le village de Thenningen, sur la rive gauche de l'Elz. La division Sainte-Suzanne, qui était placée en arrière de l'Elz, devant les troupes du prince de Fürstenberg, n'avait point souffert. Si les deux divisions de Beaupuis et Duhesme eussent été placées comme elle, le canon seul eût fait les frais de la journée. Ferino avait repris tous les postes que Fröhlich lui avait enlevés la veille.

L'Archiduc n'avait pas obtenu de grands avantages; aucune division française n'ayant été entamée, l'armée se trouvait intacte. La perte qu'elle avait faite en hommes, était compensée par celle de l'ennemi; et l'on pourrait dire que les évènements de cette journée furent plus avantageux à l'armée de Rhin-et-Moselle, qu'à celle de l'Archiduc, en ce qu'ils forcèrent Moreau à rectifier la position dangereuse qu'il avait prise. S'il céda un peu de terrain, il en fut dédommagé par l'avantage d'avoir son armée réunie, et en mesure de recevoir ou de donner une bataille qui pouvait encore décider du sort de la campagne. Quoiqué son adversaire eût fait de meilleures dispositions que lui, il avait commis une grande faute dans l'exécution de son plan d'attaque. Il avait encore divisé ses troupes en quatre colonnes, ce qui était sans inconvénient; mais il avait formé quatre attaques, ce qui en entraînait de très graves; car il n'était nulle part assez fort pour arriver aussi vivement à son but que les circonstances l'exigeaient. Il n'aurait dû en former qu'une seule, soit sur les divisions Beaupuis et Duhesme, qui se trouvaient en avant de l'Elz, soit sur la droite à Waldkirch; où il était certain de ne rencontrer que celle d'Ambert, et où, par un effet des circonstances dont on a rendu compte, il n'eût trouvé que la brigade Girard-dit-vieux. Mais dans tous les cas, ce dernier point d'attaque était préférable au premier; car si deux des quatre colonnes de l'Archiduc se fussent présentées dès le matin devant Waldkirch, on n'aurait pu y faire aucune défense; avant midi les Autrichiens auraient pu déboucher dans la plaine, occuper Langen-Dentzlingen par leur droite, et gagner le pont d'Emmendingen. Que seraient devenues alors les deux divisions françaises en avant de l'Elz? Certainement elles n'avaient rien de mieux à faire que de repasser le plus promptement possible sur la rive gauche; mais comment auraient-elles pu passer cette rivière, observées et serrées sur tout leur front d'aussi près qu'elles pouvaient l'être par les autres colonnes de l'Archiduc? Acculées aux passages des défilés, elles y auraient laissé la moitié de leur monde. Elles n'auraient pu rompre les ponts sur lesquels l'ennemi aurait passé pour les poursuivre dans la plaine, achever leur défaite, et compléter les succès de la journée. Moreau eût été trop heureux de gagner pendant la nuit la ville de Vieux-Brisach, avec les débris de son armée battue, et de trouver un abri derrière le Rhin. Le courage de ses troupes, l'intelligence et le zèle de ses généraux, et les fautes de tactique de l'Archiduc, non-seulement l'ont tiré du mauvais pas où il s'était placé, mais lui donnaient les moyens d'obtenir les plus brillants succès dans la journée du lendemain, s'il savait mettre à profit les avantages de la bonne position qu'il occupait alors.

CHAPITRE SEIZIÈME,

Passage de l'Elz par l'Archiduc. — L'aile gauche de Moreau repasse le Rhin; le centre et la droite se retirent en arrière de Freiburg. — Position des deux corps d'armée à Schliengen. — Affaire de Schliengen. — Moreau repasse le Rhin à Huningue.

LE 20 octobre, le corps de Saint-Cyr avait sa droite aux montagnes entre Langen-Dentzlingen et Glotterthal, son centre entre le village de Vörstetten et le point de réunion des routes de Waldkirch et d'Emmendingen, et sa gauche à Unter-Reute, où appuyait la droite du corps de Desaix; son avant-garde occupait le village de Langen-Dentzlingen [4]. Il était lié par des postes placés dans la vallée de Glotterthal, avec la gauche de Ferino qui occupait Saint-Pierre. La réserve de cavalerie était encore entre les villages de Hochdorf et Buchheim; la gauche de Desaix était toujours à Riegel, son centre à Nimburg.

Ainsi Moreau se trouvait le 20 dans une bonne position, et en mesure de donner ou de recevoir une bataille, si son adversaire avait la témérité d'avan-

cer sur la gauche de l'Elz; car à son tour il aurait
eu à dos les défilés de cette rivière. Il pouvait donc
espérer un brillant résultat; mais pour cela il fallait qu'aussitôt que l'ennemi aurait fait passer les
ponts à une grande partie de son armée, Moreau fît
prendre sur elle une offensive vigoureuse, et qu'il
poussât son attaque à fond. Il avait dans sa main,
depuis le pied des montagnes jusqu'au Rhin, les
deux corps d'armée du centre et de la gauche, et
la réserve ; en tout quarante-cinq bataillons et
soixante-et-douze escadrons, formant un effectif
d'environ 38,000 hommes dont 4,937 de cavalerie
[82], non compris les troupes dans les montagnes,
sous les ordres de Ferino, lesquelles avaient la
supériorité numérique sur celles de Fröhlich, qui
leur étaient opposées. A la vérité Moreau ne connaissait pas bien la force des troupes amenées du
bas Rhin par l'Archiduc; il supposait que ce prince
n'avait laissé devant l'armée de Sambre-et-Meuse
que ce qui était nécessaire pour l'observer, et quelques escadrons devant Kehl.

L'Archiduc nous a appris depuis, qu'il avait fait
la faute de laisser trop de troupes sur le bas Rhin
et d'avoir envoyé de Mannheim, Hotze avec une
petite division faire des courses aux environs de
Landau, indépendamment de 8,000 hommes en
observation devant Kehl; mais il n'a pas donné

d'une manière qui nous satisfasse, le nombre de celles qu'il avait sur l'Elz; c'est pourquoi nous ne pouvons le préciser. Il porte le nombre des bataillons, qui devaient figurer dans l'attaque du 19, à trente-quatre, et les escadrons à cinquante-cinq, formant un total de 25,000 hommes, et nous croyons être certains qu'il était plus fort, surtout en cavalerie. Le 20, Moreau lui supposait 10,000 hommes de plus qu'il n'en accuse, et il se croyait en mesure de le combattre. S'il s'est trompé sur le nombre, cela peut provenir de ce que les Autrichiens ont l'habitude de répandre, avant de livrer bataille, le bruit qu'ils sont très nombreux; mais après l'affaire, s'ils n'ont pas obtenu le succès qu'ils se promettaient, ils se font aussi petits qu'ils peuvent. Moreau avait bien annoncé l'intention de livrer bataille sur la gauche de l'Elz, nous allons voir qu'il n'y tint pas, et qu'il adopta bientôt le plus étrange système de manœuvre. Mais revenons d'abord aux opérations de la journée.

Le 20, dans la matinée, l'Archiduc passa l'Elz à Emmendingen, avec sa 2e colonne, celle que Wartensleben avait commandée la veille. Il la réunit à la première, sous les ordres de Nauendorf, et déboucha ensuite sur l'avant-garde du centre de l'armée française, qui, après lui avoir disputé quelque temps le village de Langen-Dentzlingen, se rapprocha du corps de bataille. Le prince Charles en resta là sur ce point; Latour, avec la 3e colonne, s'était avancé de Thenningen sur Nimburg. Il s'engagea sur ce village une suite de combats très vifs, et ce ne fut que sur le soir qu'il put établir un pont, et passer une partie de son avant-garde sur la gauche du ruisseau, qui couvrait le front des troupes chargées de défendre ce point. La 4e colonne de l'armée autrichienne, commandée par le prince de Fürstenberg, s'empara de Riegel que défendait Sainte-Suzanne.

Ici se terminèrent les efforts de l'ennemi. Les avantages de l'Archiduc dans cette journée, furent plus insignifiants que ceux qu'il avait obtenus la veille. Ce prince se proposait de renouveler son attaque le lendemain, et il faut convenir qu'il aurait pu en renouveler beaucoup d'autres de ce genre, avant d'obtenir un résultat de quelque importance. Mais Moreau vint à son secours par le système bizarre qu'il adopta. Malgré qu'il eût formé le projet de livrer bataille à l'ennemi, et que les Autrichiens fussent restés toute la journée dans une fâcheuse position, ayant à dos la rivière d'Elz, il ne fit aucune tentative, pas même un mouvement, laissant les troupes attaquées se défendre comme elles pouvaient; puis enfin il se décida à faire repasser le Rhin dans la nuit à toute son aile gauche.

Dans une lettre qu'il écrivit au Directoire le 21 [6], pour lui rendre compte des évènements des jours précédents, il dit qu'il a ordonné à l'aile gauche de repasser le Rhin à Brisach, et de se porter *vivement* à Strasbourg; que son projet est de la diriger promptement sur le camp retranché de Mannheim, de l'enlever, de forcer l'ennemi à rompre le pont, et à lui assurer la libre possession du Palatinat. Il est difficile d'accorder le projet de marcher vivement sur Strasbourg, avec les deux jours de repos que l'on donna à ce corps, après qu'il eut repassé le Rhin. Par une autre lettre au Directoire, d'une date postérieure de six jours [7], on voit que Moreau avait déjà changé de projet : Desaix ne devait plus se porter vers Mannheim, mais déboucher de Kehl avec son corps, renforcé des troupes que le Directoire annonçait comme devant venir de l'intérieur. Dans tous les cas, il est visible que Moreau n'avait pas un parti bien arrêté, quand il ordonnait ce singulier mouvement, sur lequel on a beaucoup raisonné dans le temps, sans pouvoir lui trouver un motif spécieux.

Quoique le mouvement de l'aile gauche eût été exécuté la nuit, et avec une telle précipitation qu'on oublia un parc de munitions, et qu'on perdit à peu près la moitié du pont de bateaux établi à Vieux-Brisach, l'ennemi s'en aperçut aussitôt et le suivit; son

avant-garde eut même un engagement avec celle de
Desaix, commandée par Vandamme. Ainsi les deux
corps qui restaient devant l'Archiduc, se trouvaient
fort compromis ; le général en chef ordonna à la
vérité la retraite pour le lendemain [5] : mais ces
corps étaient si près de l'ennemi, qu'on devait
croire qu'ils seraient attaqués pendant leur mouvement, sur leur front et principalement sur leur
flanc gauche.

Il se présentait, pour l'exécution de cette retraite,
une difficulté qui se rencontre rarement : c'est que
ces deux corps n'avaient d'autres chemins, pour se
retirer, que ceux qui passent par Freiburg. On doit
se rappeler que Ferino faisait face à Fröhlich dans
les montagnes, et Saint-Cyr aux quatre colonnes
de l'Archiduc, dans la plaine. On ne doutait pas
que l'on serait attaqué dès le matin ; on ne pouvait
se dissimuler que l'ennemi, enhardi par notre mouvement rétrograde, nous serrerait de près et avec
vigueur : en sorte que si l'un des deux corps, par
exemple celui de Saint-Cyr, qui occupait la plaine,
était poussé plus vivement que l'autre, il devait en
résulter qu'il aurait dépassé Freiburg, avant que
Ferino n'y fut arrivé. D'un autre côté, celui-ci
trouvant l'ennemi maître de cette ville, et prêt à
lui en barrer le passage, tandis qu'il serait suivi
de très près par les Autrichiens, qui lui étaient op-

posés, devait se trouver dans une position désespérée. Il n'y avait de salut que dans une combi-
naison parfaite de l'arrivée de ces deux corps à
Freiburg, soit pour les bagages, l'artillerie ou les
troupes, et il paraissait difficile d'obtenir une réussite complète.

Les parcs et les équipage avaient défilé les
premiers, en profitant de l'obscurité de la nuit;
mais il était grand jour quand ils arrivèrent à
Freiburg, et l'on entendait les arrière-gardes des
deux corps qui se trouvaient déjà aux prises avec
les avant-gardes de l'ennemi. Néanmoins il n'arriva
rien de ce que l'on avait dû craindre; le passage
d'une aussi grande quantité de troupes et de voitures au travers de cette ville, n'amena ni désordre
ni confusion, grâce au peu d'activité des Autrichiens.

L'armée était déjà formée en arrière de la Treissam, lorsque nos deux arrière-gardes furent pous-
sées par les deux avant-gardes de l'ennemi, jusque
dans la ville, où elles continuèrent à se battre
encore quelque temps dans les rues et sur les
places. Elles abandonnèrent enfin cette ville, quand
il n'y eut plus rien à protéger; elles sortirent par
la porte d'Huningue où toute l'armée avait passé,
et se reformèrent en arrière de Freiburg. Les avant-
gardes de l'ennemi voulurent essayer de déboucher

de la ville, mais une batterie placée en arrière de
la Treissam les força d'y rentrer. Après une halte
d'une heure, l'armée rompit son ordre de bataille,
pour se remettre en marche par la route d'Huningue, et aller prendre la position suivante. Le centre,
dont la gauche avait plus de chemin à faire, commença le mouvement et fut s'établir : la gauche au
Rhin entre Grezhausen, Hausen, Biengen; la droite
à Krozingen où le corps de Ferino vint appuyer sa
gauche; la réserve fut cantonnée à Heitersheim,
Espach et Weinstetten; des arrière-gardes furent
laissées sur les routes de Freiburg et de Brisach.

Le 22, l'armée prit la position de Schliengen. Le
23, elle y séjourna et l'on s'occupa de quelques lé-
gers changements dans la position des troupes; la
gauche appuyait au Rhin vers Steinstadt, et la
droite à Kandern. L'infanterie des avant-gardes
fut rapprochée du corps de bataille, et placée à
l'entrée de la plaine. Moreau se décidant à s'arrêter
sur cette position, se débarrassa de ses bagages, et
les fit filer sur Huningue; elle était assez bonne
pour qu'il put y recevoir un combat, sans qu'on
put l'accuser de témérité, malgré son infériorité
numérique. Il restait à Moreau à Schliengen, trente-
neuf bataillons et soixante-quatre petits escadrons,
non compris la division Dufour; l'Archiduc avait
encore, après le détachement de six bataillons et

devant le front de Ferino, les avantages passèrent alternativement d'un parti à l'autre.

La droite de la position de l'armée française était, sous beaucoup de rapports, la partie la plus faible; c'était aussi celle où un revers pouvait lui devenir le plus funeste, puisque si l'ennemi eût forcé cette droite, comme il aurait pu le faire, en employant contre elle plus de .moyens, il lui était facile de gagner Huningue avant la gauche de l'armée française qui, pour effectuer sa retraite, aurait été obligée de s'ouvrir un passage l'épée à la main. Il semble donc que c'était sur cette droite où Moreau avait tant à craindre, qu'il eût dû placer la plus grande partie de ses troupes. En général c'est un mauvais système que celui de laisser une armée complètement sur la défensive, surtout une armée française; Moreau l'avait éprouvé tout récemment aux environs de Freiburg. Une telle disposition donne trop d'avantages à celui qui attaque quand il n'a pas à craindre d'être forcé lui-même sur quelques points, sa sécurité devient si grande, il s'enhardit à tel point qu'il devient difficile de lui résister.

Selon ma manière de voir, Moreau devait, comme il l'a fait, conserver la défensive sur sa gauche où sa position était la plus forte, mais il aurait dû y laisser moins de monde, afin d'être plus en forces sur le point où il prendrait l'offensive : la division d'Ambert, la majeure partie de l'artillerie de l'armée, et la réserve de cavalerie étaient suffisantes pour garder sa gauche; il eût fallu réunir Duhesme à Ferino, pour écraser dans les montagnes la gauche de l'Archiduc. Moreau devait considérer l'embarras et la gêne où se trouvent les armées allemandes, quand elles ne peuvent faire agir avec facilité leur artillerie et leur cavalerie; à plus forte raison, quand, par la nature du terrain qu'elles occupent, elles ne peuvent en avoir. C'était le cas où se trouvait la gauche du prince Charles, ce qui indiquait le point où l'armée française devait prendre une offensive vigoureuse et soutenue; mais il n'en fut pas ainsi. De son côté, l'Archiduc, qui avait tant d'avantages à espérer d'un succès obtenu sur notre droite, n'employa dans l'attaque dirigée contre elle, qu'un corps de troupes trop faible relativement aux forces qu'il destina contre notre gauche, et qu'il fut obligé de laisser dans l'inaction, en raison des obstacles que lui offrait dans cette partie la position des Français. Cela donne à penser qu'il n'avait pas eu le projet de faire son attaque principale sur notre droite, comme on nous l'a assuré depuis; et ce qui vient encore à l'appui de cette induction, c'est le retard que mit la colonne de Nauendorf, pour arriver sur son champ de

bataille. Car elle ne fut en mesure de donner avec
toutes ses forces, que vers la fin de la journée,
c'est-à-dire au moment où il était trop tard pour
profiter d'un grand succès, si elle l'eût obtenu;
tandis que les trois autres colonnes se trouvaient
formées et réunies, dès le matin, au pied de la position qu'elles devaient attaquer, et avaient même
déjà commencé leur attaque. On a dit que le retard
de la colonne de Nauendorf, fut occasioné par la
plus grande distance qu'elle avait à parcourir, sur
des chemins difficiles et défoncés par les pluies;
mais ce retard avait dû être prévu et calculé, puisque l'Archiduc avait profité de notre inaction dans
la journée de la veille, pour faire une reconnaissance générale de la position de l'armée française.

Des dispositions du prince Charles, il résulta
que Ferino qui, dans la matinée, avait peu de
monde devant lui, attaqua les troupes que l'ennemi avait placées la veille dans les environs de
Sitzenkirch, et les poussa jusqu'au moment où
elles se trouvèrent soutenues par d'autres troupes
de la colonne de Nauendorf, qui arrivaient sur ce
point. Ce dernier se trouva plus tard, par l'arrivée successive des autres, en mesure de reprendre
ce village, mais Ferino resta long-temps maître des
hauteurs de Feuerbach en arrière de Sitzenkirch;
et ce ne fut, comme on l'a observé, qu'à l'entrée

de la nuit que Nauendorf s'empara du village de Kandern. Ferino resta toujours maître des hauteurs qui le dominent; et l'on peut assurer que si Moreau lui eût fait parvenir, vers le milieu du jour, un renfort de quelques bataillons, Nauendorf qui se trouvait presque isolé du reste de l'armée autrichienne, pouvait être complètement battu. On se contenta de rapprocher la droite de Duhesme de la gauche de Ferino, ce qui était insuffisant, et ne produisit aucun effet. Moreau n'ayant eu d'autre projet que de défendre sa position (car je ne crois pas qu'il eût ordonné à Ferino de faire un mouvement en avant), et l'ayant conservée, se proclama vainqueur. Son adversaire qui, à la fin du jour, avait pris le village de Kandern, en fit autant. Nous devons convenir que l'Archiduc eut un succès sur notre droite, mais si minime, que Moreau pouvait regarder sa position comme intacte.

Le même jour, la brigade de Tharreau avait été attaquée dans la vallée du Rhin par le général Wolf; elle se retira derrière Rheinfelden, dont elle fit sauter le pont, ce qui fut cause que cette affaire n'eut point de suite. Moreau fit retirer ses troupes dans la nuit, sur la position de Haltingen; non qu'il dût craindre une nouvelle affaire pour le lendemain, mais parce qu'il entrait dans ses vues

de porter son armée vers Strasbourg, pour donner
suite au projet qui avait déterminé le mouvement de
Desaix sur la rive gauche du Rhin; et qui allait lui
faire perdre sa position sur la droite de ce fleuve,
en exposant ses têtes-de-ponts à être prises par l'ennemi, un peu plus tôt ou un peu plus tard. Il ne
tarda pas à s'apercevoir de la faute qu'il avait
commise; voulut la réparer, mais il n'était plus
temps.

L'ennemi ne suivit son mouvement que pour la
forme, et sans chercher à le troubler; l'armée ef-
fectua son passage sur le pont d'Huningue dans
l'après-midi du 25, pendant la nuit, et la matinée
du 26. Les arrières-gardes, commandées par Laboissière et Abatucci, couvrirent le mouvement; le
dernier fut chargé de la garde du pont d'Huningue,
qui fut bloqué par le prince de Fürstenberg. Les
armées autrichienne et française redescendirent la
vallée du Rhin, pour se rapprocher de Kehl. Ainsi
fut terminée cette retraite de 47 jours, commencée le 10 septembre à Pfaffenhofen, et finie le 26
octobre à Huningue.

CHAPITRE DIX-SEPTIÈME.

Réflexions sur l'ensemble de la campagne, jusqu'à l'époque du retour de l'armée de Rhin-et-Moselle sur la rive gauche du Rhin.

LE retour de l'armée de Rhin-et-Moselle sur la rive gauche du Rhin, m'a toujours paru devoir être la fin de la campagne de 1796. Ce fut non seulement une faute, mais un très grand malheur qu'elle ne se soit pas terminée là. Cette armée avait le plus grand besoin de repos; six mois de bivouacs continuels avaient exténué les hommes et les chevaux, et ruiné le matériel; l'habillement ainsi que la chaussure étaient totalement détruits; un tiers des soldats marchaient pieds nuds, et l'on n'apercevait sur eux d'autres vestiges d'uniforme que la buffeterie. Sans les haillons de paysans dont ils étaient couverts, leurs têtes et leurs corps eussent été exposés à toutes les injures du temps. C'est dans cet état que je les ai vus défiler à Huningue, et cependant leur aspect était imposant; à aucune époque je n'ai rien vu de plus martial. Leur démarche était fière; peut-être quelque chose de farouche se faisait voir dans leurs regards. Avant de repasser le Rhin, cette armée eût pu

livrer une ou deux batailles pour gagner des
quartiers d'hiver sur la rive droite, et nul doute
que l'on n'eût réussi; mais il était aisé de prévoir
qu'une fois qu'ils seraient en France, le besoin de
repos se ferait vivement sentir, et que l'on ne pourrait les entraîner à d'autres opérations sans le leur
avoir donné, ainsi que les vêtements et la chaus-
sûre. D'ailleurs, personne n'ignorait dans l'armée
de Rhin-et-Moselle, que celle de Sambre-et-Meuse
était entrée dans ses cantonnements sur la rive
gauche du Rhin, pour se refaire de ses fatigues.

L'armée d'Italie en avait fait autant, pendant
que celle du Rhin exécutait sa retraite. Depuis le
1er octobre, Wurmser se trouvait étroitement bloqué dans Mantoue par le général Kilmaine. Bonaparte pendant tout ce mois, n'ayant eu personne à
combattre en Italie, en avait profité pour donner à
ses troupes le repos dont elles avaient aussi un
grand besoin. Il connaissait les forces dont l'Autriche pouvait disposer; Mantoue était alors si peu
approvisionnée, qu'il ne doutait pas des efforts
qu'elle ferait pour essayer de la débloquer une
troisième fois, et il se préparait au combat. Vers
la fin d'octobre, il avait reçu un renfort de l'intérieur de 12 bataillons d'infanterie; le 6 novembre, son armée avait eu cinq semaines de repos,
sa cavalerie était bien remontée et sa nombreuse

artillerie bien attelée. Il leva les cantonnements qu'il lui avait fait prendre dans les environs de Trente, Vérone et Bassano, pour aller au-devant de l'ennemi.

Le général Alvinzi avait réuni dans le Tyrol et le Frioul, les débris de l'armée de Wurmser. Le gouvernement autrichien n'avait encore osé affaiblir ses armées d'Allemagne, il avait été au contraire obligé d'alimenter celle de Latour avec des renforts tirés de l'intérieur. Néanmoins il put envoyer à Alvinzi assez de troupes pour lui former une armée, et lui permettre d'essayer de débloquer Mantoue, ne fut-ce qu'assez de temps pour la ravitailler, comme cela avait déjà réussi deux fois sous le commandement de Wurmser. Alvinzi savait que Bonaparte n'avait plus les moyens de faire un siége, et que pour le moment présent, il lui suffisait de ravitailler Mantoue, en attendant qu'on pût faire un détachement considérable des armées d'Allemagne, pour la délivrer entièrement. C'était donc contre ce projet que les deux armées françaises devaient se tenir en garde, et particulièrement celle de Rhin-et-Moselle. De là naissait la nécessité de donner le plus tôt possible du repos aux troupes, et de préparer ce qui leur était nécessaire pour rentrer en campagne, aussitôt que l'on s'apercevrait d'un mouvement de troupes vers le

Tyrol. Mais nous verrons dans la suite que pour le moment, ce projet n'entrait point dans les intentions du gouvernement autrichien; il fallait qu'il subît l'épreuve d'une nouvelle leçon, et Bonaparte se préparait à la lui donner. On connaît cette nouvelle série de combats qu'il livra aux Autrichiens, au moment où ceux-ci croyaient son armée détruite par les exhalaisons pestilentielles des marais de Mantoue. Je veux parler des affaires de la Brenta, de Caldiero et d'Arcole.

Cette campagne a été fertile en évènements militaires de touts genres, elle doit offrir aux hommes de guerre bien des sujets de méditation. On y trouverait matière à nombre de discussions appuyées sur des faits et non sur des théories; ce qui fournirait d'excellentes leçons sur presque toutes les parties de la guerre; sur les avantages ou les inconvénients des guerres d'invasion, sur l'étendue qu'on peut leur donner, et les limites qu'elles ne sauraient dépasser sans danger (1); sur la guerre défensive ou offensive *sur toutes sortes de terrains;*

(1) Il serait bon de savoir si les généraux de nos armées d'Allemagne ont eu tort ou raison, en donnant à leurs opérations l'étendue qui se trouve entre Düsseldorf et le Tyrol, et si Bonaparte a bien ou mal fait, en limitant les siennes dans l'espace restreint qui se trouve entre le Tyrol et la rive gauche du Pô. Les circonstances où ces généraux se sont trouvés, devraient être prises en considération.

sur les opérations les plus difficiles à exécuter par une armée, telles que les retraites (1), le passage des fleuves, des chaînes de montagnes et des défilés de toute nature. On pourrait juger d'après de grandes expériences, des difficultés qui se rencontrent quand plusieurs armées doivent marcher de concert, du rôle que peuvent jouer les places fortes dans une guerre d'invasion ou de défense (2), de la possibilité d'en établir à la hâte sur les points où elles deviennent nécessaires, et de la manière de défendre ou attaquer ces places ébauchées (3). On acquèrerait encore des lumières sur la composition des armées, sur la manière de les diviser et d'y établir la hiérarchie du commandement, sur le mélange des différentes armes, enfin sur une foule

(1) Pendant cette campagne il en a été exécuté trois, l'une par les Allemands, les deux autres par les Français.

(2) En Allemagne on les a laissées loin sur les derrières; Jourdan a disposé de beaucoup de monde pour observer Mayence et Ehrenbreitstein; Moreau n'a laissé que trois bataillons et trois escadrons pour bloquer Philippsbourg et observer un peu Mannheim; tandis que Bonaparte, le plus audacieux des généraux de notre époque, n'osa s'éloigner de la seule forteresse de Mantoue, avant qu'elle ne fût en son pouvoir. En Allemagne, il ne résulta du système que l'on suivit, rien de bien fâcheux, et en Italie le blocus de Mantoue a détruit une partie de l'armée.

(3) J'ai en vue les siéges de Kehl et de la tête-de-pont d'Huningue, dont nous allons rendre compte.

de questions qu'il serait trop long de développer ici.

On aurait d'autant plus matière à observer, que les armées françaises de cette époque avaient acquis toute l'instruction nécessaire, qu'elles étaient aguerries et qu'elles ont été conduites dans cette campagne par trois généraux de caractères tout différents, et dont l'influence s'est plus ou moins fait sentir sur les évènements; l'expérience étant très grande chez l'un, suffisante chez l'autre, tandis que celui qui en était presque dépourvu, y suppléait par la décision de son caractère et la hardiesse de son génie.

On peut dire que Bonaparte introduisit un genre de guerre nouveau, bien adapté à son caractère, et qui consistait à tirer des hommes tout le parti possible, soit dans les marches ou dans les combats. En moins de deux mois, il faisait exécuter à son armée, autant de travaux, que d'autres dans une campagne entière: aussi chaque série d'opérations qu'il tentait, et qui se composait de marches forcées, de combats ou de batailles sanglantes, il la proclamait une campagne. En doublant les marches des soldats, pour les faire combattre le matin sur un point, à midi ou le soir sur un autre, il réussissait à se donner par-tout la supériorité du nombre, avec des forces en général

inférieures à celles de ses adversaires. Mais aussi
la perte que le feu de l'ennemi faisait éprouver
à ses troupes, était en raison de la quantité d'affaires où il les avait prodiguées; elle devait être
aussi grande pour son armée, en deux mois, que
pour d'autres en six. Quant à la consommation
d'hommes, résultant des privations et des fatigues,
elle devait croître dans une proportion beaucoup
plus grande; car la fatigue extraordinaire est ce
qui détruit avec le plus de rapidité les hommes,
les chevaux et le matériel des armées. Aussi un
pareil système, quelques avantages qu'on voulut
lui supposer, ne conviendrait qu'à un état qui
pourrait renouveler ses armées tous les trois mois;
comme Bonaparte renouvelait les siennes, lorsqu'il disposait de toutes les forces de la France, et
d'une partie de celles du reste de l'Europe.

La campagne de 1796 fut encore celle où il le mit
en pratique avec le plus de modération (¹); et je
lui ai ouï dire long-temps après, qu'il la regardait
comme sa plus belle. Ce serait donc celle qu'il fau-

(1) Il parvint bien à attirer successivement sur ses champs
de bataille en Italie pour réparer ses pertes, l'armée des
Alpes, ensuite celles de l'Ouest et presque tout ce qui
était resté dans l'intérieur, plus une partie de celles de
Rhin-et-Moselle et de Sambre-et-Meuse, mais toutes ces ressources étaient bien faibles pour lui, en comparaison de
celles que lui fournissait plus tard un sénatus-consulte·

drait choisir de préférence pour apprécier convenablement les avantages et les inconvénients de ce
système. La manière si différente de faire la guerre
aux armées d'Allemagne et d'Italie fournirait une
ample matière aux comparaisons; elle ferait connaître les bonnes ou les mauvaises méthodes qui s'é-
taient introduites dans nos armées, et qui agissaient
sur elles autant que le caractère des généraux qui
les commandaient. Bien entendu que pour prononcer définitivement sur la valeur de tel ou tel système
de guerre, il faudrait avoir égard aux circonstances et au degré d'habileté des chefs. Ce travail de-
manderait un militaire éclairé, impartial, étranger
même aux opérations des armées qu'il s'agirait de
comparer.

C'est un travail de cette nature que je voudrais
voir entreprendre par un de nos écrivains militaires de l'époque actuelle; car jamais on n'a décrit
les évènements de la guerre avec plus d'élégance.
Nous vivons dans un temps où les choses les plus
utiles ne peuvent se lire, si elles ne sont écrites
dans un style agréable. Le moment est arrivé, les
faits sont bien connus; ils ont été décrits par les
principaux acteurs, par des hommes tels que Bonaparte, l'Archiduc et Jourdan. Leurs mémoires
sont des matériaux historiques et didactiques de la
plus haute importance.

L'ouvrage dont je parle, servirait éminemment à l'instruction des militaires. Celui de l'Archiduc, vu la haute capacité de son auteur et son impartialité, a déjà ce mérite en partie, il l'aurait tout-à-fait, s'il n'avait manqué alors à son auteur beaucoup de renseignements, et s'il n'eût pas toujours eu en vue de coordonner les évènements ainsi que ses réflexions, à la création d'un système, où l'on a la prétention de faire de la guerre une espèce de science exacte, sous le nom de *stratégie* : système qui jusqu'à présent n'a guère fait de prosélytes que parmi les théoriciens.

L'Archiduc a fait une critique sévère de ses généraux et des nôtres ; mais rempli de l'amour de son art, il ne s'est pas épargné lui-même ; il a accusé ses fautes petites ou grandes sans le moindre ménagement, peut-être s'est-il montré quelquefois injuste envers lui-même. Une telle modestie n'est permise qu'au mérite supérieur, et celle de ce prince est poussée si loin, que s'il s'agissait d'un général moins habile, on pourrait douter qu'elle fût naturelle.

Je ne vois dans cette campagne que deux époques, le commencement et la fin, où l'on puisse attribuer des fautes graves à l'Archiduc. Sans doute il ne les a pas jugées telles, autrement il s'en serait accusé comme des plus légères. J'ai déjà fait remarquer celle qu'il fit d'abandonner le plan tracé par le conseil aulique, et de manœuvrer sur la rive droite du Rhin, quand tout lui prescrivait d'opérer sur la gauche; seul moyen d'empêcher les Français de porter le théâtre de la guerre sur l'autre rive.

Je mets au rang des fautes de moindre conséquence, quoiqu'encore très graves, celle dont il s'accuse, d'avoir laissé trop de monde sur la Lahn, pour y observer Jourdan, ainsi que dans ses places du Rhin, lorsqu'il marcha au-devant de Moreau, pour lui livrer bataille aux environs d'Ettlingen. Il est difficile de ne pas reconnaître qu'il commit une grande erreur après la perte de cette bataille, lorsqu'il prit la résolution d'abandonner ses places du Rhin, pour marcher sur le Danube, et faire une aussi grande retraite sans nécessité. Car enfin, si Moreau pouvait se porter sur ses communications avec le Danube et l'Autriche, l'Archiduc pouvait se porter sur les siennes par Mannheim, et pénétrer en Alsace, ce qui l'eût rappelé bien vite au secours de Landau et Strasbourg qui se trouvaient sans approvisionnements. Par la possession de ses places du Rhin, l'Archiduc était maître de faire la guerre sur l'une ou l'autre rive du fleuve, ou sur toutes les deux à la fois, comme cela s'est vu dans d'autres guerres; en les abandonnant pour se retirer sur le Danube, il annonçait aux princes de l'Empire qu'il n'avait pas les moyens de les défendre. C'était les mettre dans la nécessité de faire la paix avec la France, en affaiblissant son armée par la retraite de leurs troupes. Si je me trouve ici d'une opinion différente de celle de l'auteur des *Principes de la stratégie*, si j'aperçois une faute grave où il voit une manœuvre habile, j'adopte son avis sur celles qu'il fit à la bataille de Neresheim, mais dont il se releva bientôt, montrant ainsi à quel point il possède les principes de l'art de la guerre, et quelle est la hauteur de son génie.

Il avait jugé la force de ses adversaires, l'avantage que lui donnait sur eux la centralisation de son commandement, et l'autorité que sa qualité de prince lui procurait dans son armée. A dater de cette époque, sa marche ne fut plus qu'une suite de succès, jusqu'au moment où Jourdan se décida à se retirer sur Düsseldorf. Les succès du prince Charles lui avaient inspiré peut-être trop de confiance, ce qui lui fit renouveler la faute de laisser trop de troupes pour observer l'armée de Sambre-et-Meuse et la garnison de Kehl, et de revenir sur Moreau avec des forces inférieures à celles dont il pouvait disposer, courant ainsi le risque de perdre tous les avantages qu'il venait d'obtenir. On peut même observer qu'il mit trop de retard dans ce mouvement, trop d'hésitation et de tâtonnements dans ses attaques devant Freiburg: mais malgré

4*

tout cela il a réussi, ce qui semble démontrer jusqu'à l'évidence que les fautes de ses adversaires furent plus grandes encore.

Moreau et Jourdan ont été critiqués par l'Archiduc, Bonaparte et tant d'autres qu'on ne peut nommer après eux : ils l'ont été souvent à tort, quelquefois avec raison; et, sans ternir l'éclat de leurs actions, ces discussions pourront durer encore long-temps. Elles entretiendront dans le souvenir des hommes, loin de l'effacer, ce que ces généraux ont fait de bien et de digne de louange, et ne peuvent que contribuer aux progrès de l'art. On a dit depuis long-temps que la critique est aisée, et l'on ne doit pas craindre qu'elle ternisse la réputation des généraux de mérite, auxquels seuls elle peut s'attacher. Comme on sait qu'il n'en a jamais existé un seul, qui n'ait fait des fautes, en relever quelques-unes dans leurs opérations, ce n'est point nuire à la gloire qu'ils ont acquise, c'est au contraire la reconnaître.

J'ai aussi beaucoup critiqué les dispositions de Moreau, surtout à l'occasion de la retraite de Bavière, et je reconnais cependant que c'est la plus belle opération de ce genre, qui ait été faite pendant les longues guerres que la France a soutenues; on sera surtout bien porté à l'admirer, si on la compare à celles que le plus grand homme de guerre de notre temps a exécutées en Russie, à Leipzig, et à Waterloo.

Le but que s'était proposé le Directoire, par la guerre d'invasion qu'il avait ordonnée aux armées d'Italie, du Rhin et de Sambre-et-Meuse, ne put être atteint dans la campagne de 1796; elles ne purent faire leur jonction sur les frontières des états héréditaires de l'Autriche. La paix que l'on avait eu tant de raisons d'espérer, fut ajournée à l'année suivante. Cependant quoique les dispositions principales du plan de campagne n'aient pas réussi, il est résulté des efforts des armées de Sambre-et-Meuse et de Rhin-et-Moselle, des avantages assez marquants: la coalition a été scindée, deux des électeurs de l'Empire ont retiré leurs troupes de l'armée de l'Archiduc, et plusieurs princes assez puissants ont fait leur paix avec la France. On pouvait prévoir que le gouvernement autrichien se lasserait bientôt de supporter seul le poids d'une guerre aussi vive. Par suite de ces défections, l'Archiduc avait perdu environ 40,000 hommes; les Autrichiens restés, pour ainsi dire, seuls sur le champ de bataille, ont été obligés de faire de plus grands efforts et d'essuyer de plus grandes pertes. Le prince Charles, au lieu d'envoyer des renforts en Italie, qui eussent arrêté les succès de Bonaparte, s'est vu contraint d'en retirer quelques troupes.

pour les opposer à Moreau, et éloigner sa droite du Tyrol. Il y aurait de l'injustice à ne pas convenir de tous ces avantages, et à nier qu'ils aient puissamment concouru aux succès de notre armée d'Italie, et à préparer le cabinet autrichien à faire la paix.

Nos généraux avaient fait des fautes, en ne mettant pas assez de concert dans leurs opérations, mais le gouvernement avait commis la plus grande de toutes en leur prescrivant un plan de campagne aussi compliqué. Former trois grandes attaques avec trois armées obligées de partir de points si éloignés l'un de l'autre, pour se réunir dans les pays héréditaires de l'Autriche, exigeait un tel concert qu'il était, pour ainsi dire, impossible de l'espérer; un seul échec marquant, éprouvé par l'une d'elles, pouvait faire échouer le plan de campagne, comme cela est arrivé après l'affaire d'Amberg, et la bataille de Würtzburg. Par une disposition plus sage, le gouvernement eût évité tous les inconvénients qui sont résultés de l'adoption de ce plan; l'armée de Sambre-et-Meuse aurait dû n'être chargée que de contenir les garnisons des quatre places du bas Rhin; tous les moyens matériels, et les troupes qui n'étaient pas nécessaires pour atteindre ce but, devaient refluer et faire partie de celle de Rhin-et-Moselle, qui se trouvait mieux placée pour pénétrer en Autriche, en assurant le flanc gauche de l'armée d'Italie. Si, après le passage du Rhin par les armées françaises, on eût adopté ces dispositions, celle de Rhin-et-Moselle (1) pouvait avoir à Nördlingen une telle supériorité sur l'Archiduc, qu'il eût été obligé de regagner bien vîte les états héréditaires, en nous abandonnant les deux rives du Danube, et la communication avec l'armée d'Italie par le Tyrol. On pouvait même faire mieux, en chargeant l'armée du Nord d'observer les places du Rhin, ce qui eût mis 30,000 hommes de plus dans les mains de Jourdan, et nous aurait assuré une supériorité plus grande encore sur l'Archiduc.

Le gouvernement demandait plus que les armées ne pouvaient faire, c'était le moyen de ne rien obtenir; car du moment que les subordonnés ne peuvent faire tout ce qu'on exige d'eux, il arrive qu'ils ne font plus que ce qu'ils veulent. Cependant si le Directoire, dans ses instructions à nos généraux, demande l'envahissement d'une grande étendue de pays, il demande surtout qu'on batte l'ennemi, et dans ce sens il n'a rien exigé de Moreau que ce qu'il pouvait faire. Quant à Jourdan, tant

(1) Je la suppose commandée par Jourdan, qui avait plus d'expérience de la grande guerre. Moreau qui venait de faire avec distinction les siéges des places du Nord, devait naturellement être chargé de contenir les places du Rhin.

qu'il n'a que Wartensleben à combattre, avec des
forces supérieures, il lui prescrit de lui livrer une
bataille décisive, avant sa jonction avec l'Archiduc; et l'on ne peut dire que cet ordre fût dérai-
sonnable. Mais une des dispositions qu'il prescrit
aussi à nos généraux, celles qu'ils ont toujours ou-
bliée, et sur laquelle il revient souvent, c'est de
marcher bien liés ensemble. Si Moreau avait tenu
un corps de troupes sur la droite de la Wernitz ou
sur l'Altmühl, comme l'indiquait le Directoire dans
sa lettre du 30 juillet (1), Jourdan n'aurait pas été
forcé à la retraite; et si ce dernier avait manœu-
vré d'après l'esprit de ces dispositions, que le gouvernement exprimait encore d'une manière plus
formelle dans sa lettre du 23 août (2), en demandant que l'aile droite de l'armée de Sambre-et-
Meuse se joignît à la gauche de celle de Moreau,
le triomphe de nos armes semblait assuré.

Les instructions du Directoire laissaient une
grande latitude aux généraux, l'essentiel pour eux
était d'avoir des succès. Qui eût pensé alors à leur
en faire un crime? l'exemple était bien près d'eux,
Bonaparte le leur donnait en Italie. Il renonça
bientôt à traverser le Tyrol pour se rapprocher de
Moreau, comme le gouvernement le lui ordonnait;

(1) Tome III, pièces justificatives, Nº 37.
(2) *Ibid.* Nº 66.

il préféra assurer ses premiers succès en Italie, et s'en préparer de nouveaux, qui lui donneraient plus tard les moyens d'exécuter ce qu'il trouvait alors impossible.

Toutefois on n'avait perdu que du temps: l'une des armées d'Allemagne avait eu des succès constans; la fortune de l'autre avait été balancée. Après des avantages, elle a fini par éprouver des revers, mais ils n'étaient pas assez marquants pour changer l'état des choses; et les évènements de la campagne suivante ont prouvé qu'il n'était pas nécessaire que toutes les armées françaises fussent à portée de Vienne, pour contraindre le gouvernement autrichien à la paix. On contenait avec plus d'avantages les forces de cette puissance sur les bords du Rhin que sur ceux du Danube; car il est bien plus difficile d'entretenir les armées au complet, de les pourvoir de vivres, de munitions, de les secourir à propos par des renforts et le concours des populations, loin de leurs frontières, que quand elles en sont rapprochées. L'important était d'empêcher les Autrichiens de détacher des secours du Rhin pour leur armée d'Italie; dans le cas où ils le feraient, d'être en mesure de prendre aussitôt l'offensive, et de les suivre.

CHAPITRE DIX-HUITIÈME.

Préliminaires du siége de Kehl. — Les Autrichiens construisent leur ligne de contrevallation. — Elle est attaquée par les Français qui, après s'être emparés de quelques redoutes, les abandonnent et se retirent.

Nous avons vu les raisons qui ont déterminé Moreau à abandonner ses opérations sur la rive droite
du Rhin, pour rapprocher la plus grande partie
de son armée de Kehl, qu'il supposait dans un état
de défense formidable. On lui avait peint, sous les
couleurs les plus brillantes, les avantages que cette
position lui donnerait, pour prendre l'ennemi à
revers, tandis qu'il l'attirerait sur Huningue; premier avantage qui ne pouvait manquer d'être suivi
par d'autres. Mais à l'arrivée de Desaix à Kehl, il
fallut abandonner toutes les illusions dont on s'é-
tait bercé jusqu'alors; ses troupes n'y arrivèrent
qu'après que Moreau eut repassé le Rhin à Huningue, par conséquent les combinaisons qui avaient
fait passer le Rhin à Desaix dans la nuit du 20
au 21, ne pouvaient plus avoir d'effet.

Comme il arrive presque toujours pendant l'éloignement d'une armée, on avait peu travaillé aux têtes-de-pont de Kehl et d'Huningue. Les officiers supérieurs et les généraux du génie avaient suivi l'armée, et des travaux aussi importants pour la suite de ses opérations, avaient été abandonnés aux soins du capitaine Tublier; mais cet officier, quoique actif et intelligent, ne pouvait avoir l'influence et l'autorité qu'aurait eues un colonel ou un général, soit sur ses collaborateurs, ou sur les employés du pays conquis. Ceux-ci devaient lui fournir les travailleurs et les bois dont il avait besoin; il s'en trouva dépourvu lorsque le commissaire du gouvernement Hausmann, qui aurait dû favoriser ses réquisitions, jugea à propos de s'y opposer. Les princes du cercle de Souabe venaient de faire la paix, et ce fonctionnaire avait cru devoir les ménager; d'ailleurs le capitaine Tublier n'avait aucune force à portée, qui pût appuyer ses demandes, et leur inspirer quelques craintes. Les retranchements de Kehl étaient encore dans un si pitoyable état vers le milieu de septembre, que des troupes de Petrasch les avaient enlevés, le 18 de ce mois, avec la plus grande facilité.

A cette époque, on avait relevé la masse entière de l'ouvrage à cornes du bas Rhin jusqu'au cordon, ainsi que la branche gauche de celui du haut Rhin, le demi-bastion et sa courtine; on avait sup-

pléé par des fascinages au défaut de revêtements
dans ces deux ouvrages. Ce dernier avait une partie
de ses parapets en état, mais ceux du bas Rhin et
du fort carré étaient à peine commencés. On avait
aussi relevé la lunette de la Kintzig, avant d'avoir
détruit, comme on a été obligé de le faire depuis,
la ville et le village de Kehl; mais on avait fait
des déblais considérables, pour dégager les ouvrages dont on avait peine à retrouver le tracé.

Le plus essentiel, c'est-à-dire la position générale, avait été entièrement négligée; on avait cependant sous les yeux un mémoire de Vauban qui
indiquait la position d'un vaste camp retranché,
passant par la tête du village de Kehl, et formant
un demi-cercle, en appuyant ses deux ailes au Rhin,
au-dessous et au-dessus de Kehl: ce qui semblait
indiquer les positions des îles d'Ehrlen-Rhein ([1])
et de la Kintzig. Ce grand maître recommandait
aussi de barrer la Schutter et la Kintzig, pour rejeter les eaux dans les fossés de ce camp. On ne
peut se dissimuler les avantages que la position
occupée de cette manière aurait donnés aux Français; on peut dire qu'elle eût été inexpugnable.

___

([1]) Dans le plan de Kehl qui fait partie de l'atlas (Pl.
XIV), ce nom d'*Ehrlen-Rhein* est écrit, comme on le pro-
nonçait communément, *Erlerine*.

Mais aussi il faut reconnaître qu'ils n'avaient eu ni le temps, ni les moyens de faire d'aussi grands travaux; tout ce qu'ils auraient pu faire, c'était de bien s'établir dans les îles d'Ehrlen-Rhein et de la Kintzig; mais ils y ont pensé trop tard, et seulement lorsque la proximité de l'armée de l'Archiduc ne leur a plus permis d'y former de solides établissements.

Depuis le 18 septembre, que Petrasch s'était emparé de Kehl, jusqu'au 31 octobre, époque à laquelle Desaix arriva avec son corps d'armée, et prit le commandement de ce poste, on n'a pu tirer aucun homme de la rive droite pour les travaux de Kehl, tous les villages environnants se trouvant occupés par les Autrichiens. On dut se borner aux réquisitions faites sur la rive gauche, mais elles s'exécutaient encore plus difficilement en pays français; de sorte que si un grand nombre d'hommes était appelé, un si petit arrivait sur les travaux, qu'on peut dire que pendant cet intervalle, on n'avait fait aux retranchements de Kehl aucune amélioration. On s'était borné à les mieux garder, et les travaux n'ont repris qu'à l'arrivée de Desaix. Ainsi l'Archiduc ne les trouva pas en meilleur état à la fin d'octobre, que Petrasch ne les avait trouvés le 18 septembre. Il n'y avait que des ouvrages en terre, avec des reliefs de campagne peu élevés, la

plupart très imparfaits, sans parapets à l'épreuve,
sans fossés, sans contrescarpes et sans palissadements; mais comme l'ennemi, au lieu de les attaquer, se mit à construire une grande ligne de contrevallation, appuyée de 16 bonnes redoutes, pour
se garantir d'abord des attaques de l'armée française, on espéra qu'on aurait le temps de mettre
ces ouvrages informes en état de défense, contre
une attaque de vive force, et l'on y travailla avec
ardeur pendant que l'ennemi s'occupait de son
côté à se retrancher. On s'aperçut alors que quelque fut la faiblesse des retranchemens de Kehl,
ce n'était rien en comparaison de celle des flancs
de cette position, qui n'avait de force et d'importance qu'autant qu'elle conserverait sa communication avec Strasbourg, de sorte que si elle eût
été interrompue pendant 48 heures, il n'y avait
plus moyen de tenir des troupes sur la rive droite
du Rhin. Afin de rémédier à ce grave inconvénient, les Français durent s'établir dans les îles
de la Kintzig et d'Ehrlen-Rhein, pour flanquer les
ouvrages de Kehl, et éloigner l'ennemi des points
d'où il pouvait découvrir le pont par lequel on communiquait avec la rive gauche [10 et 11]. Ce fut
seulement le 10 novembre (le même jour que les
Autrichiens commencèrent à élever leur ligne de
contrevallation), que les Français tracèrent l'ou-

vrage à cornes dans l'île d'Ehrlen-Rhein. Une ligne de retranchements avait été établie dans ce dessein, entre le fort de Kehl et le petit bras du Rhin, dit Ehrlen-Rhein, mais ils étaient faibles et insuffisans : cet ouvrage fut appelé *camp retranché*. Pour lui donner quelque force, on aurait dû placer un pont derrière lui, afin de communiquer rapidement avec la rive gauche, mais on n'en avait pas d'autre que celui en arrière de Kehl (¹); cet ouvrage ne pouvait recevoir de secours qu'avec une extrême lenteur. C'était par des établissements soli-

---

(1) A son retour sur le Rhin, l'armée avait trois ponts de bateaux à sa disposition, l'un à Kehl, l'autre au Vieux-Brisach, et le troisième à Huningue. On avait perdu la moitié des bateaux de celui de Brisach, dans la nuit du 19 au 20 octobre, le reste fut conduit à Strasbourg; ils furent destinés à remplacer ceux qu'un accident ou le feu de l'ennemi pourrait faire perdre. On avait aussi vis-à-vis Strasbourg le pont sur pilotis, dont une partie avait été détruite pendant la première campagne ; mais on n'avait eu ni le temps ni les moyens de le raccommoder solidement. D'ailleurs il se trouvait très élevé, et trop en vue des batteries de l'ennemi, au point que dès le premier jour qu'elles tirèrent, elles détruisirent en partie les réparations qu'on y avait faites. Celles que l'on y fit depuis, ne purent être utilisées que pour le passage des hommes à pied. On plaça le pont de bateaux au-dessous de lui, dans la vue de former une seconde estacade, et de le garantir des pièces de bois ou des radeaux que l'ennemi pouvait lancer dans le Rhin pour le détruire : il remplit assez bien ce but.

des dans les îles de la Kintzig et d'Ehrlen-Rhein
que les Français auraient dû commencer : heureusement les Autrichiens sentirent encore plus tard
qu'eux, l'importance de ces positions et la faute
qu'ils avaient faite; car s'ils s'en étaient rendus
maîtres au moment de leur arrivée, ou même quand
les Français commencèrent à s'y établir, on n'aurait pu tenir trois jours dans Kehl. Pour les obliger
à repasser sur la rive gauche du Rhin, il n'était
pas nécessaire de prendre ce fort, il ne s'agissait
que de se placer de manière à voir le pont, et d'é-
tablir une batterie pour le détruire : ce résultat
pouvait être obtenu en quelques jours.

Les Français s'attendaient bien à défendre Kehl
contre une attaque de vive force, mais ils étaient
loin de penser à y soutenir un siége régulier. Qui
aurait pu croire en effet, que les Autrichiens lais-
seraient écraser leur armée d'Italie, prendre Mantoue, pour recevoir des lois à Leoben; tandis qu'un
détachement fait à propos par leur armée d'Allemagne, eût sauvé Mantoue et rétabli leurs affaires
en Italie? Aussi l'on a pu regarder le siége de Kehl,
comme une grande faute, commise par le gouvernement autrichien, ou par son généralissime, et
comme l'une des causes des revers qui ont forcé
l'empereur d'Allemagne à faire la paix. On voit
par l'ouvrage de l'Archiduc (*Tome III, chapitre*

XVI) que cette faute provient du gouvernement, et que le prince était si éloigné de la commettre, qu'il avait déjà échelonné une colonne de troupes, pour marcher vers le Tyrol, lorsqu'il reçut l'ordre de prendre Kehl, à quelque prix que ce fût. Il reste encore à savoir si ce gouvernement entendait qu'on s'en rendit maître par une attaque régulière, et dès lors assez longue, ou par une attaque de vive force, qui n'eût demandé que quelques jours de prépara-tifs, et quelques heures d'action: je pense que c'était de cette manière que la cour de Vienne l'entendait; car elle ne devait pas naturellement supposer que les généraux français feraient une aussi mauvaise disposition de leurs troupes, et que Beurnonville, avec 80,000 hommes, resterait inactif. Admettons un moment que Moreau, en raison de la faiblesse du poste de Kehl, y eût laissé toute l'infanterie de son aile gauche, et qu'avec son centre, sa droite, la cava-lerie des trois corps d'armée et sa réserve, il se fût avancé d'Huningue à la hauteur de Vieux-Brisach (où il aurait trouvé une position excellente pour établir un pont, mieux couvert que celui d'Hunin-gue, et plus rapproché de Kehl), l'Archiduc eût été obligé d'avoir contre lui une armée d'observation; alors les forces lui auraient manqué pour faire son siége. D'ailleurs pour une opération de cette nature, il lui fallait une immense quantité de bouches à feu avec tous leurs accessoires, et une quantité plus immense encore de munitions de toute espèce. Tout ce grand attirail ne pouvait se tirer que des places fortes du Rhin, qu'on devait s'attendre à voir bloquées par l'armée de Sambre-et-Meuse, sans que le corps d'armée, laissé devant elle en observation, pût l'arrêter. Il semble donc, je le répète, que le gouvernement autrichien ne pouvait entendre qu'une attaque de vive force, car un siège devait lui paraître impossible, à moins qu'il ne fût dans la confidence de la manière dont Moreau et Beurnonville allaient manœuvrer.

La raison qui a fait entreprendre ce siège, pourrait bien se trouver dans la circonstance que je vais rapporter. On doit se rappeler les intelligences de Pichegru avec le prince de Condé, l'anglais Wickham et le général Wurmser, pendant la campagne de 1795, et avec l'Archiduc au commencement de celle de 1796. Ces intelligences avaient cessé par l'éloignement de l'armée de Strasbourg; mais aussitôt son retour sur le Rhin, elles recommencèrent avec plus de vigueur (¹). Pichegru ac-

(¹) La correspondance criminelle de ce bureau d'espionnage établi par Pichegru, à la porte du quartier-général de Moreau, contenait souvent des calomnies contre l'armée française en général, et quelquefois contre les officiers les plus patriotes ou les plus recommandables par leurs

courut à Strasbourg : là, d'après les lettres prises
dans le fourgon de Klinglin, et dont on peut voir
quelques-unes à la fin de ce mémoire [13 à 22], il
encourageait l'Archiduc à s'emparer de Kehl, et
entrer ensuite en Alsace, où tout se disposait pour
le recevoir, et lui faciliter des succès. Il paraîtrait
que ce fut cet espoir qui aurait aveuglé le gouvernement autrichien, en l'empêchant de porter des
renforts sur l'Adige, où, selon l'aveu du *généra-*
lissime, il s'agissait de sauver la monarchie autri-
chienne. Motif si puissant, qu'il devait déterminer
à abandonner Kehl aux Français, au cas que l'on
jugeât impossible de s'en emparer de vive force. Si
ma conjecture est vraie, la trahison nous aura été
une fois utile.

Après que Moreau eut·fait repasser son armée
sur la rive gauche du Rhin, il conservait encore,
ainsi que le Directoire, l'espoir de reprendre l'offensive, en débouchant de nouveau de Kehl pour reporter ses troupes sur la rive droite [8]. Il eut à

talents. Mais elle fut d'une grande utilité aux ennemis
de la France; l'Archiduc a souvent profité des importants avis qu'on lui fit parvenir, et s'il n'en a jamais parlé
dans le récit qu'il a fait de cette campagne, c'est probablement parce qu'il est des services d'une telle nature qu'on
se refuse à les avouer, et qu'un général craindrait de diminuer sa gloire, en faisant connaître qu'il en doit une partie
à la trahison.

Strasbourg un entretien avec Saint-Cyr, dans lequel il lui fit part de son projet de tenter cette entreprise, et au cas où on ne la croirait pas susceptible de réussite, de faire une grande sortie avec une bonne partie de l'armée, pour détruire les ouvrages que l'ennemi établissait, et sous la protection desquels il pourrait ouvrir la tranchée. Il demandait à Saint-Cyr son avis; celui-ci essaya de l'en détourner, d'abord en raison de l'affaiblissement de son armée par suite des travaux de la campagne, ainsi que par le détachement qu'il allait être obligé d'envoyer en Italie, sous la conduite de Delmas; de plus, en lui faisant sentir combien les troupes étaient fatiguées et dénuées de tout, ce qui obligeait à leur donner un peu de repos, ne fut-ce que le temps nécessaire pour les pourvoir d'habits et de chaussures. D'ailleurs on avait aussi besoin de temps pour concerter avec le gouvernement et Beurnonville le plan de nouvelles opérations, car tous les efforts de l'armée de Rhin-et-Moselle n'amèneraient que de faibles résultats, s'ils n'étaient puissamment secondés par celle de Sambre-et-Meuse; mais que tout faisait craindre qu'ils ne le seraient pas, tant que cette armée n'aurait point à sa tête un homme plus expérimenté et plus entreprenant (1), que

(1) On ne peut expliquer les raisons qui ont déterminé les membres du gouvernement à faire choix, pour le comman-

celui qui venait de remplacer le général Jourdan, et qu'on n'avait pas vu à la guerre depuis son expédition de Trèves, pendant l'hiver de 1792 [9 et 12].

Saint-Cyr observa à Moreau qu'il ne pouvait reporter son armée sur la rive droite du Rhin, pour faire en hiver une nouvelle campagne plus fatigante que la première, que dans le seul cas où l'ennemi enverrait des renforts en Italie. A cette occasion il lui rappela, qu'il eût été plus facile de maintenir l'armée sur la rive droite du Rhin, que

---

dement d'une grande armée, d'un général aussi peu expérimenté : il n'y en avait peut-être pas d'autres, que l'ignorance où ils étaient sur la capacité des généraux qui servaient aux armées. Ils ne connaissaient guère que ceux qu'ils voyaient le plus souvent dans les salons du Luxembourg; mais les plus guerriers ne s'y rencontraient presque jamais; ils préféraient les champs de batailles et la gloire à la faveur. Jourdan en se retirant avait laissé à l'armée Kleber, Championnet, Grenier, Bernadotte et tant d'autres déjà célèbres. Le choix du premier était sans contredit le meilleur qu'on eût pu faire; mais je pense qu'il aurait été difficile de le décider à se charger d'un commandement aussi important. On pouvait craindre qu'il ne saisit le premier prétexte pour le quitter, comme cela était arrivé devant Mayence, au commencement de la campagne précédente. Mais enfin dans cette armée il s'en trouvait d'autres qui, s'ils n'avaient autant de mérite que lui, étaient assez expérimentés pour obtenir la confiance des troupes, et les bien diriger.

de l'y reporter sans un motif puissant, car elle n'aurait vu alors que la continuation de la campagne, le besoin et l'espoir de la terminer bientôt, et la nécessité de la persévérance; mais que dans le cas où l'on se trouvait, c'est-à-dire, sans raison évidente pour justifier un tel surcroît de fatigues, elle pourrait croire que l'on voudrait abuser de ses forces, et dès lors ne pas répondre à ce qu'il en attendait.

Quant au second objet, pour lequel Moreau se sentait du penchant (c'est-à-dire de faire une pointe en débouchant de Kehl, et, après avoir obtenu des succès et détruit quelques redoutes, de rentrer), Saint-Cyr chercha de même à l'en détourner, comme présentant, sans espoir de résultat assez marquant, presque autant de désavantages que le premier projet, qui du moins avait son excuse dans la grandeur que l'on supposerait à l'opération. Suivant lui, les avantages que l'on obtiendrait au début de l'attaque, ne seraient que trop compensés par les pertes que l'on ne pouvait manquer d'éprouver en rentrant à Kehl, au travers d'un pays coupé par des rivières, et qui obligerait à des défilés successifs, sous le feu d'une nombreuse artillerie.

Saint-Cyr pensait que tenter de déboucher de Kehl, pour porter la guerre sur la rive droite du Rhin, était, dans tous les cas, une opération difficile et hasardeuse qu'on devait rejeter, quand il était si facile de s'y porter par un autre point, qui n'offrait pas les mêmes dangers à courir ; mais que si cette attaque n'avait d'autre objet que d'obtenir un succès, et rentrer ensuite dans Kehl, c'était bien pis, même en supposant une réussite complète ; car c'était sacrifier trop de monde pour le mince avantage de faire un bulletin, qui serait d'ailleurs contredit par l'ennemi : celui qui abandonne le champ de bataille, quelques avantages qu'il se donne dans ses rapports, étant toujours censé battu.

On observait en outre à Moreau que cette attaque intempestive pourrait faire croire à l'Archiduc que, s'il s'éloignait un peu de Kehl, dans la vue de donner des cantonnements et du repos à ses troupes, les Français en déboucheraient pour venir le troubler ; que cette crainte pourrait le décider à brusquer l'attaque de ce poste, ou du moins le déterminer à s'en rendre maître par tous les moyens possibles. Comme il commençait à se retrancher devant Kehl, on pouvait espérer qu'il s'en tiendrait à cette mesure de précaution ; et il ne fallait pas le forcer à adopter un système plus offensif, qui nous empêcherait de donner à nos troupes le repos dont elles avaient besoin, et que les évènements d'Italie ne manqueraient pas de faire cesser bientôt.

Moreau ne contesta aucune de ces raisons, et

parut décidé à s'en tenir à la défense de Kehl et de la tête-de-pont d'Huningue, si l'ennemi les attaquait. Desaix et Ferino s'en étant chargés, il autorisa Saint-Cyr à s'absenter quelque temps de l'armée, pour rétablir sa santé, affaiblie par les fatigues de la campagne; mais le général en chef ne tarda pas à changer de dessein.

On était alors dans les premiers jours de novembre. L'ennemi avait commencé sa ligne de contrevallation, et quand il l'eut terminée et armée, sans avoir été inquiété par les Français, Moreau revint à son premier projet, de faire une pointe en avant de Kehl, avec une grande partie de son armée. Le 22 novembre, à la pointe du jour, une partie des troupes passa le Rhin à Kehl (¹). Lecourbe commandant les 84e et 106e demi-brigades, le 2e régiment de chasseurs, et une compagnie d'artillerie légère, déboucha près du bonnet-de-prêtre d'Éhrlen-Rhein, et attaqua la gauche des ennemis à un signal partant de la redoute aux trous-de-loup, en même temps que Decaen attaquait le centre, avec les 62e, 97e, et le 7e de hussards, et que Siscé se portait sur Sundheim, avec les deux 10es demi-brigades, le 20e de chasseurs et une demi-compagnie d'artillerie. Duhesme commandait la

(¹) Voir dans l'atlas le plan N° XIV.

réserve d'infanterie, composée des 17e, 31e et 100e
demi-brigades, du 2e de cavalerie et d'une compagnie d'artillerie légère; celle de cavalerie, aux
ordres de Bourcier, était formée des deux régiments
de carabiniers, 12e, 13e, 14e, et 15e de cavalerie,
13e de dragons, et de deux compagnies d'artillerie
légère : ces deux réserves devaient être placées dans
le camp retranché. La 76e demi-brigade resta dans
l'île d'Ehrlen-Rhein, et la 68e dans le fort de Kehl.

Lecourbe perça la ligne des ennemis, et put,
après quelques minutes, faire entrer sa cavalerie
dans leur camp. Il s'empara des redoutes numérotées sur le plan IV et V, et bientôt après des deux
autres Nos II et III qui formaient une seconde ligne,
et porta des troupes vers la ferme de l'hôpital,
tandis que Decaen entra dans la redoute No IX et
poussa ses tirailleurs vers Rappenhof; mais on ne
put s'emparer de celles numérotées VI, VII et VIII.
Sundheim fit une plus longue résistance; on n'avait
pas tenu compte de la plus grande distance que
Siscé avait à parcourir, pour atteindre les retranchements de l'ennemi, ce qui fit qu'il y arriva un
peu plus tard. Les Autrichiens avertis par le feu
des deux autres colonnes, avaient eu le temps de
prendre les armes, et n'y furent point surpris;
de plus ayant trouvé sous la main six bataillons de
travailleurs, qui venaient d'être relevés, ils les re-

portèrent de suite sur ce village. Avec un tel renfort l'ennemi repoussa d'abord la colonne de Siscé, et dirigea ensuite son feu de manière à prendre en flanc la gauche de celle du centre. Ce feu, ainsi que le mouvement rétrograde des troupes de Siscé, inquiétèrent assez la brigade de Decaen, pour la décider à abandonner la redoute Nº IX dont elle s'était emparée. La retraite de celle-ci découvrit la gauche de Lecourbe, qui conserva cependant sa position, mais sans faire de nouveaux progrès. Après une autre attaque, Siscé parvint à se rendre maître de Sundheim et même à le dépasser. Les troupes de Decaen ayant montré de la répugnance à tenter de reprendre la redoute abandonnée, on voulut tirer du renfort de la réserve, mais elle avait passé le Rhin trop tard, car une partie traversait encore le pont dans le moment où nos troupes étaient déjà repoussées; obligée de défiler par de mauvais chemins presque défoncés, elle ne put concourir à l'attaque. Pour la suppléer, on avait reporté en avant deux bataillons de la brigade de Decaen, mais ils se trouvèrent trop faibles.

Les troupes qui avaient forcé les premières redoutes, se trouvant arrêtées par celles numérotées VI, VII, et VIII, et le Nº IX étant évacué, l'ennemi, au moyen de ses réserves, reprit la supériorité du nombre, et Moreau ordonna la retraite. Elle se fit après avoir encloué à l'ennemi 15 pièces de canon, en avoir emmené 8, et fait 800 prisonniers, dont plusieurs officiers supérieurs.

Par ce court récit, on vient de voir que le premier moment de cette attaque fut très brillant, et l'on devait s'y attendre. L'ennemi qu'on avait laissé tranquillement achever sa ligne, ne devait plus craindre d'y être attaqué, alors qu'elle se trouvait entièrement terminée; cette circonstance avait dû augmenter sa confiance; aussi à la faveur d'un brouillard épais, on l'avait d'abord surpris. D'après la narration de l'Archiduc, on avait été un instant maître du dépôt énorme de munitions qu'il avait rassemblées à Rappenhof, et si on l'eût détruit, il n'aurait pu faire le siége. Selon la même narration, les troupes autrichiennes furent bientôt en forces sur les points où les Français avaient pénétré; une bataille seule pouvait assurer le succès de ces derniers. D'après le rapport de Moreau au Directoire [1], son projet n'était point d'en livrer une,

[1] Dans ce rapport il dit que la garnison de Kehl a fait, dans la matinée du 22, une sortie vigoureuse pour reconnaître la ligne de contrevallation de l'ennemi; il ajoute que, dès qu'on eut jugé ses réserves prêtes à attaquer, il ordonna à Desaix de faire rentrer les troupes dans leurs retranchements, parce que vouloir se maintenir dans ceux de l'ennemi, eût été une opération d'armée, qui n'entrait pas dans ses projets. Voir le *moniteur* du 9 frimaire an V, (29 novembre 1796).

il ne voulait que faire une sortie, pour reconnaître
la ligne de contrevallation de l'ennemi. Mais s'il
n'avait pas d'autre dessein, fallait-il trente-trois
bataillons, quarante escadrons, y compris la division Bourcier, un train d'artillerie assez considérable, et engager une affaire aussi sérieuse, pour
reconnaître une ligne qu'on apercevait à l'œil nu
de nos retranchements, et mieux encore de nos
avant-postes, ainsi que du clocher de Strasbourg, à
la vue duquel l'ennemi ne pouvait rien dérober?

Ce qui est certain, c'est qu'il n'avait pas avec
lui, tous les moyens qu'il aurait pu employer; il
n'avait pas non plus assez bien calculé les obstacles
que les mauvais chemins apporteraient à l'arrivée
de ses réserves, ni compté sur la surprise qui fa-
cilita le commencement de cette opération, et qui
lui eût assuré une victoire complète, s'il avait eu
plus de monde dans la main, en disposant mieux
de ses réserves. Celles-ci auraient dû être en position, avant le commencement des attaques de Lecourbe et de Decaen. L'Archiduc jugeant, par
l'hésitation du général français à profiter de ses
premiers succès, qu'il n'était pas assez en forces
pour le déposter, et favorisé à son tour par le
brouillard qui cachait ses mouvements, avait fait
donner ses réserves. Ce fut alors que les Français
commencèrent leur retraite; mais ils ne parvinrent

à rentrer dans les retranchements de Kehl, et à repasser sur la rive gauche du Rhin qu'après avoir eu
environ 3,000 hommes hors de combat, parce qu'ils
furent obligés de défiler long-temps sous le feu le
plus vif de l'artillerie des Autrichiens, qui les attei-
gnit jusqu'au moment où ils traversèrent le pont de
Kehl.

Les troupes étaient nues et exténuées de fatigue ;
on avait bien pu leur faire espérer qu'un combat
heureux leur donnerait les quartiers d'hiver tant
désirés par elles : aussi firent-elles de grands efforts.
Mais comme ils furent infructueux, il en résulta
un découragement dont on a ressenti l'influence
pendant toute la durée du siége. Les soldats ont
constamment montré pour les sorties la plus grande
répugnance ; de sorte qu'il est permis de dire que ce
grand moyen de défense leur a totalement manqué,
par l'abus qu'on en a fait dans cette journée ; et
nul doute qu'elle n'ait abrégé la défense de Kehl
de plus d'un mois. Il n'y eut pas jusqu'à Desaix
qui perdit assez de la confiance qu'il avait eue
d'abord, pour ne plus vouloir se charger seul de
cette défense ; il demanda à Moreau de rappeler
Saint-Cyr, pour partager ce commandement avec
lui. L'affaire de ce jour avait fait connaître que
l'Archiduc venait de commencer le siége de Kehl,
et qu'il avait ouvert la tranchée la nuit précédente ;

il ne discontinua pas, malgré le dérangement occasioné par cette affaire.

Avant d'entamer la narration du siége, et pour ne pas l'interrompre, je crois devoir placer ici quelques observations, sur la manière dont les troupes étaient réparties, et sur les inconvénients du système que l'on a suivi.

L'affaire du 22 novembre avait démontré au général autrichien, qu'au moyen de ses lignes de contrevallation, il n'avait rien à craindre des Français sur son front; et qu'il ne devait avoir d'inquiétude que pour ses deux flancs. Moreau pouvait se porter sur sa gauche avec tout ce qui n'était pas strictement nécessaire à la défense de Kehl, c'est-à-dire avec les trois-quarts de son armée; tandis que Beurnonville, ayant plus de quatre-vingt mille hommes, qui venaient de jouir de deux mois de repos, pouvait, avec tant de facilité, venir attaquer sa droite, après l'avoir coupée de ses places fortes, d'où il devait tirer encore tant d'objets nécessaires au siége. Mais il arriva que Beurnonville, loin de s'avancer, ne bougea pas de ses cantonnements, et que pour y être plus tranquille, il fit même avec l'ennemi un armistice qui permit à celui-ci de retirer encore du bas Rhin des troupes qu'il employa au siége de Kehl. Cette conduite inexplicable, que le gouvernement français eut l'étrange faiblesse de tolérer, fut la cause la plus directe de la perte des têtes-de-pont de Kehl et d'Huningue. On eut alors le spectacle sans exemple, et qui étonna jusqu'à nos ennemis, de deux armées se joignant, pour ainsi dire, coude-à-coude (car l'aile droite de celle de Sambre-et-Meuse occupait alors le Palatinat), et dont l'une accablée par la plus grande partie des forces autrichiennes sur le Rhin, soutenait tous les jours des combats meurtriers, tandis que l'autre se reposait comme en pleine paix, disséminée dans de bons cantonnements.

Au moyen de l'armistice conclu avec Beurnonville, l'Archiduc fut complètement tranquille sur sa droite; sa communication avec ses places fortes fut si assurée qu'il put en tirer tout ce qu'il voulut. Il n'avait plus d'inquiétude que pour sa gauche, que Moreau, comme nous l'avons dit, pouvait troubler par une meilleure répartition de ses troupes. Mais celui-ci jugeant à propos de les tenir en partie sur la gauche du Rhin, derrière Huningue et autour de Strasbourg, l'Archiduc fut entièrement rassuré sur ses deux ailes, et commença son siége avec toute la sécurité possible.

C'est ainsi qu'une opération que j'ai qualifiée plus haut d'impossible, est devenue, par l'effet des dispositions des généraux français, une chose facile. Il fallait détourner l'attention du public, lui faire croire que l'on ne pouvait faire autrement, et que la plus grande partie de l'armée était nécessaire pour la défense de Kehl, autrement on eût crié peut-être à la trahison. Rien n'était plus convenable pour atteindre ce but, que les dispositions adoptées par Moreau. Si l'on eût laissé le corps de Desaix, seul pour défendre Kehl, comme on en avait eu d'abord l'intention, chacun se serait aperçu qu'il y aurait eu quelque chose de mieux à faire que de laisser les corps de Ferino, de Saint-Cyr et la réserve, sur la rive gauche du Rhin, inactifs et cantonnés comme l'armée de Sambre-et-Meuse; alors on fit concourir Saint-Cyr et son corps d'armée à la défense de Kehl. Ils se seraient gênés l'un à côté de l'autre; les auteurs de ce plan décidèrent que les chefs et les troupes se releveraient à différents intervalles, et le nouvel ordre de service fut réglé comme il suit (1) : Desaix et Saint-Cyr se relevaient tous les cinq jours, chacun avait son chef d'état-major habituel; tout ce qui devait concourir à la défense de Kehl, et qui se trouvait sur l'une

(1) Ferino resta dans le Haut-Rhin, et sur la rive gauche; il semble qu'il eût été mieux placé en avant de la tête-de-pont, tant que le prince de Fürstenberg lui est resté inférieur en nombre. De cette manière le pont d'Huningue n'aurait pas été brûlé comme il l'a été, parce que la petite flèche qui le couvrait, ne pouvait le garantir de cet événement facile à prévoir.

ou l'autre rive, devait obéir à leurs ordres; les troupes sur la rive droite étaient commandées par un général de division, deux généraux de brigade, ayant, pour transmettre leurs ordres, un adjudant-général et quelques adjoints; ils étaient relevés par les officiers du même grade tous les 2 jours [83 et 84]. On ne laissa plus que trois bataillons dans le camp retranché, trois dans les îles d'Ehrlen-Rhein, et trois dans celles de la Kintzig. Ces neuf bataillons étaient relevés, tous les trois jours, par trois demi-brigades venant des cantonnements voisins; six autres demi-brigades alternaient entr'elles deux à deux, et se relevaient tous les deux jours, soit à la citadelle de Strasbourg, à l'île-du-Rhin où elles étaient campées en réserve, soit dans les ouvrages du fort de Kehl, qui étaient constamment gardés par deux de ces demi-brigades. On ordonna en outre que chacune de celles qui faisaient le service à Kehl, ou dans les îles d'Ehrlen-Rhein et de la Kintzig, aurait journellement un bataillon employé aux travaux, et que les deux, campées dans l'île-du-Rhin, seraient en totalité disponibles pour ce service. Les corps que l'on relevait tous les deux jours, fatigués et diminués par la désertion à l'intérieur [23], ayant un grand service de surveillance à faire, surtout pendant les nuits devenues fort longues, et dans une saison si rigoureuse, ne man-

quaient pas de prétextes pour s'exempter de ces
travaux.

On a prétendu que les Français tiraient un grand
avantage de pouvoir relever leurs bataillons de
service à Kehl, par des troupes fraîches. La disposition arrêtée par Moreau de les faire relever tous
les deux ou trois jours, était vicieuse. Le prétexte
était le repos que l'on jugeait nécessaire de leur
donner; mais ce repos n'était qu'apparent. Par
exemple, une partie de ces troupes partaient de
Kehl, pour aller se reposer à la citadelle de Strasbourg, où elles se trouvaient surchargées de service (1), et sans bois de chauffage; les soldats ne
s'en procuraient qu'en dévastant les maisons de
campagne des environs, après qu'ils eurent brûlé
partie des portes et fenêtres de leurs casernes.
Ensuite ces mêmes troupes venaient camper sous
des tentes dans l'île-du-Rhin, sans paille de cou-
chage et sans bois pour se chauffer, dans une
saison aussi dure; et elles se trouvaient, comme
nous l'avons dit plus haut, entièrement employées
aux travaux du génie. C'est après s'être rafraîchies

----

(1) Moitié des hommes étaient de garde, quelquefois on en
faisait servir un plus grand nombre. Ce ne fut qu'après les
plus vives réclamations de leurs chefs, que l'on ordonna
au général commandant la citadelle, de réduire le service
au tiers de la force de ces corps [26].

et reposées de cette manière, que ces troupes retournaient faire le service de Kehl; celles qui occupaient les îles d'Ehrlen-Rhein et de la Kintzig, étaient un peu moins mal, elles avaient quelques villages situés sur les bords du Rhin, et qui, quoique ruinés, leur fournissaient au moins des abris et les moyens de se réchauffer.

Le renouvellement de ces troupes occasionait un mouvement continuel sur le pont de Kehl, et souvent un encombrement nuisible, puisqu'il n'y avait pas d'autres passages pour le transport journalier des vivres, des munitions, le remplacement des bouches à feu démontées, des barrière brisées, etc.

Au moyen du bureau d'espionnage établi à Strasbourg, sous la direction de Pichegru, l'ennemi se trouvait exactement informé des jours et des heures du passage de ces troupes; il faisait alors un feu très vif de ses batteries, qui pouvait enfiler le pont ou la digue, sur laquelle se trouve le chemin de la citadelle. Il nous tuait tous les jours du monde, parceque les personnages qui, de Strasbourg, lui donnaient des renseignements, ne manquaient pas de l'instruire le lendemain, si son feu avait été efficace; et dans le cas contraire, ils lui indiquaient la meilleure direction à donner à son artillerie [18, 19, 21].

6*

On jugea bientôt que l'ennemi était bien instruit de tous nos mouvements, mais sans se douter par quel moyen. On changea les jours et les heures où l'on relevait les troupes, sans pouvoir obtenir un meilleur résultat. La correspondance des traîtres avait lieu sans interruption : l'Archiduc recevait tous les jours les avis les plus utiles sur l'état moral et physique de l'armée, ses magasins, ses hôpitaux [19 et 20]. On lui communiquait jusqu'aux mots d'ordre, et aux plans où se trouvaient tracés les ouvrages faits où à faire [21].

J'ai dit que les dispositions prises par Moreau pour la défense de Kehl me semblaient vicieuses. Je pense qu'il aurait dû plutôt choisir le général qu'il croyait entendre le mieux la guerre défensive, et le laisser maître d'agir à sa manière. Chaque général a la sienne, qui dépend presque toujours du caractère qui le domine, et l'on exécute toujours mieux ses idées que celles des autres. Quant aux troupes, il fallait aussi y laisser les mêmes, car elles n'y étaient pas plus mal qu'à la citadelle et dans l'île-du-Rhin. De cette manière il aurait eu le reste de son armée disponible, pour faire des tentatives sur les ailes et sur les derrières de l'Archiduc. D'après l'aveu de ce prince, il n'y avait que ce moyen d'empêcher la continuation du siège, et ce n'était point à Kehl qu'il fallait songer à défendre cette place. S'il ne voulait pas absolument prendre ce parti, il aurait encore mieux valu ne changer les troupes que tous les quinze jours; alors on les eût placées dans des villages plus éloignés du Rhin, et moins dévastés, où elles auraient trouvé des ressources pour vivre et pour se chauffer, un véritable repos, et des forces pour faire un meilleur service à leur retour à Kehl. Le personnel de l'artillerie se relevait de la même manière, il y avait encore plus d'inconvénients : les canonniers changeaient de batteries, toutes les fois qu'ils revenaient à Kehl; ils n'avaient aucun intérêt à perfectionner des ouvrages qu'ils allaient quitter, et où ils étaient à peu près certains de ne plus revenir.

CHAPITRE DIX-NEUVIÈME.

Commencement du siége de Kehl.

L'ennemi continua ses travaux, et commença, dans la nuit du 23 au 24 novembre, sa parallèle devant la lunette de la Kintzig. Les batteries des ouvrages de Kehl firent feu, pour la première fois, sur cette parallèle.

Dans la nuit du 25 au 26, on devait faire une sortie de 700 hommes armés, et de 200 travailleurs par la lunette de la Kintzig, sur la parallèle et les batteries de l'ennemi. Elle n'eut pas lieu, parce que de 700 hommes on ne put en rassembler que 300.

Dans la nuit du 26 au 27, on exécuta une double sortie sur les batteries de l'ennemi; le chef de brigade Gazan, et le chef de bataillon Messire, commandaient sous les ordres du général Decaen, le premier la colonne de gauche, et le second celle de droite. Les troupes animées par l'exemple de leurs chefs, pénétrèrent dans la tranchée, mais en trop petit nombre; on ne put les y maintenir, ni les empêcher de se disperser. Elles rentrèrent, sans que cette opération eût d'autres suites que d'avoir inquiété l'ennemi, qui ne les poursuivit pas dans leur retraite.

Le 28, à 9 heures du matin, les Autrichiens firent feu, pour la première fois, des batteries de leur première parallèle, entre la haute et la basse Kintzig. La vivacité du feu causa un peu de désordre dans le premier moment; elle fit sentir la nécessité des communications, en manière de tranchées, entre les ouvrages. On· y travailla par la suite; mais on n'eut pas le temps de les finir, vu le peu de moyens qui étaient à notre disposition, et la nécessité de les employer ailleurs: le feu de l'ennemi n'étant plus si vif, on apprit à s'en passer. Le reste de la journée fut employé, par les troupes, à chercher des abris, en se tapissant dans les défenses, et depuis dans les fossés du fort carré, qu'on avait recreusés pour obtenir une plus grande hauteur de revètement..

Ce même jour, nos troupes légères furent obligées de se retirer de la tête du village de Kehl, d'où elles furent chassées par le feu croisé des batteries de la rive droite de la Kintzig, et du village de Sundheim. Un obus coula bas deux bateaux, qui soutenaient deux palées du grand pont sur pilotis (¹): il

(¹) Ce pont avait été coupé dans les années précédentes, afin de rompre toute communication avec la rive droite.

fut raccommodé quelques jours après, mais pour les gens à pied seulement. Les habitants de la rive gauche, requis pour les travaux de Kehl, nous abandonnèrent.

On avait tenté une sortie dans la nuit du 27 au 28; mais elle fut sans résultat. On a déjà observé qu'on avait pensé trop tard à s'établir dans les îles d'Ehrlen-Rhein, et plus tard encore dans celles de la Kintzig; de sorte que l'on commençait seulement à occuper ces dernières, quand l'ennemi vint nous y attaquer le 29. On se retranchait dans une position, qui devait prendre des revers sur la redoute étoilée, placée à la croisée des routes de Rastadt et d'Offenburg (1), et nous assurer la possession de ces îles; mais il nous rejeta dans celle que

(1) Voir la position de cette redoute, sur le plan dressé pour accompagner le récit du passage du Rhin, et annexé à la page 33 du Tome III. Il sera utile aussi de consulter ce plan, afin de connaître la position de la ville et du village de Kehl, avant qu'ils n'eussent été rasés, pour le rétablissement des fortifications.

La redoute étoilée, dont il est question ici, aurait dû être occupée par les troupes de Desaix, lors de leur arrivée à Kehl; mais dans ce moment, un débordement de la Kintzig avait coupé la communication d'une rive à l'autre, et l'ennemi en profita pour détruire la redoute. Cet incident fut très préjudiciable à la défense de Kehl, comme il sera facile de s'en assurer, en observant la marche des attaques de l'ennemi.

les cinq jours; cependant il fut réglé que, pour cette première fois, Saint-Cyr ferait le service pendant les sept qui devaient suivre, vu que Desaix en avait été chargé pendant les sept premiers.

Les efforts qui furent faits, particulièrement par les officiers du génie, pour tirer quelque parti des troupes dans les travaux du siége, prouvèrent que l'on ne pouvait plus compter sur cette ressource. En outre les fonds étant venus à manquer, on fut forcé de suspendre le paiement des travailleurs, auxquels on avait donné jusqu'alors 15 sols par jour; on ne put même pas acquitter les marchés faits, et dès ce moment, les travaux tombèrent dans une stagnation complète.

Le Ier décembre, l'ennemi s'établit à la tête du village de Kehl, en arrière de l'église: il travailla à la batterie à deux faces, placée sur le flanc droit du village, celle qui a si fort inquiété la communication et le flanc du camp, près la redoute aux trous-de-loup, conjointement avec celle au-dessus, plus près du village de Sundheim. On avait fait une sortie, dans la nuit du 30 novembre au Ier décembre, par la lunette de la Kintzig: elle n'eut pas d'autres suites que d'inquiéter l'ennemi.

Le 2, on exécuta une sortie, à la pointe du jour, sur le village de Kehl. Il s'y engagea un combat très vif, mais on ne put y rester : nous établîmes nos postes en avant de l'église. On commença le travail des fougasses, avec douze mineurs. Il devait y avoir douze boîtes à la corne du haut Rhin, trois à la lunette de la Kintzig, et neuf à la corne du bas Rhin. Chaque boîte double et goudronnée contenait huit bombes chargées. On y employa jusqu'à vingt mineurs: ce travail ne fut terminé que le 30 décembre.

Le 3, l'ennemi continua le travail de ses batteries sur le flanc du village de Kehl, et sa première parallèle devant le camp retranché. Le 4, on ne tira que fort peu de part et d'autre, et l'on continua les travaux commencés. Nous nous occupâmes principalement de la corne d'Ehrlen-Rhein.

Le 5, dès les huit heures du matin, l'ennemi fit le feu le plus vif de toutes ses batteries. Celles sur le flanc du village de Kehl tirèrent pour la première fois. Nos batteries des deux rives y répondirent. L'ennemi, qui avait le projet de nous attaquer sur notre droite, tira même des batteries de la gauche de sa ligne. Sur le soir, il attaqua le bonnet-de-prêtre d'Ehrlen-Rhein, et s'y logea. En même temps il s'empara de l'île-des-bois, dans laquelle il établit plus tard les ouvrages numérotés sur le plan 32 et 33. Une partie des troupes qui gardaient ce poste, furent prises: quelques hommes se noyèrent en passant le bras qui les séparait de l'île d'Ehrlen-Rhein : le reste se sauva **dans des** bateaux qui servaient à leur communication **avec** ces îles. L'ennemi fit aussi une fausse attaque **sur** les îles de la Kintzig. Le 6, on tira fort peu de part et d'autre. L'ennemi commença son établissement dans le bonnet-de-prêtre d'Ehrlen-Rhein.

La journée du 7 décembre fut tranquille; l'ennemi démasqua seulement quelques **embrasures** dans le bonnet-de-prêtre d'Ehrlen-Rhein. **Le 8,** il joignit cet ouvrage par une tranchée, à la **gauche** de sa ligne.

Le 9, il n'y eut rien de nouveau. L'ennemi ayant été repoussé, dans la nuit du 9 au 10, ouvrit, entre la Schutter et la Kintzig, un boyau dirigé **sur la** maison-de-poste du village de Kehl; il fut pris de revers par nos postes, dans le village.

A la droite, il fit feu pour la première fois **de** ses batteries du bonnet-de-prêtre, et d'une **autre** batterie de quatre pièces sur la gauche, **dans sa** première parallèle, venant de Sundheim. Sur le soir, il attaqua nos postes des petits redans **en face** et en arrière du bras d'Ehrlen-Rhein, alors à **sec**; il fut repoussé jusque dans ses retranchements, et on lui fit soixante prisonniers. Le 1er bataillon de la 76e demi-brigade exécuta cette attaque sous le feu à bout touchant des batteries ennemies. On eut d'abord de la peine à obtenir dés troupes qu'elles restassent en présence de ces batteries, et qu'elles s'y enterrassent. Cependant comme on insista, elles firent pour se couvrir ces petits boyaux à la tête des îles d'Ehrlen-Rhein, d'où elles ont si fort retardé les travaux de l'assiégeant.

Dans la nuit du 10 au 11, l'ennemi repoussa le poste de l'église de Kehl; il fut repoussé à son tour et obligé d'abandonner une seconde fois le travail de la veille, qu'il avait repris, en le dirigeant en arrière de l'église, afin de le mieux défiler. On donna l'ordre de combler ses tranchées et de porter deux pièces de 4 sur la gauche du chemin du village de Kehl, et à l'entrée.

L'ennemi déboucha de sa première parallèle, devant la redoute aux trous-de-loup, dans l'intention de lier ensuite ses ouvrages du village de Kehl avec ceux d'Ehrlen-Rhein. Nos avant-postes firent feu sur ses tirailleurs, mais ils n'en furent pas dérangés.

Aux îles de la Kintzig, on voulut repousser l'ennemi, jusque dans le grand bois d'Auenheim. Le temps n'étant pas favorable, les troupes paraissaient peu disposées à cette attaque, et l'artillerie de la rive gauche (selon les rapports des ingénieurs), n'ayant pas assez inquiété l'ennemi qu'elle prenait en flanc, cette attaque n'eut d'autres suites que de nous faire gagner un peu de terrain, particulièrement sur les bords du fleuve.

L'ennemi, pour prévenir les sorties qui eussent dérangé son travail, avait attaqué, dans la nuit du 11 au 12, nos boyaux et autres petits ouvrages de contre-approche sur tout le front des îles d'Ehrlen-Rhein et du camp retranché (¹). Le 12, nous l'attaquâmes nous-mêmes dans le village de Kehl, et nos postes se maintinrent en avant de l'église. Il ne put encore continuer son travail entre la Schutter et la Kintzig : quelques hommes de part et d'autre restèrent sur le champ de bataille.

En face de la redoute des trous-de-loup, l'ennemi lia le travail de sa seconde parallèle, partant du bonnet-de-prêtre d'Ehrlen-Rhein, et allant aboutir à la batterie à deux faces, sur le flanc du village de Kehl. Il couvrit ce travail par plusieurs bataillons. Les Autrichiens s'étaient aussi avancés dans les îles d'Ehrlen-Rhein, mais la 76ᵉ demi-brigade les repoussa, avec perte de plusieurs officiers.

La saison étant trop rigoureuse, et le soldat trop fatigué de service, le travail fut nul dans toutes les parties. Le bois de chauffage manquait, on s'aperçut que les volontaires arrachaient les palissades pour faire du feu ; plusieurs caissons avaient sauté dans les ouvrages d'Ehrlen-Rhein ; on avait négligé

(¹) Ces ouvrages sont cotés *g* dans la légende du plan ; mais sur le plan même, le graveur a, par erreur, changé ces lettres *g* en des chiffres 9.

de faire des dépôts de munitions dans les massifs de leurs batteries. On a beaucoup tiraillé dans les îles de la Kintzig, sans autre résultat que de conserver son terrain de part et d'autre.

Le 13, l'ennemi s'établit derrière la route de Rastadt, près l'emplacement de la redoute étoilée. Il prolongea sa parallèle de la droite dans le village de Kehl, coupant la grande route. Les troupes, faute de bois, continuèrent à brûler les palissades et les bois de construction, qu'on fut obligé par la suite de leur abandonner.

Le 14, l'ennemi continua son travail et s'établit sur l'emplacement de la redoute étoilée. On crut apercevoir qu'il travaillait à des batteries sur la rive droite de la Kintzig, pour prendre en flanc la partie du village de Kehl, occupée par nos troupes. On reconnut aussi qu'il avait débouché du boyau à la tête du village, se portant en avant sur sa gauche, par une gabionnade. On avait commencé, en manière de tranchée, le redan en avant de l'église, pour masquer les deux anciens débouchés qui donnaient sur ce point, et faciliter les moyens de s'y maintenir; on ne put en faire qu'une douzaine de toises. La terre était devenue si dure par la gelée, qu'on ne put entamer l'ancienne chaussée : on la barra avec des décombres.

A droite, on reconnut la batterie que l'ennemi

élevait dans l'île-des-bois, dirigée sur le pont-vo. lant qui servait de communication aux îles d'Ehrlen-Rhein et à celle des Escargots. Le froid était très rigoureux, cependant le Rhin ne charriait pas; ses eaux étaient très basses et très limpides. Le bois de chauffage manquant, les réparations aux différents ponts de communication dont on brûlait les matériaux, devinrent immenses et même impossibles en plusieurs endroits; plusieurs bateaux de ponts des îles d'Ehrlen-Rhein et de la lunette de la Kintzig, étaient coulés bas.

Le 16, l'ennemi fit une tranchée partant de la redoute étoilée, qui s'appuyait à la rive droite de la haute Kintzig : il y plaça depuis une batterie de mortiers. Le 17, il acheva son cheminement sur la chapelle de Kehl, et dégorgea une embrasure sur la droite : il y en ajouta une seconde le jour suivant.

Le général en chef, qui avait déjà fait une proposition d'armistice à l'Archiduc, la lui renouvella dans cette journée, en lui envoyant un aide-de-camp; mais ce prince étant trop avancé dans les travaux du siége, répondit encore à Moreau négativement (¹). Celui-ci avait beaucoup espéré de

_____

(¹) On ne peut douter non plus, qu'étant aussi bien instruit qu'il l'était, par les agents de Pichegru, de toutes les

cette mission ; il avait donné l'ordre d'empêcher
pendant la nuit les assaillants de travailler. Il
comptait que deux cents tirailleurs pouvaient suffire pour atteindre ce but [24 et 25]. On fit tout
ce qu'on put ; mais il n'y avait pas moyen d'empêcher l'armée de l'Archiduc, déjà si avancée dans ses
travaux, de les continuer la nuit sur une grande
étendue de ses lignes. Pour empêcher de travailler
par tout, on eût été obligé de faire une attaque
générale, en sortant de tous les points de nos ouvrages. Mais on a vu quels fruits on a retirés des
sorties exécutées pendant le siége : on a déjà parlé
de la répugnance invincible de nos troupes pour
ce genre d'opérations, et des causes qui l'avaient
produite. Comme elles devaient se faire la nuit,
les soldats s'évadaient si facilement dans l'obscurité,
que les officiers n'arrivaient jamais en présence de
l'ennemi qu'avec une poignée d'hommes, ce qui
empêchait d'obtenir le moindre résultat.

La pluie avait amené le dégel dans la nuit du 17
au 18. Sur le soir l'ennemi attaqua le poste de l'é-
glise, par une très vive canonnade. Il s'en empara
ensuite, s'y logea, et se lia avec le travail qu'on
l'avait obligé d'abandonner depuis plusieurs jours.

privations que l'armée avait à souffrir, il ne se crût sûr
d'être bientôt maître de Kehl. Cette raison seule eût suffi
pour faire rejeter les propositions de Moreau.

Par suite du dégel, la Kintzig ayant crû de cinq pieds, le pont à la gorge de la lunette fut emporté : on y suppléa au moyen d'un bateau de l'ennemi qu'elle nous amena.

On devait attaquer de rechef l'ennemi, dans le poste de l'église, pendant la nuit du 18 au 19; mais elle fut si obscure qu'il était impossible de se conduire. Cette tentative se termina par une fusillade partant des redans en avant du pont établi sur la flaque, entre le village de Kehl et la corne du haut Rhin.

Le 19, le fleuve commença à se troubler et à monter de quelques pouces. Le 20, l'ennemi travailla beaucoup dans les îles à sa gauche, et perfectionna ses ouvrages devant le camp retranché. Le Rhin avait crû de deux pieds, le pont sur pilotis n'était point praticable. Il était aussi arrivé quelques accidents au pont de bateaux, dont plusieurs avaient été coulés bas. Nos moyens diminuaient tous les jours; et les soldats fatigués par le mauvais temps et les privations, se décourageaient. Cependant nous eûmes un moment l'espoir que si le dégel se prolongeait, et que les eaux de la Kintzig et de la Schutter continuassent à déborder, l'ennemi serait obligé de lever le siége.

Le Rhin augmentait et les communications avec

les îles devenaient extrêmement difficiles. Le 22 décembre, on travailla à une batterie de six pièces, au centre du camp retranché, afin de prendre le village de Kehl en flanc; mais elle était trop faible pour empêcher les cheminements de l'ennemi dans cette partie, et faire taire les feux qui les protégeaient. L'ennemi donnait depuis quelque temps à ses travaux une meilleure direction; il avançait sur cette misérable partie de nos ouvrages qu'on appelait le camp retranché, ce qui devait le mettre à même de voir le pont, et en conséquence de terminer promptement le siège : car ce n'était véritablement pas du fort de Kehl qu'il s'agissait, mais seulement d'intercepter notre communication avec Strasbourg.

L'ennemi aurait pu arriver encore plus vite à son but, en débouchant sur notre gauche par les îles de la Kintzig, et notamment par celle de Bremen-Wörth où il s'était solidement établi dès le commencement du siège. Nous n'occupions en face de lui que les mauvais redans *a* et *b* qu'il eût enlevés facilement. Le Rhin était très bas: les petits bras qui dans l'été auraient pu servir de défense, se trouvaient à sec. Du moment que les Autrichiens auraient forcé les petits ouvrages que nous occupions à l'entrée de ces îles, une large plage de sable, où pouvaient manœuvrer toutes les armes, les con-

duisait au pont de bateaux et à la gorge du fort de
Kehl, qu'ils pouvaient ainsi prendre à revers. Cette
partie de notre défense est celle qui, pendant toute
la durée du siége, nous a donné la plus grande inquiétude. Chaque nuit, on croyait voir l'ennemi
arriver sur ce point, où il n'avait à craindre que
le feu de quelques batteries de la rive gauche, toujours de si peu d'effet pendant la nuit. Heureusement que l'idée ne vint pas à l'Archiduc de choisir
ce point d'attaque, et qu'elle ne lui fut point sugge-
rée de Strasbourg par les agents de Pichegru.

Le 23, l'ennemi continua, probablement pour
la forme, ses travaux en avant de la maison-de-
poste du village de Kehl, et nous fîmes deux redans
entre ceux qui existaient en avant du pont sur
la flaque, et la redoute aux trous-de-loup. Le 24,
on reconnut une batterie de quatre embrasures
sur la gauche, dans la tranchée en avant de la
maison-de-poste de Kehl, et une autre de quatre
embrasures en face de la redoute aux trous-de-
loup. Le flanc du village de Kehl, de ce côté, était
couronné par une tranchée partant de la parallèle
en face de cette redoute, et allant se joindre avec
celle en avant de la maison-de-poste. Une amorce
partant de cette maison-de-poste fut prise de revers
par la redoute aux trous-de-loup, et l'ennemi l'a-
bandonna. Il déboucha sur la droite en face de

cette redoute; il travailla aussi sur la gauche du bonnet-de-prêtre d'Ehrlen-Rhein, et parut y faire une sape double.

Le 25, l'ennemi continua son cheminement sur la redoute aux trous-de-loup, et sur la gauche du bonnet-de-prêtre. Il travailla aux batteries de sa seconde parallèle. On avait cherché à l'inquiéter dans la nuit du 24 au 25 par plusieurs sorties, mais ces attaques n'eurent pas de succès. Le 27, l'ennemi s'avança sur Ehrlen-Rhein par une sape double; il éleva à l'extrémité de cette sape un grand massif pour une batterie destinée à enfiler nos petits boyaux à la tête de ces îles. Au cheminement plus à gauche, il s'avança par sa droite pour se lier avec celui de la redoute; mais au jour, il fut obligé d'abandonner son ouvrage, que l'on inquiéta par un feu de mousqueterie très vif : depuis quelque temps on en usait de même jour et nuit, des boyaux en avant d'Ehrlen-Rhein. Les Autrichiens travaillèrent à armer leurs nouvelles batteries.

Dans la nuit du 27 au 28, on fit deux sorties sur les cheminements de l'ennemi : elles eurent le bon effet de retarder son travail. Son projet paraissait être de se lier depuis le bonnet-de-prêtre d'Ehrlen-Rhein, jusqu'à la hauteur de la redoute aux trous-de-loup. On travailla à un redan en arrière du pont sur la flaque, et à la communication de la redoute aux trous-de-loup abandonnée la veille, parce que son tracé avait été manqué : il se continuait à la sape. On travailla aussi au redan, situé à droite et à même hauteur que la redoute aux trous-de-loup; mais on l'avança peu.

De part et d'autre on tirait peu la nuit, si ce n'est quand les troupes se relevaient, mais assez vivement à la pointe du jour. Le commandant de notre artillerie se plaignait du manque d'obus de six et de huit pouces [28], et en général de la grande consommation des munitions et affûts de rechange. Le froid qui avait repris avec beaucoup d'intensité, contribuait à en rendre les ferrements plus cassants; on acquit aussi la preuve de la médiocre qualité du métal de nos bouches à feu (¹). On mit deux pierriers en batterie pour lancer des grenades sur les travaux avancés de l'ennemi; cette épreuve ne réussit pas, à peine put-on les envoyer à vingt toises.

(¹) Presque toutes cependant étaient neuves et de la fonderie du sieur Dartin; leur mauvaise qualité avait depuis long-temps excité les réclamations des officiers chargés de la direction de l'arsenal de Strasbourg. Le zèle de quelques-uns d'entr'eux pour le service de l'état, loin d'être récompensé, fut puni par leur changement ou leur destitution : tant était grand le crédit du fondeur, auprès d'un des membres du gouvernement !

Le 28 décembre, l'ennemi avança peu ses travaux, quoiqu'on ne l'eût inquiété qu'avec de la mousqueterie, surtout du côté d'Ehrlen-Rhein. On continua de travailler au redan en arrière du pont sur la flaque de la corne du haut Rhin, à la communication aux trous-de-loup et au redan à droite de cette redoute, ainsi qu'à Ehrlen-Rhein. Comme le général en chef avait obtenu des fonds, le génie commença à employer des travailleurs de bonne volonté; mais il ne s'en présenta qu'un petit nombre, et presque exclusivement de la 10e de ligne.

Nos ouvrages étant d'un relief si mince et aucun d'eux n'étant terminé, notre principale force consistait dans nos palissades; cependant la rigueur du froid fit qu'on en brûla un si grand nombre, qu'il n'était plus possible de suffire au remplacement. Chacune de celles que le canon de l'ennemi faisait sauter, était recueillie par nos volontaires avec des cris de joie et aux acclamations de *vive la République*! Faute d'instruments tranchants dont ils étaient dépourvus, ils les fendaient avec des outils peu propres à ce travail, qu'ils rapportaient dans leur camp, en revenant des travaux [27]. On peut dire qu'ils avançaient plus le siége que les Autrichiens.

Le 29 décembre, l'ennemi lança des obus et des bombes sur la ferme de l'île-du-Rhin, et même jusqu'à la citadelle. Ses travaux avancèrent peu, on le contint par un feu continuel de mousqueterie. De notre côté on continua les travaux commencés; il fit un brouillard fort épais et très favorable à l'ennemi. On fit dans la nuit du 29 au 30, une sortie d'un bataillon sur ses cheminements à la droite du camp. Elle retarda ses travaux et on lui fit une douzaine de prisonniers. L'ennemi travailla à la faveur du brouillard, à joindre tous ses cheminements; il n'était qu'à trente pas de la redoute aux trous-de-loup.

Nous continuâmes nos travaux du jour précédent, et particulièrement celui du redan, à droite de la redoute aux trous-de-loup. On commença aussi à faire une banquette à la digue, joignant la droite du camp retranché avec le petit ouvrage à trois faces (coté H sur le plan), au-dessus de la tête du pont de bateaux d'Ehrlen-Rhein. Le 31, l'ennemi continua à lier ses cheminements.

~~~~~~

CHAPITRE VINGTIÈME.

Continuation du siége. — Réflexions générales.

JUSQU'ICI nous avons vu l'ennemi marcher avec
une si grande circonspection, qu'on pourrait la
qualifier de timidité : nous allons le voir tout à
coup changer de système, et devenir audacieux.
Dans le moment nous n'avons pu nous rendre
compte des motifs de ce changement; mais quand
nous avons connu plus tard la correspondance de
Pichegru et de ses agents de Strasbourg, avec les
Autrichiens, et que nous avons vu les reproches
qu'on leur adressait sur la lenteur de leurs opérations, les conseils qu'on leur donnait, les ré-
vélations sur les points les plus faibles de notre
position, sur tous les objets dont nous étions dépourvus; sur le dénûment absolu dans lequel se
trouvaient les hôpitaux, sur les souffrances et les
dégoûts des soldats; les renseignements sur la possibilité d'enlever le fort de Kehl par une surprise,
à l'aide du mot d'ordre qu'on leur envoyait si

exactement; ceux qu'on leur donnait même, pour
s'emparer de la citadelle, au moyen d'un passage
du Rhin au-dessous de Strasbourg, en habillant
avec les habits des prisonniers français des soldats
du corps de Condé, qui seraient secondés par tel
officier commandant·sur tel point qu'on désignait,.
il nous fut facile de nous persuader que les Autrichiens avaient enfin cédé, après tant de réclamations infructueuses, et que c'était là le vrai motif
de leur changement de système.

Le Ier janvier 1797 au matin, l'ennemi fit feu
pour la première fois des batteries de sa nouvelle
parallèle. Il fut très vif et s'appaisa un peu sur
le midi; il redoubla le soir, non-seulement des
batteries de sa nouvelle parallèle, mais de presque
toutes les autres. Il avait démasqué à· coups de
canon, les six embrasures de sa batterie à gauche
du bonnet-de-prêtre d'Ehrlen-Rhein, qui enfilaient
les petits boyaux à la tête de cette île, et à laquelle il communiquait par une. sape double. Vers.
les quatre heures et demie du soir, une colonne,
sous le général Staader, s'empara de la redoute
aux trous-de-loup, et une autre attaqua les îles
d'Ehrlen-Rhein. L'ennemi se rendit maître de la
première sans résistance, en même temps que de
la partie des retranchements la plus à droite·du
camp. Il s'empara de même des boyaux d'Ehrlen-

Rhein, et pénétra, en suivant nos troupes, jusque dans la corne. Le général Lecourbe fit des efforts pour les rallier; secondé de quelques braves, il parvint enfin à chasser l'ennemi qui s'était emparé du demi-bastion de droite, et tournait contre nous l'artillerie qu'il encloua ensuite, en abandonnant l'ouvrage. Pendant ces attaques, et dans une nuit rendue plus obscure encore par un brouillard épais, un bateau du pont fut coulé bas par l'ennemi; il ne put être remplacé qu'au bout de quelques heures, pendant lesquelles, les troupes dans Kehl demeurèrent sans secours et sans communication avec la rive gauche. La 62e demi-brigade fit différents efforts pendant la nuit, pour reprendre les retranchements que l'ennemi avait enlevés, et la redoute aux trous-de-loup, mais ils ne réussirent pas; l'ennemi était trop supérieur en forces. Plus de six bataillons avaient été employés à cette attaque sur la moitié du camp retranché, et nous n'en avions que trois pour le défendre dans toute son étendue. Le terrain était si impraticable, la nuit si obscure et le brouillard si épais, qu'il parut impossible à Desaix de faire aucune disposition avant le jour. Nous occupions encore la digue et le petit ouvrage à trois faces, entre le camp retranché et les îles d'Ehrlen-Rhein, ainsi que la gauche de ce camp, qu'il fallut isoler de la droite dont l'ennemi venait de s'emparer. On fit une coupure à l'extrême droite de la partie qui nous restait, et l'on chercha à établir un épaulement que l'on prolongea dans la direction du Rhin, pour empêcher l'ennemi de tourner la portion des retranchements dont nous étions encore maîtres; mais ce travail, se faisant sous le feu le plus vif, avançait peu.

Le 2, l'ennemi continua à tourner contre nous les retranchements du camp dont il s'était emparé; il gêna beaucoup nos communications avec les îles, par les trouées des flaques, et les rendit presque impraticables. Il prenait aussi de revers la coupure faite au camp, et son feu de ricochet, qui plongeait le travail, n'obligea pas nos travailleurs volontaires à l'abandonner, quoiqu'ils y eussent perdu plusieurs de leurs camarades.

L'ennemi s'empara, dans la nuit du 2 au 3, de la digue à la droite du camp, à laquelle nous avions fait une banquette, ainsi que du petit ouvrage à trois faces, qui appuyait la droite. On fit différents efforts pour le reprendre; mais les troupes ne répondirent pas à ce qu'en attendait Lecourbe qui les commandait : elles se dispersèrent en partie dans l'obscurité, et l'ennemi qui en resta maître, s'y logea; au jour on le vit y apporter des palissades. Cet ouvrage n'avait comme tous les autres, qu'un relief assez mince et seulement à la hauteur de barbettes. Dans la pénurie où l'on était d'artilleurs [29], on avait cru devoir charger l'artillerie à cheval du service des bouches à feu; on avait fait pour elle une exception, puisque le reste de l'artillerie se relevait en passant d'une batterie à l'autre, et ce fut un malheur. Car ces canonniers, par un esprit de corps mal entendu, ne voulurent jamais travailler à se couvrir des batteries ennemies qui, depuis quelque temps, enfilaient cet ouvrage, malgré qu'on leur eût fourni les saucissons et les gabions nécessaires. A nos invitations et à nos ordres ils répondaient toujours: « Nous sommes » des canonniers à cheval, destinés à combattre en » rase campagne, et non derrière des retranche- » ments; et s'il nous l'était permis, nous ouvririons » cet ouvrage pour nous placer en avant. » Chaque jour, avant neuf heures du matin, toutes les pièces se trouvaient brisées et la moitié des hommes gissaient sur la terre, de sorte que ce corps si brave fut presque réduit à rien, par les pertes énormes qu'il éprouva (¹).

(1) Les partisans de la discipline des nations du nord, pourront croire, d'après ce que je viens de rapporter, qu'il n'y en avait pas dans notre armée. Il y en avait cependant autant qu'il en peut exister chez un peuple aussi ardent. Il fallait qu'il y en eût beaucoup, et plus encore de patriotisme, pour maintenir cette armée, après une campagne aussi longue, au milieu de toutes les privations dont elle était accablée.

L'ennemi perça douze embrasures dans l'ouvrage
à trois faces, toutes dirigées contre la corne d'Ehrlen-Rhein. Ses succès dans les journées du Ier et
du 2, avaient à peu près décidé du sort de Kehl.

Le 3, Saint-Cyr remplaça Desaix. L'ennemi s'a-
vança dans Ehrlen-Rhein, à environ cent toises de
la corne; il perfectionna son établissement dans les
ouvrages dont il s'était emparé la veille, et il s'en
servit pour inquiéter toutes nos communications,
particulièrement celles les plus à proximité du camp
retranché; elles n'étaient plus praticables aux voitures. On travaillait aux coupures du camp retranché,
que le feu terrible de l'ennemi obligea d'abandonner de jour, après avoir perdu de nouveau plusieurs travailleurs volontaires.

Je crois devoir parler ici d'un projet suggéré à
Moreau et qu'il avait chaudement adopté. Le 4
janvier, il fut trouver Saint-Cyr à son quartier-
général de la ferme des Anabaptistes dans l'île-du-
Rhin, pour lui en faire part et le décider à se
charger de l'exécution. Il était accompagné de
Desaix, Reynier et Boisgérard. Comme l'ennemi
était déjà maître de la majeure partie du camp
retranché, du redan à sa droite, de l'ouvrage à
trois faces, et qu'il se trouvait établi dans l'île
d'Ehrlen-Rhein, qu'il avait enlevé tous les petits
redans qui couvraient l'ouvrage à cornes, et en-

touré celui-ci de ses tranchées, Moreau voyait que
dans très peu de jours toute sa défense à sa droite
serait perdue. Il lui vint à l'idée de la reporter sur
sa gauche, en s'emparant de toutes les îles de la
Kintzig qui avaient été totalement négligées, quand
on aurait pu facilement les occuper, c'est-à-dire
avant le commencement du siége.

Moreau paraissait croire que l'ennemi s'amuse-
rait à faire le siége du fort de Kehl qui était encore
intact, et qu'il pourrait le défendre long-temps :
comme s'il eût été question d'une véritable place
de guerre. Mais les plus médiocres parmi celles-ci,
sont au moins pourvues de magasins pour mettre
à l'abri les subsistances et les munitions, et l'on
sait qu'il n'y avait à Kehl rien de ce genre; on
n'avait eu, ni le temps, ni les moyens d'en construire. Il n'y existait que trois casemates, non à
l'abri de la bombe, dont l'une, servait à l'état-
major général pour écrire les différents ordres rela-
tifs aux détails du service, l'autre pour celui du
génie, et la troisième pour celui de l'artillerie. Il
fallait conduire au fort, toutes les nuits, les vivres
et les munitions qui devaient être consommées dans
la journée suivante, et par conséquent il fallait un
passage que rien ne put interrompre; un pont seul
était insuffisant, puisqu'à chaque instant le service
était interrompu pendant les réparations qu'on était

obligé d'y faire. L'ennemi l'avait bien senti, et depuis quelque temps il marchait dans une direction qui pouvait l'en approcher bientôt. Il allait être maître du terrain où il devait construire la batterie, destinée à le foudroyer en peu d'heures.

Moreau avait déjà perdu son pont d'Huningue, et dans quelques jours il pouvait perdre le seul qui lui restait. Malgré la pénible situation où se trouvaient ses troupes sur la rive droite du Rhin, il voulait que Saint-Cyr s'emparât de l'île des grands-bois qui s'étend entre l'île-du-Rhin et Auenheim, et de celle de Bremen-Wörth, au moyen de deux débarquements de troupes: l'un exécuté vis-à-vis la pointe nord de l'île-du-Rhin, et l'autre à peu de distance d'Auenheim. Saint-Cyr jugea cette opération trop tardive et impossible à tenter, tant à cause du peu de troupes que l'on pourrait embarquer, vu la pénurie où nous étions de bateaux propres à un pareil débarquement, que par les travaux que l'ennemi avait exécutés dans l'île de Bremen-Wörth, et qui lui en assuraient la possession; car sous la protection de ces ouvrages, il pouvait attaquer notre débarquement, non seulement avec les troupes qu'il avait dans ces îles, mais encore avec celles qu'il tirerait de son camp, près d'Ausnheim, en se servant des ponts établis sur la Kintzig, l'un devant ce village, et l'autre plus haut, près la redoute N° XIX. Nonobstant ces observations, qui avaient fait impression sur Boisgérard (alors le plus entreprenant des officiers du génie), Moreau, Reynier et Desaix insistaient à tel point, que Saint-Cyr (craignant que le siége ne finît ainsi par une journée plus désastreuse encore que celle du 22 novembre par laquelle il avait commencé) répondit qu'il ne voulait pas s'en charger; que d'ailleurs, comme il fallait plusieurs jours pour faire la reconnaissance des points où l'on voulait débarquer, réunir les bateaux et autres moyens, il profiterait du temps qui lui restait avant d'être relevé, pour tout préparer; qu'à son arrivée Desaix trouverait tout prêt pour l'exécution, et que lui, se contenterait d'y être employé comme volontaire. Il chargea le commandant des pontonniers de la reconnaissance du Rhin et de la réunion des bateaux [30], et Boisgérard, de préparer les matériaux nécessaires pour notre établissement dans ces îles, et la construction des ouvrages qu'il rendrait indispensable. Le lendemain, Moreau revint sur ce projet [31], mais il ne put changer les idées de Saint-Cyr sur les dangers d'une telle opération. Ces discussions devinrent inutiles; car le 8, Desaix ayant relevé son collègue, et jugeant mieux des difficultés de l'entreprise, ne voulut plus en entendre parler.

Le 4, l'ennemi perfectionna le travail des jours

précédents; la communication de l'île d'Ehrlen-
Rhein avec la partie du camp retranché qui nous
restait, ne se faisait plus que sous la mousqueterie
de l'ennemi; il ruina presque entièrement la redoute
du cimetière, et y démonta deux pièces [32]. On dé-
sarma la gauche du camp retranché, trop exposée
depuis qu'il était maître de la droite.

Les travaux d'Ehrlen-Rhein, et particulièrement
les saillans de l'ouvrage à cornes, se trouvaient entourés par les tranchées de l'ennemi, et leurs dé-
fenseurs menacés d'y être enlevés de vive force. On
a vu que les Autrichiens, avant d'être maîtres des
ouvrages qui flanquaient la gauche de la corne
d'Ehrlen-Rhein, et quand leurs tranchées en étaient
plus éloignées, s'en étaient déjà emparés de vive
force le Ier janvier. La grande énergie de Lecourbe
les en avait chassés; mais tout était changé par les
progrès qu'ils avaient faits depuis, et par leur position si rapprochée de cet ouvrage : il n'était plus
possible de conserver l'espoir de le défendre davantage (¹).

On évacua quelques pièces des plus gros calibres

(¹) Cependant Moreau voulait le tenter. Il avait près de lui
le général du génie Marescot, auquel il accordait la plus
grande confiance ; avant de consentir à l'évacuation de cet
ouvrage, il l'envoya le visiter. Marescot, à son retour, con-
seilla l'évacuation, en se servant de cette expression : « Je
» ne connais pas de moyen de faire vivre les morts. »

de la corne d'Ehrlen-Rhein, et dans la nuit du 5 au 6, on évacua le reste de l'artillerie et les troupes; on n'y laissa que trois pièces de 4 et trois compagnies de grenadiers faisant environ 100 hommes, qui devaient se retirer dans le réduit coté L, si, comme on n'en pouvait douter, ils étaient attaqués par des forces trop supérieures. On espérait qu'ils pourraient s'y défendre au moins un jour dans tous les cas, et même plusieurs, si l'ennemi retombait dans le système de lenteur et de timidité qu'il avait adopté pendant une partie du siége.

Pour augmenter la confiance de cette troupe, on avait placé les bateaux derrière le petit ouvrage que l'on se proposait encore de défendre. Ce fut une faute, il eût mieux valu les laisser sur l'autre rive. Pendant la nuit cette troupe entretint la fusillade avec l'ennemi, et quand elle jugea qu'il lançait ses troupes pour s'emparer de l'ouvrage à cornes, elle se retira dans le réduit; mais trouvant les bateaux sous sa main, elle n'y tint pas et s'embarqua pour se retirer sur la rive gauche du Rhin. On gardait encore les îles de l'Estacade et des Escargots, où il y avait quelques bouches à feu.

L'ennemi ruina presque entièrement avec son canon les défenses de la redoute du cimetière. Dans la soirée du 6, il attaqua la partie du camp retranché qui nous restait, et la redoute du cimetière qu'il emporta, ainsi que le redan palissadé à sa gorge; il pénétra même dans le chemin couvert du demi-bastion de droite de la corne du haut Rhin, et jusqu'à la première coupure sur la chaussée, le long de la branche droite de cet ouvrage. La nuit était si obscure que deux petites colonnes autrichiennes, ayant dévié du chemin qui leur était tracé, se fusillèrent à bout touchant sans se reconnaître, et laissèrent sur la place un nombre considérable de leurs morts. Au bout de quelques heures de combat, et du feu de mousqueterie le plus vif, les troupes de Sainte-Suzanne, qui étaient de tranchée cette nuit, rentrèrent dans la redoute du cimetière, après avoir repris le redan palissadé: Messire, chef de bataillon dans la 10ᵉ demi-brigade de ligne, fut tué dans cette attaque. Sa perte fut sensible à toute l'armée, dont sa rare bravoure l'avait fait remarquer depuis long-temps; l'adjudant-général Levasseur y fut blessé. Plusieurs fougasses sautèrent, quelques-unes prirent feu par accident. Leurs entonnoirs avaient de 18 à 20 pieds de diamètre, sur 4 à 5 pieds de profondeur; on avait cependant lieu de croire qu'elles en auraient imposé à l'ennemi, dans le cas où il eût voulu faire le couronnement du chemin couvert.

Les Français avaient estimé les forces que les assiégeants employèrent dans cette attaque, à douze

bataillons dont quatre de grenadiers: cette estima-
tion se trouva d'accord avec les rapports de quelques prisonniers. Dans le récit de l'Archiduc, il
n'est question que de trois bataillons; l'erreur est
trop grave, de quelque part qu'elle vienne.

De notre côté on attribua le succès de l'ennemi
aux avantages que lui donnait la possession de la
partie droite du camp retranché, dont il était maître depuis six jours, et à ce qu'il n'eût à combattre
que les postes de la 84e; cette demi-brigade qui occupait la gauche du camp retranché, n'ayant pas
attendu pour partir, que la totalité de la 62e qui
devait la relever, fut arrivée; mais il est à croire
qu'elle n'eût pas suffi pour arrêter l'ennemi qui lui
était aussi supérieur en force, et que sa retraite
par un seul défilé, aurait entraîné une perte plus
grande et un plus grand désordre. On fit arriver
de nouvelles troupes, sans en obtenir plus de résultat: les communications étaient très difficiles et
les soldats défilaient un à un. Suivant les rapports
des officiers du génie, on ne put faire tirer les
batteries de la rive gauche, qu'après bien des len-
teurs, et elles ne furent pas d'un grand effet. Il ne
faut pas perdre de vue qu'à cette époque, l'artillerie
avait épuisé presque toutes ses munitions.

Dès le matin, on apprit que les grenadiers de
la 106e avaient évacué le petit redan en arrière de

l'ouvrage à cornes d'Ehrlen-Rhein; on leur envoya
aussitôt l'ordre d'y retourner. On vint rendre
compte à Saint-Cyr qu'ils refusaient de s'embarquer pour l'exécuter; celui-ci, étonné d'un acte
semblable de la part d'un corps aussi distingué, ne
voulut pas y croire, mais il se rendit aussitôt sur
les lieux. Il trouva les grenadiers indignés du rapport qu'on avait fait sur leur compte, et d'un
mouvement spontané, ils se précipitèrent dans les
bateaux, demandant aux pontonniers de les transporter sur l'autre rive, pour reprendre le réduit
qu'ils convenaient d'avoir abandonné trop légère-
ment. Mais Saint-Cyr rassuré sur leur soumission,
et persuadé que ce petit ouvrage n'avait plus la
moindre importance, les fit rapprocher du rivage
et débarquer.

On avait commencé un redan dans les îles à
droite de la chaussée, le long de la branche droite
de la corne du haut Rhin, pour empêcher l'ennemi
de se jeter sur cette communication, et ensuite
de découvrir la gorge de la redoute du cimetière
et tout le terrain à droite; on y détacha 100 hommes. On reconnut que l'ennemi avait joint ses
tranchées du village de Kehl avec les retranchements du camp dont il s'était emparé la veille. Le
redan en arrière du pont sur la flaque, devant la
corne du haut Rhin, fut occupé par un plus grand

nombre de troupes. Un bateau du pont fut coulé bas et remplacé; le pont sur pilotis était entièrement hors de service depuis long-temps.

Le 8 janvier, Saint-Cyr fut remplacé par Desaix. L'ennemi prolongea jusqu'au Rhin sa tranchée, venant de Kehl. Il démasqua 4 embrasures dans les retranchements du camp plus à droite, d'où il voyait le pont de bateaux. Cette batterie tira sur le soir, et fit courir de grands dangers au pont. On continua de travailler au redan dans les îles à droite de la corne du haut Rhin; on enleva quelques gros calibres de Kehl, et l'on y suppléa par de plus petits.

Dans la nuit du 8 au 9, le pont de bateaux fut très tourmenté par l'ennemi. Presqu'en même temps, cinq bateaux furent coulés bas par la batterie de quatre pièces de 12 et deux obusiers, dans les anciens retranchements du camp. La communication fut coupée avec la rive gauche; on ne passa plus que dans des barques jusqu'à 3 heures du soir, que les pièces de rechange furent en place. La nuit fut très obscure, notre artillerie fit un assez grand feu par salves; le Rhin était clair et fort bas : un froid très vif avait repris depuis trois jours. Moreau n'ayant plus de bateaux, pour remplacer ceux que l'ennemi coulerait, sentit alors la nécessité de conserver le seul pont qui lui restait.

Desaix fut chargé dans la matinée du 9 de négo-

cier avec l'ennemi. Il eut un entretien avec les
généraux Latour et Bellegarde, dans une barque;
et il fut convenu que l'on aurait jusqu'au lendemain 10, à quatre heures du soir, pour évacuer de
Kehl tout ce que l'on pourrait en emporter. On
céda de suite à l'ennemi la redoute du cimetière.
Le même jour 9 janvier, la capitulation fut signée [33].

On travailla aux évacuations et particulièrement
à celle de l'artillerie ; on enleva aussi les palissades,
ponts et barrières, ainsi que les boulets et obus jetés par l'ennemi. Les officiers autrichiens et l'Archiduc lui-même se rendirent dans les ouvrages
de Kehl, où ils furent surpris de ne trouver qu'un
amas de décombres.

Dans sa relation de la campagne de 1796, l'Archiduc a donné des éloges aux troupes françaises
qui ont défendu les ouvrages de Kehl. Il a dit
(Tome III, page 310): « Les Français le défen-
» dirent vaillamment; aucun ouvrage ne fut pris
» avant d'avoir été cerné de tranchées, et atta-
» qué de vive force; en un mot, ils firent tout ce
» qu'on peut espérer d'une brave garnison. Mais la
» France attendait davantage de Moreau ; il quitta
» le rôle de général en chef, pour prendre celui
» d'un commandant de place, et ne songea qu'à la
» défense de Kehl, sans rien entreprendre pour en

» faire lever le siége.» Si celui-ci eût vécu, il aurait probablement répondu à son ancien adversaire, et relevé une critique aussi amère.

Pendant qu'il défendait sa *place* de Kehl, pour me servir à mon tour de cette expression ironique, il avait deux adjudants, Desaix et Saint-Cyr, et d'après le même système, un secrétaire de place, savoir, son chef d'état-major Reynier. De ces trois généraux, un seul est encore vivant; s'il se croyait obligé de suppléer ici Moreau, il n'aurait pas de temps à perdre; mais il ne pourrait, sans être en contradiction avec lui-même, remplir cette tâche : quelques éclaircissements vont le prouver (1).

L'armée du Rhin, pendant les six campagnes qu'elle a existé, a été un modèle d'union aussi parfaite qu'on puisse le désirer. A aucune époque, elle ne fut divisée en partis politiques; car

---

(1) Un officier de l'état-major de Moreau, très capable d'écrire ses campagnes, s'en était chargé; mais la fin de son général tué sous l'uniforme russe par un boulet français, lui aura fait abandonner un travail déjà avancé. On désigne aujourd'hui un autre officier à qui l'on aurait remis tous les documents nécessaires, pour relever les critiques qu'on a faites des opérations de Moreau. L'impression défavorable que la fin de celui-ci avait produite, s'affaiblit à mesure qu'on s'éloigne de l'époque, et qu'on voit s'accréditer l'opinion, que porter les armes contre sa patrie, n'est un tort ou un crime que selon les cas ou les personnes.

Pichegru, son aide-de-camp Badonville, et quelques espions de Strasbourg, dirigés par lui et payés par Wickham, ne peuvent être considérés comme un parti; mais on y fut, ainsi que cela est inévitable, divisé d'opinion sur les opérations militaires.

Dans le courant de ces mémoires, j'ai souvent fait remarquer que Desaix et Saint-Cyr étaient rarement d'accord, sur la marche à donner aux opérations. Le premier, soit qu'il cherchât à faire adopter ses idées au général en chef, soit qu'il reçût effectivement celles de ce dernier, était toujours ostensiblement d'accord avec lui. Saint-Cyr au contraire partageait rarement ses opinions, et l'exprimait peut-être avec trop de franchise.

Dans la campagne qui se termine aux siéges de Kehl et d'Huningue, plus encore que dans les autres, les opinions de Saint-Cyr avaient rarement été suivies : en conséquence il n'est pas compétent pour défendre des opérations qu'il avait souvent trouvées mauvaises, avant qu'on les eut entreprises. Après que l'armée eut repassé sur la rive gauche à Huningue, il partageait l'avis de ceux qui pensaient, qu'avec les Français il ne faut pas faire de campagnes longues; qu'il valait mieux donner du repos aux troupes, les pourvoir d'habillements et de chaussures, pour les mettre à même de rentrer en campagne à la première occasion que l'ennemi nous fournirait de le faire avec avantage, c'est-à-dire, s'il s'affaiblissait pour porter des secours en Italie. On lui a toujours supposé ce projet, car c'était en effet ce qu'il aurait dû faire, et ce qu'il eût probablement fait, si Pichegru ne lui avait donné des espérances dont la réussite n'aurait que trop compensé la perte de Mantoue. Les officiers qui étaient de cette opinion, pensaient qu'il valait mieux abandonner de mauvais retranchements informes, que de s'exposer, en les défendant, à la destruction des ponts, sans lesquels il était impossible de rentrer en campagne.

Pendant le temps qu'aurait duré ce repos, on pouvait combiner avec le général de l'armée de Sambre-et-Meuse et le gouvernement, un nouveau plan d'opérations adapté aux circonstances présentes; car sans le concours de cette armée, on ne pouvait rien tenter d'important ni de raisonnable.

Ceux qui avaient embrassé l'autre opinion, à la tête desquels se trouvaient Desaix et Reynier, voulaient au contraire que, malgré la fatigue et le dénûment de l'armée, on défendît avec obstination le peu de terrain que l'on conservait encore sur la rive gauche, et les retranchements qu'on avait commencé d'élever. Desaix répondait de mettre en peu de temps les ouvrages de Kehl en état, et offrait de se charger de leur défense. **Moreau** ayant adopté ce projet et partagé la confiance de **Desaix**, ce dernier se mit en devoir de l'exécuter. Il fut d'abord favorisé par l'extrème timidité de l'Archiduc qui craignit d'attaquer de vive force des ouvrages de campagne, qui n'étaient, pour ainsi dire, encore que tracés, et qui ne pouvaient lui résister une demi-heure. Il se mit au contraire à se retrancher lui-même et construisit une ligne de contrevallation formidable, en face des mauvais ouvrages des Français. Pendant ce temps, **Desaix** fit travailler avec ardeur à ses retranchements ébauchés; il ne pouvait en si peu de jours les rendre bons, mais enfin il les rendit moins mauvais. Il avait aussi eu le temps de s'apercevoir de la faiblesse des flancs de sa position, et de commencer dans les îles d'Ehrlen-Rhein et de la **Kintzig** quelques ouvrages pour les mieux assurer.

Ces premiers avantages obtenus par la timidité des opérations des Autrichiens, persuadèrent à **Moreau** qu'il avait pris le meilleur parti. Delà est résulté le siége de **Kehl**, opération qui n'était dans l'intérêt bien entendu ni de l'une ni de l'autre armée.

Pour l'Archiduc, il n'était pas nécessaire de faire le siége d'ouvrages aussi informes et si peu en état de résister à une telle opération ; car en supposant, comme on l'a avancé, que la possession de Kehl et de la flèche devant Huningue, fût nécessaire, pour que l'armée autrichienne pût prendre ses quartiers d'hiver dans la vallée du Rhin, et qu'elle n'eût pas une suffisante garantie de tranquillité dans le besoin de repos qu'éprouvait aussi l'armée française, l'Archiduc pouvait les enlever de vive force. On ne doit pas mettre en avant la perte d'hommes qu'une opération de cette nature aurait pu coûter, car il est probable qu'elle n'eût pas été la cinquième partie de celle qu'ont amené les opérations du siége, et il aurait épargné les munitions qu'il fut obligé de faire amener à si grands frais de ses places du Rhin, ce qui a dû les épuiser en partie.

Les troupes autrichiennes qui, au dire de leur général, étaient plus fatiguées que les nôtres, parce qu'une partie d'entr'elles avaient plus marché, se seraient bientôt refaites dans de bons cantonnements, et se seraient trouvées en mesure de secourir à temps Mantoue et de sauver l'Italie; car, sous le prétexte de donner plus de profondeur à ses cantonnements, il aurait pu placer une partie de ses troupes en arrière des Montagnes-Noires, et les échelonner, pour les diriger au moment opportun vers le Tyrol.

Ainsi d'une part, les siéges des têtes-de-pont

nuisirent aux affaires des Autrichiens en Italie, et de l'autre, Moreau, après des efforts extraordinaires qui achevèrent de ruiner son armée, ne perdit pas moins ce qu'il possédait sur la rive droite du Rhin, et les munitions de ses places. Il éprouva une perte d'hommes plus considérable que celle de l'ennemi; car le sang de nos soldats, appauvri par de si longues misères, rendait la moindre blessure mortelle. De plus son pont d'Huningue fut détruit, et si l'Archiduc eût retardé de 24 heures la conclusion du siége de Kehl, il en fût arrivé autant au seul pont de bateaux qui lui restait, pour la campagne qui allait suivre.

Afin de compléter le récit des évènements de la campagne de 1796, il ne me reste à parler que du siége de la flèche qui avait été établie pour couvrir le pont d'Huningue, avant qu'il eût été détruit par l'ennemi. Cet ouvrage n'avait plus le même intérêt ni la même force que lorsque ce pont existait; mais le prince Charles, fidèle au système qu'il avait adopté, ayant jugé convenable de continuer le siége qu'il avait d'abord commencé, puis abandonné, Moreau qui, dans la campagne, avait si souvent réglé ses mouvements sur les siens, se décida à le soutenir, et à retarder encore le repos à donner à la droite de son armée.

CHAPITRE VINGT-ET-UNIÈME.

Siége de la tête-de-pont d'Huningue.

LE 27 octobre 1796, les travaux de la tête-de-pont d'Huningue (1) avaient été repris avec activité; on employa chaque jour trois bataillons à creuser les fossés et à lever les parapets. Cet ouvrage n'était que commencé, cependant on y plaça quelques pièces de canon.

Le 9 novembre, l'ennemi avait poussé avec activité ses travaux devant Huningue; après avoir achevé une partie de ses batteries, il les lia au moyen d'un parapet avec celles établies sur la crête des hauteurs qui sont en face d'Huningue.

Le 25, l'ennemi avait perfectionné ses batteries sur le plateau devant la tête-de-pont; protégé par elles, il tirait quelquefois sur nos ouvrages. Il en construisit une autre en avant, et commença sur les bords du Rhin un boyau de tranchée et une batterie destinée à prendre en flanc le pont; les

(1) Voyez dans l'atlas le plan de la tête-de-pont d'Huningue, Pl. XV. Nous empruntons les détails de ce siége à un ouvrage inédit, rédigé par l'ordre de Moreau, et sous les yeux de Reynier.

nôtres tirèrent pour retarder ce travail, cela engagea une vive canonade; cinq bateaux du pont
furent coulés, mais remplacés promptement.

Le 28, la batterie que l'ennemi construisait devant la tête-de-pont, étant armée, commença à tirer ainsi que celle de la hauteur; le pont ne put
résister à ce feu, la cinquenelle se rompit et les
bateaux furent entraînés par le courant. On avait
négligé complètement de couvrir les flancs du
pont (¹). Aussitôt qu'il fut rompu, le prince de
Fürstenberg, commandant devant Huningue, som-
ma le général Abatucci de lui rendre la tête-de-
pont; on renvoya son parlementaire.

(¹) On a vu combien la défense de Kehl a souffert de la
faute qu'on avait commise, en n'assurant point, par des ouvrages solides dans les îles, les flancs du pont de bateaux;
mais ici la négligence avait été complète. La flèche en
avant d'Huningue était si petite qu'elle ne couvrait aucune-
ment les flancs du pont. Il devait être évident pour tout le
monde que l'opération de le couler bas, serait la première
que l'ennemi tenterait. Le flanc droit de ce pont semblait
en partie protégé par la ligne de neutralité; mais le flanc
gauche ne pouvait l'être qu'au moyen d'ouvrages solides
établis sur la rive droite, à une distance convenable de la
flèche. Si l'on était dans l'impossibilité d'exécuter de sem-
blables ouvrages, il fallait du moins sauver le pont, en le
retirant, et en abandonnant la flèche à ses propres moyens,
comme on a été obligé de le faire après la destruction du
pont.

Le 30, la rupture du pont n'ayant nullement ébranlé la fermeté des troupes qui défendaient ces ouvrages, le feu avait continué. La communication fut fort difficile avec la rive droite; elle dut se faire par des bateaux. On essaya d'établir un pont-volant; mais l'ennemi le coula en fort peu de temps.

A quatre heures après-midi, le feu redoubla et dura jusqu'à la nuit; vers les onze heures du soir, l'ennemi vint attaquer de vive force nos ouvrages. Nos avant-postes furent d'abord repoussés par de la cavalerie, qui fit place à trois colonnes d'infanterie. L'une d'elles s'avança sur la face droite de la demi-lune, après avoir longé et même violé le territoire de Basle (¹); celle du centre se présenta à la capitale, où le fossé est moins enfilé; elle s'était munie d'échelles. La 3ᵉ se dirigea sur la face gauche. Toutes se précipitèrent en un moment sur l'ouvrage, les barrières de sortie furent forcées et brisées; nos troupes se voyant enveloppées de tous côtés, se retirèrent dans l'ouvrage à cornes, et de là on fit sur l'ennemi un feu très vif. Voyant qu'il ne suffisait pas pour les chasser, Abatucci ranima l'énergie des troupes, défendit avec une intrépidité remarquable la barrière de l'ouvrage à cornes, et las de la disputer, il sortit

(¹) La ligne de démarcation de ce territoire, est indiquée sur le plan par une trace ponctuée.

à la tête de ses grenadiers. L'attaque fut prompte,
vive et à la bayonnette : l'ennemi culbuté et ensuite
chassé de la demi-lune, se retira en désordre dans
la plaine. Un petit nombre s'étant réfugiés dans les
fossés, et ne voulant ni se retirer ni se rendre, des
canonniers d'artillerie légère, qui ne pouvaient
plus faire usage de leurs pièces, allumèrent des
obus, et les jetèrent dans les fossés, ce qui les eut
bientôt délogés. Enfin le brave Abatucci allait profiter du désordre des Autrichiens, pour les poursuivre jusque dans leurs retranchements, lorsqu'il
fut blessé à mort. L'affaire dura trois heures; la
perte des ennemis fut considérable. On l'évalua à
plus de douze cents blessés et six cents morts, tant
sur le champ de bataille que noyés; car une partie de leur colonne de droite, croyant que le Rhin
n'était pas profond, avait voulu tourner l'ouvrage à
cornes par la gorge; mais les hommes furent entraînés par la rapidité du fleuve. On leur fit 60 à
80 prisonniers. De notre côté, la perte fut beaucoup moindre; le nombre des blessés monta à cent
cinquante. Abatucci mourut trois jours après, de
sa blessure, emportant les regrets de ses camarades (1). Le général Dufour prit le commandement
en chef de la tête-de-pont.

(1) Voir le rapport de Moreau au gouvernement, dans le
Moniteur du 19 frimaire an V (9 décembre 1796).

Depuis le mauvais succès de son attaque du 30 novembre jusqu'au 6 décembre, l'ennemi était resté tranquille. La dernière affaire avait amené une querelle diplomatique, dont s'occupèrent les deux partis. De notre côté nous reprochions aux ennemis la violation du territoire suisse, qui avait favorisé cette attaque, et les Autrichiens nous accusaient aussi de violer journellement ce territoire dont ils prétendaient fixer la limite par le milieu du grand cours du Rhin, que nos bateaux traversaient pour communiquer avec la tête-de-pont. Cette querelle dura très long-temps, et se borna à des réclamations de part et d'autre, adressées au Magistrat de Basle [34, 35 et 36].

Le prince de Fürstenberg adressa encore une nouvelle sommation [37], à laquelle on répondit, comme on l'avait fait aux premières.

Le 8 décembre, l'ennemi commença à faire jouer ses batteries, particulièrement contre les bateaux qui traversaient le Rhin; ce feu fut continué assez vivement jusqu'au 13; à cette époque il augmenta. L'ennemi laissa voir des rassemblements de troupes; on jugea qu'elles étaient destinées à tenter une nouvelle attaque de vive force; mais ces troupes restèrent sous les armes pendant la nuit, et se bornèrent à cette démonstration. La contestation relative au passage des bateaux sur la partie du

9*

Rhin, appartenant aux Suisses, et à la violation de la neutralité, se suivait toujours à Basle.

L'ennemi avait beaucoup modéré son feu. Le 26, on éleva devant la digue du village neuf, une batterie de mortiers, pour prendre en flanc celles que l'ennemi avait établies sur le bord du Rhin. On le força de se retirer de la première; il répondit ensuite au feu de notre batterie, ce qui procura une diversion à celui qu'il faisait sur les bateaux chargés de la communication de la tête-de-pont, avec la rive gauche du Rhin. Cependant on ne put parvenir à l'empêcher de tirer sur eux, et de gèner cette communication.

Après que le siége de Kehl fut terminé, l'ennemi reprit ses travaux devant la tête-de-pont d'Huningue, qu'il avait été obligé d'interrompre, par l'impossibilité où il se trouvait de conduire deux siéges à la fois.

Le 17 janvier 1797, nous avions perfectionné nos travaux avancés, par la construction de petits redans au bord du Rhin, sur la gauche de la tête-de-pont, fait quelques traverses dans l'ouvrage à cornes, et travaillé un peu à mettre les troupes à couvert par de faibles blindages faits à la hâte. On avait aussi établi sur la gauche, plusieurs batteries destinées à flanquer les ouvrages de la rive droite. Un batardeau avait été fait au bas du bras du

Rhin, qui séparait de la rive droite, l'île où était placé l'ouvrage à cornes. Cinq bataillons étaient employés à la garde de cette tête-de-pont, et étaient fournis alternativement par les 3e légère, 24e, 38e, 74e et 89e de ligne.

Le 18, l'ennemi avait continué les travaux commencés; le feu ne fut pas très vif, nos sentinelles avancées furent obligées de se reculer un peu.

Le 21, l'ennemi perfectionna ses travaux et sa première parallèle. On se détermina à placer aux saillans des ouvrages de la tête-de-pont des pièces sur affûts de place; on établit aussi quatre mortiers dans l'ouvrage à cornes.

Le 22, les Autrichiens amenèrent un équipage de pont de bateaux, et le firent voir sur les hauteurs vers Kaltenherberg, comme pour menacer de passer le Rhin. Si c'était une ruse, elle était trop grossière pour attirer l'attention des Français.

Le 23, l'ennemi travailla aux batteries de la première parallèle; il ouvrait un boyau vers la batterie *Charles*, pour s'approcher des petits redans sur notre gauche.

Le 25, on commença deux petits redans destinés à flanquer la demi-lune. A neuf heures du soir, l'ennemi avança des travailleurs pour commencer une nouvelle parallèle, à 300 toises de la demi-lune. Les Français, comme s'ils eussent voulu

répondre au simulacre de passage du Rhin des Allemands, firent celui d'une grande sortie. On tira
de toutes les batteries, et l'on fit à voix assez haute
pour être entendu de l'ennemi, des commandements
qui devaient faire supposer un grand mouvement
de troupes. Ensuite on battit la charge, les travailleurs de l'ennemi s'enfuirent à toutes jambes et
essuyèrent des pertes par le feu de l'artillerie. Ils
reprirent les travaux à deux heures du matin, et
au jour ils étaient couverts.

/Dans la nuit du 26 au 27, la parallèle commencée la nuit précédente, fut continuée et liée
à l'ancienne par un boyau côtoyant le territoire
suisse; le cheminement à la sape sur le bord du
Rhin fut continué.

Le 27, l'ennemi fit feu des nouvelles batteries de
la plaine et des anciennes, situées sur la hauteur;
on lui répondit vivement et il cessa. Il voulait, dans
la nuit du 27 au 28, achever sa parallèle, et la
lier avec le boyau commencé sur le bord du Rhin,
vers la batterie *Charles*; mais on fit un si grand feu
de mousqueterie et d'artillerie, lorsque les travailleurs arrivèrent sur ce point, qu'ils ne purent y
rester, et abandonnèrent un espace de 80 toises.
Le 29, les Autrichiens commencèrent à la sape vo-
lante, le boyau que leurs travailleurs avaient été
forcés d'abandonner la nuit précédente.

On fit une sortie, dans la nuit du 28 au 29, à trois heures du matin. Le 2e bataillon de la 74e partit du chemin couvert, formé en masse sur deux colonnes, et se porta rapidement sur la seconde parallèle d'où il délogea l'ennemi ; ensuite six compagnies longèrent cet ouvrage à droite, culbutèrent l'ennemi jusqu'à la première parallèle, d'où elles le délogèrent de nouveau, et se maintinrent dans cette position, pour protéger nos travailleurs. Les trois dernières compagnies longèrent la gauche de la seconde parallèle, jusqu'à une batterie où elles enclouèrent un obusier, et renversèrent une pièce. Là elles se mirent en bataille pour maintenir l'ennemi; deux compagnies qui avaient été placées dans les ouvrages avancés, protégèrent la retraite.

Une autre colonne, composée de 9 compagnies de différents corps, partit à la même heure, longeant le territoire suisse, pour se porter à la seconde parallèle qu'elle franchit de suite, culbutant et poursuivant l'ennemi jusqu'à la première, où elle s'empara de deux batteries, encloua les pièces de l'une, et ramena celles de l'autre. Les troupes donnèrent des preuves éclatantes de courage; les officiers eurent peine à les empêcher de poursuivre l'ennemi jusque sur les hauteurs où il s'était retiré en grand désordre, abandonnant tous ses ou-

vrages de la plaine, excepté l'extrémité de la partie gauche.

Les deux colonnes se maintinrent derrière la première parallèle, afin de protéger 200 travailleurs,
dirigés par deux officiers du génie, chargés de
faire détruire, autant que possible, les ouvrages
de l'ennemi; on en détruisit peu. Un moment avant
le jour, la retraite fut ordonnée, et elle se fit en
ordre. L'ennemi tira continuellement de toutes ses
batteries de la hauteur; il perdit dans cette sortie,
qu'il présumait impossible, beaucoup de monde,
ayant été surpris, attaqué à la bayonnette, et rapidement poursuivi: On lui prit deux pièces de 7,
avec leurs avant-trains, 15 hommes, 100 fusils, et
une grande quantité d'outils.

Afin de prévenir une nouvelle sortie, et vraisemblablement pour mieux couvrir ses travaux,
l'ennemi attaqua à 10 heures et à minuit les redans
cotés C; il tira vivement de toutes ses batteries.
Ces deux attaques furent repoussées, mais pendant
ce temps, les Autrichiens achevèrent leur parallèle, et ouvrirent des boyaux pour cheminer sur
la capitale de la demi-lune.

Cela n'empêcha pas l'exécution d'une nouvelle
sortie qui avait été ordonnée; elle fut exécutée le
30, à 4 heures du matin, sur trois colonnes. Celle
de droite, composée d'un bataillon de la 74ᵉ et de

deux compagnies de grenadiers, devait se former à droite de la demi-lune et longer le territoire suisse; celle du centre, composée de 8 compagnies, devait suivre les sapes conduites sur la capitale de la demi-lune, et traverser les parallèles de l'ennemi; et celle de gauche, composée d'un bataillon de la 89ᵉ et de trois compagnies de grenadiers, devait se former vers les redans cotés C, tourner les sapes conduites sur les bords du Rhin, et se porter aux batteries *Elisabeth* et *Charles.* Ces trois colonnes devaient se déployer dans la première parallèle et s'y maintenir, pendant qu'on aurait détruit les premiers travaux de l'ennemi.

La colonne de droite eut un succès complet; elle encloua cinq pièces de canon, et en ramena deux de 3; celle du centre eut aussi du succès, mais se dirigea trop à droite; celle de gauche arriva trop tard dans les redans C; au lieu de tourner la sape de l'ennemi, elle suivit le Rhin. La queue de cette colonne fut retardé par les défilés; le chef de bataillon Deribe, qui la commandait, fut blessé à mort, en entrant dans les retranchements des Autrichiens; le désordre se mit dans cette colonne et elle rentra. On donna le signal de la retraite aux deux autres colonnes; elle se fit en ordre, et l'ennemi rentra dans ses tranchées: outre les deux pièces de 3, on ramena 50 prisonniers.

Le 31 janvier, l'ennemi poursuivit son cheminement à la sape, sur la demi-lune et les redans
C, et commença des nouvelles batteries dans sa
dernière parallèle. Il fit pendant la nuit quelques
attaques sur ces redans, mais elles furent repoussées.

Le Directoire avait ordonné de ne pas pousser
la défense de la tête-de-pont d'Huningue, jusqu'au
point de compromettre le salut des troupes qui la
défendaient. On proposa à l'ennemi, le 1er février,
l'évacuation de cette tête-de-pont : le général Dufour se rendit à la tranchée pour en conférer,
et le 2, la capitulation fut signée [38]. Le même
jour, Wurmser remettait Mantoue aux Français.

CAMPAGNE DE 1797.

—

CHAPITRE PREMIER.

Les armées de Rhin-et-Moselle, et de Sambre-et-Meuse envoyent des détachements en Italie ; celle de Rhin-et-Moselle prend des cantonnements en Alsace et dans le Palatinat. — Moreau se rend à l'armée de Sambre-et-Meuse, que le Directoire avait réunie à son commandement. — Hoche est nommé général en chef de cette armée. — Départ d'un détachement de l'armée autrichienne pour l'Italie. — Hoche dénonce l'armistice.

PENDANT la durée du siége de Kehl, le Directoire n'avait pu décider le général qui commandait l'armée de Sambre-et-Meuse, à rentrer en campagne pour le faire lever. Sur la fin il avait pris le parti de réunir le commandement de cette armée à celui de Moreau; mais alors le siége était trop avancé pour qu'il put rien résulter de cette disposition tardive. Moreau reçut l'ordre de détacher des deux armées qu'il commandait, 30,000 hommes d'infanterie et 2,000 chevaux, pour celle d'Italie. Il avait attendu la fin du siége de Kehl, pour faire partir les troupes que l'armée de Rhin et-Moselle devait fournir, ainsi que les 9e et 43e de ligne, venues de l'armée de Sambre-et-Meuse, et qui devaient suivre la même route par Besançon et Bourg.

L'autre colonne de l'armée de Sambre-et-Meuse, que commandait Bernadotte, devait passer par Metz, Dijon et Mâcon. Les troupes désignées pour partir de l'armée de Rhin-et-Moselle, furent les 21e et 26e demi brigades d'infanterie légère, les 79e et 93e de ligne, le 11e de cavalerie et le 4e régiment de chasseurs à cheval. Elles eurent ordre de se rendre sous différents prétextes dans la 6e division militaire, où les 21e et 26e demi-brigades d'infanterie légère se trouvaient déjà, depuis que l'armée avait repassé sur la gauche du Rhin; ces mouvements s'étaient exécutés du 11 au 12 janvier. On avait fait aussi partir du Palatinat la 5e de ligne, pour se rendre à Huningue.

Les troupes qui avaient servi à la défense de la tête-de-pont d'Huningue, furent envoyées en cantonnements au pied des Vosges. On ne laissa que quelques détachements sur le Rhin, et on dissémina, autant qu'il fut possible, les demi-brigades, afin de leur procurer plus facilement les subsistances. L'aile droite de l'armée devait cantonner dans le Haut-Rhin. Desaix reprit le commandement du centre, comme au début de la campagne de 1796, et cantonna ses troupes le long de

la rive gauche du Rhin et sur la rive droite de
la Queich. Par cette nouvelle disposition, le corps
de Saint-Cyr, composé des divisions Sainte-Suzanne
et Ambert, redevint l'aile gauche de l'armée, et
dut prendre ses cantonnements dans les Vosges
et le Palatinat, entre Kaiserslautern et Neustadt
[39]. Cette position était occupée depuis long-
temps par l'aile droite de l'armée de Sambre-
Meuse, sous les ordres de Kleber. Elle s'était
étendue jusque-là, non pour coopérer aux opérations de l'armée de Rhin-et-Moselle, comme ce
rapprochement semblait l'indiquer, mais pour sa
commodité, et se donner plus de large dans ses
cantonnements. Saint-Cyr eut de la peine à obtenir
qu'on lui cédât du terrain pour ses troupes; il s'était
décidé à les placer sur celui occupé par l'ennemi;
mais comme cela eût rompu l'armistice conclu par
l'armée de Sambre-et-Meuse, et qu'elle tenait à le
maintenir, on consentit à lui céder du terrain. Une
des divisions de Kleber, celle de Grenier, appuya sa
droite jusqu'au delà de Kirchheim-Poland, qui devint le point de jonction des deux armées.

Celle de Sambre-et-Meuse jouissait d'un plein
repos depuis environ trois mois; elle se trouvait
en état de rentrer en campagne; mais celle du
Rhin avait un extrême besoin de repos et de temps,
pour réparer son matériel et se procurer ce qui lui

manquait. Les soldats étaient toujours nus et sans souliers, la cavalerie démontée, les attelages d'artillerie ruinés par les travaux extraordinaires qu'ils avaient été obligés d'exécuter pendant le siége de Kehl, et la pénurie de subsistances qu'ils y avaient éprouvée, ayant été presque toujours sans avoine.

En rentrant en campagne, la première opération de cette armée devait être le passage d'un grand fleuve, et elle se trouvait sans pont pour l'effectuer. Des trois qu'elle avait eus dans la campagne précédente, deux avaient été détruits, partie en repassant le Rhin à Brisach, et dans les défenses de Kehl et d'Huningue; les bateaux qui restaient du troisième, étaient si endommagés qu'ils auraient à peine suffi pour en former la moitié d'un. Il fallait du temps et de l'argent pour en construire d'autres. Les caisses de l'armée étaient vides, et le gouvernement, au lieu d'en envoyer, en eût au contraire exigé, si Moreau avait pu faire rentrer les sommes dues par les gouvernements avec lesquels il avait traité de la paix. Mais ces derniers, dès qu'ils aperçurent des dispositions de retraite, avaient suspendu les paiements et la fourniture des objets qu'ils devaient encore. On a vu, dans le récit du siége de Kehl, combien le manque d'argent a nui à la construction des ouvrages et à leur défense.

Tant que les troupes n'avaient été chargées que de défendre le territoire et l'indépendance de la France, elles n'avaient pas pensé à leur solde, la privation de ce secours ne les avait point fait murmurer; mais dans la dernière campagne on les avait employées à une guerre d'invasion, de conquêtes, qui les éloignait de leur patrie. Bonaparte avait donné l'exemple de leur payer une solde en numéraire, et de les traiter comme des soldats; les autres généraux dûrent l'imiter. Lorsqu'ensuite la victoire cessa de pourvoir à cette solde, il fut impossible de la continuer. Cependant les troupes y avaient été habituées; elles en avaient un besoin urgent, pour acheter des vivres que l'état d'épuisement du pays rendait impossible de leur procurer complètement. Les soldats cantonnés, moins malheureux que ceux qui étaient casernés, se contentaient de murmurer après la solde : ceux qui occupaient les places, et qui ne recevaient absolument rien des habitants, finirent plus tard par l'exiger, et la discipline en souffrit. Pour le moment, les faibles ressources du Palatinat furent encore les seules avec lesquelles on put verser quelque argent aux quartiers-maîtres, pour solder les prêts les plus arriérés, et engager le soldat à prendre patience [43 et 44].

Après que le siége de Kehl fut terminé, Moreau

se rendit à l'armée de Sambre-et-Meuse qu'il trouva, malgré le détachement qu'elle avait fait sur l'Italie, nombreuse et dans l'état le plus satisfaisant, puisqu'elle avait encore sous les armes plus de quatre-vingt mille hommes, ayant reçu de nombreux renforts.

Moreau ne conserva qu'un instant le commandement de cette armée, qui fut confié au général Hoche. Il revint à celle du Rhin, convaincu qu'il avait été trompé sur l'état de l'armée de Sambre-et-Meuse, après la retraite de Jourdan, et qu'il aurait été possible de reprendre, à la fin de la campagne, les avantages qu'on avait perdus, si l'on ne se fut obstiné à laisser cette armée dans la plus complète immobilité [42]. Mais enfin il ne s'agissait que d'un retard. Le gouvernement éclairé par les fautes qu'il avait commises dans la campagne précédente, en adoptant un plan compliqué et vicieux, pouvait en faire un plus simple et plus sage. Les circonstances n'avaient pas beaucoup changé, et je pense que les dispositions que j'ai indiquées (page 54 de ce volume) comme celles qui pouvaient le conduire le plus directement et le plus sûrement au but, c'est-à-dire à la paix, étaient encore, à quelques modifications près (particulièrement pour l'armée d'Italie qui, ayant Mantoue en son pouvoir, était en mesure de jouer un rôle plus actif), les meilleures qu'il pût prendre. En les adoptant, on n'aurait pas eu besoin de transporter du bas Rhin en Italie, un corps équivalent à une armée; on eût évité la dépense, épargné de la fatigue aux troupes, et l'on n'eût pas perdu un temps considérable dont l'ennemi pouvait profiter, pour faire arriver les siennes sur l'Adige, avant que les nôtres fussent arrivées au pied des Alpes, puisqu'il avait bien moins de chemin à faire que nous. En partant du haut Rhin avec cent mille hommes, en peu de jours on se fût trouvé aux sources du Danube, sur le chemin le plus direct de Vienne; ce fleuve eût favorisé le transport des parcs et des équipages. On aurait eu l'avantage de ne former qu'une seule attaque et de la soutenir par tous les moyens dont on pouvait disposer; les communications avec la France eussent été bien assurées, et il serait résulté de cette disposition un ensemble satisfaisant.

Bonaparte est arrivé aux portes de Vienne par un autre chemin; mais alors il n'avait pas à choisir; plus tard, quand il s'est trouvé le maître du choix, c'est par l'Allemagne et la vallée du Danube qu'il y est allé, évitant par ce moyen de laisser derrière lui des populations aussi inquiètes et turbulentes que celles d'Italie, dont il se trouvait séparé par la chaîne des Alpes, ce qui le mit dans un extrême danger (¹).

On a vu que les troupes tirées de nos armées d'Allemagne, étaient en pleine marche pendant le siége d'Huningue, pour se rendre à celle de Bonaparte. D'après les intelligences que l'ennemi avait en France, on ne peut supposer qu'il ait ignoré les dispositions faites pour ce mouvement, qui datent de notre retour sur la rive gauche, ni le mouvement lui-même, qui eut lieu assez long-temps après. Par un détachement semblable au nôtre, les Autrichiens auraient doublé les forces du général Alvinzi, à qui sa supériorité numérique eût permis alors d'écraser notre armée d'Italie, avant l'arrivée des troupes envoyées du Rhin; et ainsi le projet du Directoire échouait complétement. Mais enfin l'ennemi ne fit rien pour parer le coup décisif qu'on allait lui porter en Italie.

Alvinzi trop faible, avait succombé le 14 janvier à Rivoli, Mantoue avait capitulé le 2 février, et le 12 du même mois, la tête de la colonne de l'armée du Rhin, que conduisait le général Delmas,

(¹) On sait que pendant la campagne de 1800, ce fut dans cette direction que Moreau fit marcher l'armée du Danube, et qu'il s'approcha de Vienne assez près pour forcer l'Autriche à signer le traité de Lunéville. Il y a long-temps qu'on a dit que le Danube était la grande route de Vienne.

était arrivée à Milan, forte de neuf mille cinq cents hommes. Peu de jours après, Bonaparte avait réuni à son armée les trente-deux mille hommes tirés des bords du Rhin ; sans eux il eût été en mesure de chasser de l'Italie les débris de l'armée d'Alvinzi, battue à Rivoli ; avec eux il eût pu s'avancer dans le Tyrol et dans les autres provinces, où il pénétra plus tard : mais il préféra les laisser reposer, pendant qu'il s'occuperait de la destruction de la petite armée du Pape, commandée par le général Colli.

Ce fut seulement le 6 février, c'est-à-dire après que les Autrichiens eurent pris possession de la tête-de-pont d'Huningue, qu'ils détachèrent des troupes pour leur armée d'Italie. Elles marchèrent sur plusieurs colonnes, et l'Archiduc Charles destiné à remplacer Alvinzi, les précéda dans le Tyrol. Là il rallia ce qui restait de l'armée d'Alvinzi, et prit position sur la rive gauche de la Piave ; tandis que Bonaparte se disposait à attaquer de nouveau cette armée, avant qu'elle ne fut jointe par les renforts envoyés des bords du Rhin. Les armées françaises qui occupaient les rives de ce fleuve, se disposaient aussi à seconder les mouvements de celle d'Italie, et se préparaient à un nouveau passage du Rhin.

Pendant qu'on s'occupait à recréer des équipa-

ges de pont, par la construction de nouveaux bateaux [44 et 45], qu'on reformait des parcs d'artillerie, qu'on attendait les chevaux qui devaient
les atteler, et ceux destinés à remonter la cavalerie,
le général Moreau, vers la mi-avril, s'était rendu à
Paris, pour discuter avec les membres du gouvernement le plan des opérations de la nouvelle campagne.

Tout annonçait des efforts simultanés qui devaient enfin nous conduire à la paix. On espérait
que l'expérience si chèrement acquise pendant la
dernière campagne ne serait pas perdue. Hoche qui
se trouvait à la tête de l'armée de Sambre-et-
Meuse, était loin d'avoir la grande expérience du
général qui l'avait commandée dans la précédente
campagne ; mais il avait beaucoup acquis. Cependant il venait d'échouer dans son entreprise sur
l'Irlande, mais on attribuait la non-réussite de
cette opération, à des causes qui semblaient ne pas
dépendre de lui. Ses succès dans la Vendée et en
Bretagne lui avaient acquis une réputation de
prudence et de fermeté. L'effervescence de sa tête
était calmée, ses opinions politiques n'étaient plus
celles de la Montagne ; il n'était plus, comme à
Weissembourg en 1793, affublé d'un costume re-
poussant. Il avait au contraire un assez grand
luxe, jusqu'alors inconnu dans les armées d'Alle-

magne. Il revoyait les bords du Rhin après avoir
acquis l'expérience des affaires, et l'art de commander aux hommes. Il retrouva dans son armée
des généraux dont il avait commencé la fortune, et
dont il sut se faire des amis. D'après la connaissance qu'ils avaient de son caractère entreprenant,
son retour sur le Rhin leur parut un événement
heureux, qui promettait des succès.

Dès que les troupes de l'armée du Rhin eurent
remplacé, en face de Mannheim, celles de l'armée de Sambre-et-Meuse, le général autrichien
Merfeld demanda qu'il fût établi un armistice
semblable à celui qui existait avec cette dernière;
et nos commandants d'avant-postes appuyaient cette
réclamation qui eût diminué leur surveillance et
la fatigue des troupes. Néanmoins, comme d'un
moment à l'autre on s'attendait à rentrer en campagne, pour seconder les opérations de l'armée
d'Italie, on ne voulut pas se lier, afin de rester
maître du moment où il conviendrait d'attaquer;
car il était présumable que les Autrichiens ne
tarderaient pas à détacher encore de nouvelles troupes, pour renforcer celles qui étaient déjà parties à la suite de l'Archiduc. C'était bien en effet
l'instant qu'il fallait choisir, que celui où un nombreux détachement ne se trouverait ni devant les
armées d'Allemagne, ni devant celle de Bonaparte.

Nous apercevions le moment où l'ennemi allait se trouver en face des armées du Rhin, dans une position critique. Par le premier détachement, il ne s'était pas affaibli plus qu'elles, mais le second devait nous donner les plus grands avantages, et l'on se disposait à en profiter ; les succès de **Bonaparte** sur la Piave, dans le Frioul et le Tyrol, amenèrent ce moment. Le général Latour, qui avait succédé à l'Archiduc dans le commandement des armées autrichiennes sur le Rhin, fut obligé d'envoyer de nouveaux renforts vers le Tyrol.

Hoche, avec une belle armée de quatre-vingt mille hommes, qui depuis six mois avait joui d'un repos complet, et qui avait profité de ce temps pour se procurer ce qui lui était nécessaire, fut le premier à s'ébranler. Il dénonça l'armistice et concentra la majeure partie de ses troupes près de Neuwied. Il supposait que l'armée du Rhin n'était pas encore en état d'effectuer le passage de ce fleuve, et demanda que l'aile gauche de cette armée vint relever la droite de la sienne dans le Hundsruck, afin d'observer la garnison de Mayence ; ce qui lui aurait laissé la disposition de toutes ses forces pour les porter sur la rive droite.

Depuis la fin des siéges de Kehl et d'Huningue, l'armée du Rhin avait pris un peu de repos ; mais elle avait constamment lutté contre la misère et le

manque de subsistances pour les hommes et les chevaux [46, 54 et 56]. Sa cavalerie n'était pas remontée, ni son infanterie recrutée; son artillerie était
pour la moitié attelée avec des chevaux de réquisition, ses parcs n'en avaient pas d'autres, et même
ils n'étaient en très grande partie attelés qu'avec
des bœufs. La solde se trouvait toujours arriérée,
l'équipement petit ou grand était dans l'état le plus
déplorable ; mais la privation des moyens nécessaires pour franchir un aussi grand fleuve que le
Rhin, était encore l'obstacle le plus grand qu'on
avait à surmonter. On employa le peu d'argent à
la disposition de l'armée pour réparer ce qui nous
restait de bateaux à Strasbourg, et en construire
de nouveaux dans cette ville, sur la Sarre et partout où l'on pouvait se procurer du bois, du fer et
des constructeurs. Mais il fallait un temps considérable et qui n'était pas à notre disposition, vu
que l'impatience de Bonaparte lui fit devancer le
moment que le gouvernement avait fixé pour la
réunion des efforts des trois armées. A l'époque du
15 avril, nous pouvions à peine composer un seul
pont avec les débris des anciens et quelques bateaux nouvellement construits. Telle était la position des armées sur le Rhin, lorsque Hoche rompit l'armistice conclu six mois auparavant par son
prédécesseur [47, 48 et 50].

Il avait introduit dans l'organisation de son armée un changement assez notable : je veux parler de la réunion de la cavalerie en grandes masses, et par armes: ainsi la grosse cavalerie formait une division, les dragons une autre, les chasseurs de même ainsi que les hussards. Cette disposition bizarre causa dès le premier jour de la campagne de grands embarras ; où l'on avait besoin de troupes légères, on trouvait de la grosse cavalerie, et réciproquement. On adopta plus tard dans les armées françaises des dispositions plus vicieuses encore, en réunissant en corps d'armée plusieurs divisions de cavalerie. Des corps aussi nombreux de cette arme ne trouvent quelquefois pas dans une campagne l'occasion de donner ensemble. Une division en pourra trouver trois ou quatre ; tandis que la cavalerie répartie dans les divisions d'infanterie, comme elle l'était avant ces changements, trouvait tous les jours des occasions de combattre avec avantage, soit isolément, soit en éclairant ou protégeant les attaques de l'infanterie. Un ou deux régiments de cavalerie, attachés à une division, fraternisaient avec ceux d'infanterie, et cette union tournait au bien du service; ils se procuraient des fourrages dans les villages les plus à portée du champ de bataille, et ils étaient toujours prêts pour le combat : tandis qu'on était obligé de renvoyer souvent fort loin ces grands corps de cavalerie, qui ne pouvaient subsister près de l'armée. Il en résultait des marches, quelquefois si longues et si pénibles, que les chevaux étaient souvent ruinés avant d'avoir pu rendre de grands services. Selon moi, toutes les fractions d'une armée, grandes ou petites, devraient être composées de troupes de toutes armes : car le terrain où elles ont à opérer, varie continuellement. Un pays découvert et uni succède à un pays couvert et coupé; pour que la fraction d'armée ne soit arrêtée par aucun de ces incidents, il faut qu'elle se compose de toutes armes. A l'époque où nous sommes arrivés dans ces mémoires, notre organisation était excellente : on a voulu la perfectionner, et on l'a rendue vicieuse.

CHAPITRE SECOND.

Tentatives de Latour pour renouveler l'armistice. — Préparatifs du passage du Rhin.

Le général Latour qu'on venait d'affaiblir par le nouveau détachement tiré de son armée, pour renforcer celle du prince Charles en Italie, n'était pas en état de résister aux armées françaises; aussi il envoya d'abord un officier au général Hoche, pour tâcher de renouveler l'armistice qu'il venait de rompre. Il envoya en même temps aux avant-postes de l'aile gauche de l'armée de Rhin-et-Moselle, qui se trouvaient devant Mannheim, l'adjudant-général comte de Grüne avec une mission semblable. Le général Fauconnet qui les commandait, crut devoir lui laisser traverser le peu de troupes que nous avions sur la ligne, et le faire conduire à Deux-Ponts au général Saint-Cyr, à qui il voulait s'adresser pour remplir la mission dont il était chargé [49].

Dans ce moment tout était prêt pour le passage du Rhin, quelques personnes seulement étaient dans le secret. La plupart des généraux qui con-

naissaient parfaitement tout ce qui nous manquait,
ne se doutaient pas qu'il nous fût possible d'entrer de sitôt en campagne, d'autant plus qu'on
avait été obligé de disséminer les troupes par petites fractions, pour les faire vivre chez les principaux habitants. Elles occupaient les villages situés
entre les bords du Rhin et ceux de la Sarre : ils
étaient si épuisés qu'on avait été forcé de prendre
cette mesure, mais d'une autre côté cela était favorable au secret que nous avions tant d'intérêt de
garder. Car, je le répète, ni habitants ni militaires
ne pouvaient croire à une reprise d'hostilités aussi
prochaine, par une armée qui, dans la campagne
précédente, avait épuisé tous ses moyens matériels,
sans qu'on eût pu les remplacer faute d'argent et
de temps. Les espions que Latour avait dans le
Palatinat et en Alsace, ne pouvaient que l'induire
en erreur.

Les dispositions des Français pour le passage du
Rhin, étaient à peu près les mêmes que celles de
l'année précédente, excepté qu'il n'était pas possible qu'ils tentassent plusieurs passages, puisqu'ils
n'avaient de bateaux que pour la construction d'un
seul pont. Ces derniers se trouvant à Strasbourg,
on ne pouvait les éloigner de cette place, d'abord
faute de chevaux, et de plus, pour ne pas éventer
le secret. Ainsi, malgré que les Autrichiens eus-

sent fait une bonne place de Kehl, c'était cependant encore dans ses environs qu'on était obligé
de tenter le passage, parceque la rivière d'Ill, qui
passe à Strasbourg, et qui se jette dans le Rhin au-
dessous de Kilstädt, donnait la facilité d'approcher
les bateaux du point qu'on avait choisi pour cette
opération.

On avait décidé qu'on l'effectuerait entre Diersheim et Gambsheim, le 20 avril. Pour distraire
l'attention de l'ennemi, on avait aussi préparé plusieurs fausses attaques, et de même qu'en 1796,
l'aile gauche de l'armée était destinée à donner le
change à Latour, en l'amusant devant Mannheim,
jusqu'au moment où le centre et la droite auraient
franchi le Rhin.

Le comte de Grüne, que le général autrichien
avait chargé de nous proposer l'armistice, était un
officier très délié : le commandant de nos avant-
postes avait eu tort de le faire conduire à Deux-
Ponts, ce qu'il n'aurait sûrement pas fait, s'il eût
pù soupçonner le mouvement qui était au moment
de s'exécuter. Il s'agissait de réparer cette faute
en persuadant, du mieux qu'on le pourrait, au
comte de Grüne, que l'on n'était pas en mesure de
commencer des hostilités. A sa demande d'armistice qu'il motivait sur des lieux communs, tels que
les malheurs de la guerre, les sentiments d'hu-

manité, et l'espoir fondé d'une paix qui, selon lui, ne pouvait tarder d'avoir lieu, Saint-Cyr répondit qu'il partageait ses sentiments, mais que dans la situation tranquille où se trouvait l'armée du Rhin depuis plusieurs mois, un armistice ne paraissait pas nécessaire; que son état de dissémination, dont il avait déjà pu juger, annonçait suffisamment qu'on ne comptait pas agir de sitôt, et que dans sa marche il ne devait avoir rien aperçu qui put faire supposer un rassemblement prochain, lequel entraîne toujours à des mouvements préparatoires qu'on se serait empressé de lui cacher, en ne le recevant pas aux avant-postes. On lui observa en outre que le général en chef seul pouvait répondre d'une manière positive à la mission dont il était chargé par M. de Latour, et qu'on allait lui soumettre sa proposition; qu'on lui enverrait une réponse formelle à Mannheim dans le plus court délai. Il répondit qu'on avait la certitude au quartier-général autrichien du rassemblement de l'armée du général Hoche dans les environs de Neuwied; qu'il paraissait difficile de supposer que ce ne fût pas dans le dessein d'agir immédiatement, et que ce mouvement d'une de nos armées entraînerait nécessairement celui de l'autre. Il demanda qu'on lui permît de se rendre auprès du général en chef, que ce serait le moyen de connaître plus vite ses

intentions et de rapporter sa réponse au général
Latour. Saint-Cyr lui répondit, que la conséquence
qu'il tirait des mouvements de Hoche vers Neuwied,
était assez naturelle, quoi qu'on eût vu, pendant
les derniers mois de la campagne de 1796, une armée française conclure un armistice avec l'ennemi, tandis que l'autre, placée à ses côtés, se bat-
tait tous les jours. Il l'assura qu'au surplus il pouvait, s'il le voulait, se rendre à Strasbourg auprès
du général Desaix qui commandait l'armée, en l'absence de Moreau qui s'était rendu à Paris, et qu'il
le ferait accompagner par l'adjudant-général Gudin, son chef d'état-major; ce qui parut lui faire
un grand plaisir.

Saint-Cyr était bien certain que le comte de Grüne
n'obtiendrait pas l'objet de sa demande; mais l'arrivée des officiers autrichiens pour proposer un armistice, pouvait servir à donner le change, et détourner les esprits sur le motif des mouvements que
les troupes allaient commencer, afin de se concentrer dans les environs de Strasbourg. Desaix serait
prévenu qu'il était échappé dans la conversation à
ces officiers : « Au surplus, si nous sommes dans
» une position fâcheuse sur le Rhin, Bonaparte est
» plus mal dans le Tyrol, où l'on peut le tenir en-
» fermé; ainsi il y aura compensation. »

Desaix avait décidé que la brigade de Lecourbe

resterait placée dans les environs de Hornbach,
afin d'être en mesure d'arriver, la première de
celles de l'aile gauche, au point désigné pour le
passage du Rhin. Saint-Cyr profita du passage de
Gudin, accompagnant le comte de Grüne, qui devait traverser les cantonnements de la brigade de
Lecourbe, dispersée dans nombre de villages, pour
remettre à une partie des chefs de ces cantonnements, l'ordre de marcher de suite, afin de se réunir sur les points où cette brigade devait être con-
centrée; de sorte que nos voyageurs ne virent pas
le mouvement d'un caisson, quand derrière eux
tout se mettait en marche vers Strasbourg.

Arrivés auprès de Desaix, ils lui renouvelèrent
la proposition de Latour, s'appuyant sur ce qu'on
disait que Bonaparte avait fait un armistice avec le
prince Charles, qui serait probablement suivi de
la signature des préliminaires de la paix. Desaix
refusa la demande des officiers autrichiens, d'abord
parcequ'il était impossible de compter sur un *on-dit*,
et de plus, en raison de la défense que le Directoire
avait faite aux généraux en chef de conclure d'armistice sans son consentement[52]; ils furent donc
congédiés et passèrent sur la rive gauche du Rhin
à Kehl, d'où ils rejoignirent Latour à Mannheim.

Vraisemblablement ils lui auront rendu compte
qu'ils avaient parcouru les deux-tiers de l'emplace-

le Rhin, couverts par des places et des retranchements, qui lui évitaient les grandes difficultés at-
tachées au passage d'un tel fleuve, quand il est
défendu par une armée. Hoche avait pu réunir la
majeure partie de ses forces dans la plaine de
Neuwied, ce qui lui donnait une grande supériorité numérique sur le général Werneck qui lui
était opposé; il en disposa d'une manière convenable, et des succès marquants couronnèrent ses dispositions. Il poursuivit les Autrichiens sur la Lahn,
la Nidda et le Mayn.

avait trop de terrain à parcourir, trop de positions à enlever, et qu'on pouvait lui disputer long-temps, avant de gagner le Danube, pour être en mesure de s'approcher des revers du Tyrol, et de seconder efficacement les opérations de l'armée d'Italie. C'était en 1797, comme en 1795 et 1796, l'armée du Rhin qui se trouvait tout naturellement appelée, par sa position, à se charger de cette tâche ; aussi pendant le séjour de Moreau à Paris, il n'eut pas de peine à obtenir des modifications à ce plan. Le Directoire changea la disposition qui prescrivait à l'armée du Rhin de relever l'aile droite de celle de Sambre-et-Meuse dans le Hundsruck; disposition qui eût paralysé la première, et qu'elle aurait regardée comme une humiliation à laquelle elle eût été fort sensible [51 et 53].

Dans les mémoires attribués à Bonaparte, on lui fait dire, à l'époque de la prise de Mantoue : « que » depuis long-temps l'opinion s'indignait de ce que » le Directoire imposait tout le fardeau de la guerre » à son armée. » Mais il savait très bien que pendant un hiver qui était plus rude sur le Rhin que dans les environs de Mantoue, l'armée commandée par Moreau avait retenu sur les bords de ce fleuve la totalité des forces de l'Archiduc, jusqu'au commencement de février, époque à laquelle il ne fut plus possible de défendre le petit ouvrage que l'on ap-

pelait improprement la tête-de-pont d'Huningue,
quoique ce pont eût été détruit avant le commencement du siége. On a vu que cet ouvrage ne fut
remis aux Allemands que le jour même de la reddition de Mantoue.

Il semble qu'on voudrait, pour rehausser la
gloire de Bonaparte, dire qu'il a tout fait à lui
seul, et rayer les trois mois de campagne d'hiver
de l'armée du Rhin; ne point tenir compte de
la multitude de combats qu'elle a soutenus pendant ce laps de temps, des privations de tous
genres qu'elle a souffertes, dans la seule intention d'empêcher l'ennemi de se dégarnir pour
marcher au secours de Mantoue, tandis qu'une
partie de cette même armée traversait la France
et les Alpes, afin d'aller renforcer celle d'Italie.

Dans les nouvelles opérations ordonnées par le Directoire, Bonaparte devait être secondé par les deux
armées placées sur les bords du Rhin : mais par
une raison qui n'a été bien connue que de lui seul,
il a devancé le moment fixé pour les attaques sur
l'armée de l'Archiduc et pour le passage du Rhin,
comme s'il eût voulu réserver à son armée la gloire
de terminer la guerre sans le secours des autres.
La fortune a couronné son entreprise; mais il ne
pouvait se plaindre du Directoire, qui n'imposait
pas tout le fardeau de la guerre à son armée,

qui aurait eu plus de garanties du succès dans le concours des autres, et qui lui fournissait des troupes, non pas autant peut-être qu'il l'aurait désiré, mais certainement autant qu'il le pouvait : car ce gouvernement n'avait pas à sa disposition le nombre de soldats que Bonaparte a pu se procurer dans la suite, et qui cependant n'a jamais suffi à l'immense consommation qu'entraînait son système de guerre. S'il eût attendu la coopération des autres armées, le même but aurait été atteint, avec moins de hasards et de pertes d'hommes : en s'avançant seul, pour ainsi dire, aux portes de Vienne, il a couru de grands dangers par les insurrections du Tyrol et du pays de Venise sur ses derrières ; et si l'empereur d'Allemagne ne se fût pas épouvanté, et qu'il eût mieux jugé des forces qui lui restaient, ainsi que de la position aventurée de Bonaparte, vraisemblablement celui-ci aurait quelques jours après éprouvé les plus grands revers, et la paix en eût été retardée.

L'armistice entre l'armée du prince Charles et celle d'Italie avait été signé le 7 avril, les préliminaires de la paix le 17 ; les généraux Hoche et Moreau ne passèrent le Rhin qu'après la signature : le premier dans la journée du 18, et le second dans celle du 20. L'armée de Sambre-et-Meuse avait, comme dans la précédente campagne, des ponts sur

le Rhin, couverts par des places et des retranchements, qui lui évitaient les grandes difficultés at-
tachées au passage d'un tel fleuve, quand il est
défendu par une armée. Hoche avait pu réunir la
majeure partie de ses forces dans la plaine de
Neuwied, ce qui lui donnait une grande supériorité numérique sur le général Werneck qui lui
était opposé; il en disposa d'une manière convenable, et des succès marquants couronnèrent ses dispositions. Il poursuivit les Autrichiens sur la Lahn,
la Nidda et le Mayn.

CHAPITRE TROISIÈME.

Passage du Rhin à Diersheim.

Dans la soirée du 19 avril, Moreau était arrivé de Paris; Desaix et Reynier avaient préparé ce qui était nécessaire pour l'exécution du passage du Rhin qui devait avoir lieu dans la nuit [55] : mais quelques difficultés qu'on n'avait pas prévues, le firent retarder jusqu'à six heures du matin [85]. Les troupes désignées pour opérer le premier débarquement se rendirent à l'entrée de la nuit entre Kilstädt et Bettenhofen, et de là furent conduites dans l'ordre fixé pour chaque colonne au point de l'embarquement. A deux heures du matin, il n'y avait pas encore de bateaux arrivés; à quatre heures il n'y en avait que quatorze de la rivière d'Ill, qui auraient pu contenir chacun soixante hommes; mais les rames qui n'étaient pas nécessaires pour descendre l'Ill, étaient indispensables pour naviguer sur le Rhin; elles se trouvaient dans un bateau à la queue du convoi. D'autres obstacles semblaient contrarier le passage, et se réunir pour le faire échouer; le vent du nord-

est qui s'était élevé le 19 au matin, était tout à fait
contraire au cours de l'Ill, et retardait les bateaux
qui descendaient cette rivière. Les eaux avaient baissé, et deux bancs de gravier, que l'on avait à traverser, augmentaient les difficultés. On faisait transporter sur les lieux un cabestan, dont on voulait
s'aider pour passer plus facilement le premier gravier, situé entre la Wantzenau et Kilstädt, mais le
conducteur s'égara et n'arriva pas. Le convoi n'a-
vait pu marcher ensemble et s'était divisé. Les
pontonniers écartés et hors de toute surveillance,
ne mirent aucune activité dans le travail, s'arrêtèrent de différents côtés avec leurs bateaux et s'en-
dormirent; de sorte qu'à deux heures du matin il
n'était arrivé, entre la Wantzenau et Kilstädt, que
les 14 bateaux dont on vient de parler. On avait employé des sapeurs pour les traîner, quand les eaux
étaient trop basses, et avec ce secours ils avaient
passé, non sans peine, le premier banc de gravier.

Des officiers furent envoyés au devant des autres
pour presser leur arrivée; pendant ce temps les
sapeurs se dispersèrent. La nuit obscure et plu-
vieuse rendait tout le monde négligent, et il ne
resta personne à ce gravier. Le général en chef,
qui se trouvait au point désigné pour l'embarquement, étonné de n'y pas voir arriver les bateaux,

remonta l'Ill à trois heures et demie ; il en trouva plusieurs, entre autres celui qui portait les rames, et qui se trouvait aussi engravé. Il envoya chercher sur le champ trois compagnies d'infanterie, et donna l'exemple d'entrer dans l'eau pour prendre les rames. Elles furent enlevées chacune par deux volontaires, et portées en courant au point d'embarquement, qui était à une demi-lieue plus bas. Lorsque les rames furent déchargées, il faisait jour et on entendait le canon des fausses attaques : généraux et soldats se mirent dans l'eau pour traîner les bateaux sur le gravier ; on parvint à en faire passer plusieurs. Moreau laissa les hommes nécessaires pour faire passer ceux qui devaient encore arriver, et il retourna au point où ses troupes étaient rassemblées. Le temps pressait, le secret de l'opération était éventé, et le lieu désigné pour le passage du fleuve ne pouvait plus être ignoré. Si l'on avait renvoyé cette opération au lendemain, l'ennemi y aurait rassemblé assez de monde pour la faire échouer. Moreau pensa qu'il fallait l'exécuter dans ce moment, ou y renoncer entièrement. Il prit la résolution hardie de tenter le passage en plein jour, puisqu'on n'avait pu le faire pendant la nuit ; il trouva les généraux et les soldats disposés à tout entreprendre.

A cinq heures, les troupes commencèrent à s'em-

barquer au bruit du canon des fausses attaques;
il n'était encore arrivé des bateaux que pour
quinze cents hommes. Les généraux Duhesme,
Vandamme et l'adjudant-général Heudelet s'y précipitèrent avec un bataillon de la 76ᵉ et une partie de la 100ᵉ; les bateaux se mirent·en marche
à six heures; le général Davoust et les adjudants-
généraux Demont et Jarry s'embarquèrent avec
un bataillon de la 31ᵉ, et un de la 16ᵉ légère dans
ceux qui arrivèrent successivement. Le général
Jordy, avec le reste de la 100ᵉ, la 17ᵉ et un bataillon de la 16ᵉ légère, resta sur la rive gauche,
pour passer par le retour des bateaux qui devaient
revenir, après avoir débarqué les premières troupes. Il devait être joint dans la matinée par deux
bataillons de la 109ᵉ. Neuf pièces d'artillerie légère furent disposées pour protéger les troupes, au
moment de leur débarquement: un bateau plat fut
conduit au point du passage pour transporter ces
pièces.

On s'aperçut alors de la trop grande complica-
tion du plan arrêté la veille. On s'était proposé de
débarquer sur trois points différents : la première
colonne devait aborder en terre ferme, vis-à-vis
Freistett, mais elle eût été trop long-temps sous le
feu d'une batterie que l'ennemi avait à la pointe
de l'île boisée de Stein-Werth, du côté de Frei-

remonta l'Ill à trois heures et demie ; il en trouva plusieurs, entre autres celui qui portait les rames, et qui se trouvait aussi engravé. Il envoya chercher sur le champ trois compagnies d'infanterie, et donna l'exemple d'entrer dans l'eau pour prendre les rames. Elles furent enlevées chacune par deux volontaires, et portées en courant au point d'embarquement, qui était à une demi-lieue plus bas. Lorsque les rames furent déchargées, il faisait jour et on entendait le canon des fausses attaques : généraux et soldats se mirent dans l'eau pour traîner les bateaux sur le gravier ; on parvint à en faire passer plusieurs. Moreau laissa les hommes nécessaires pour faire passer ceux qui devaient encore arriver, et il retourna au point où ses troupes étaient rassemblées. Le temps pressait, le secret de l'opération était éventé, et le lieu désigné pour le passage du fleuve ne pouvait plus être ignoré. Si l'on avait renvoyé cette opération au lendemain, l'ennemi y aurait rassemblé assez de monde pour la faire échouer. Moreau pensa qu'il fallait l'exécuter dans ce moment, ou y renoncer entièrement. Il prit la résolution hardie de tenter le passage en plein jour, puisqu'on n'avait pu le faire pendant la nuit ; il trouva les généraux et les soldats disposés à tout entreprendre.

A cinq heures, les troupes commencèrent à s'em-

raque du péage (Zollhaus); il était aussi couvert
par un petit bras du Rhin, sur lequel existait un
pont de communication de trois pieds de large, et
près de là un gué. Les grenadiers des 76ᵉ et 100ᵉ
y marchèrent au pas de charge et sans tirer, malgré le feu très vif de l'infanterie ennemie, qui était
couverte par les bois de construction, et protégée par
l'artillerie de la batterie de Stein-Werth, qui les
prenait en flanc. Ils passèrent le bras au gué, chas-
sèrent à la bayonnette les Autrichiens de la baraque du péage, et en prirent plusieurs; Duhesme
fut blessé à cette première attaque. Les troupes
destinées à soutenir les grenadiers se formèrent
sur l'île des graviers, à mesure qu'elles débar-
quaient; elles marchèrent ensuite en avant et s'em-
parèrent des bois, en face de Diersheim, ainsi que
du village : alors l'ennemi fut forcé d'abandonner
la batterie de Stein-Werth, dont il retira les pièces.
Il avait réuni quelques troupes derrière Diersheim,
qui parvinrent à nous en chasser à huit heures du
matin; mais Davoust y marcha à la tête de la
31ᵉ demi-brigade, et s'en rendit maître de nouveau.

L'ennemi avait eu le temps de rassembler une
artillerie nombreuse, dont le feu qu'il dirigeait
particulièrement sur les débouchés de Diersheim,
et sur les bois en arrière, nous gênait beaucoup.

On fit passer le petit bras du Rhin à trois pièces avec leurs coffrets; mais elles n'eurent pas assez de munitions, et n'étaient pas en assez grand nombre, pour tenir contre les 12 pièces que l'ennemi avait réunies sur ce point.

A onze heures, les Autrichiens qui avaient été renforcés de quatre bataillons campés à Bodersweier près de Kehl, et de la cavalerie qui était sortie de ses cantonnements, firent une nouvelle attaque sur Diersheim, tandis qu'une colonne, partie de Honau, suivait le Rhin et cherchait à tourner notre droite. Nos troupes furent d'abord repoussées; mais Desaix fit avancer la 17e qui venait de passer le Rhin, et qui avait été placée en réserve, ainsi qu'un bataillon de la 109e. L'ennemi fut obligé de s'éloigner de Diersheim; le bataillon de la 109e tourna la colonne partie de Honau, et la culbuta dans un défilé, qui est vers l'entrée de ce village. Desaix qui était à sa poursuite, lui avait fait deux cents prisonniers, lorsqu'il fut blessé d'une balle à la cuisse.

Notre gauche se trouvait alors vers la batterie de Stein-Werth; le terrain étant fort coupé, et les batteries que l'ennemi avait à Bischofsheim, prenant nos troupes en flanc, elles ne pouvaient déboucher par là. L'ennemi fit aussi une tentative sur ce point, d'où il fut repoussé; notre gauche

s'était ensuite avancée dans la direction de Freistett, mais comme le principal effort de l'ennemi
était sur le village de Diersheim, on se borna dans
cette partie à se tenir sur la défensive.

Les généraux avaient alors leurs chevaux, mais
on n'avait pas encore pu faire passer de cavalerie
sur le bateau plat : le pont-volant fut établi à deux
heures après-midi, on y fit passer aussitôt de l'artillerie légère et de la cavalerie. A trois heures, il
y avait sur la rive droite un escadron de hussards
du 9e régiment, une compagnie du 17e de dragons,
et trois pièces d'artillerie légère, qui n'étaient pas
encore placées, lorsque l'ennemi fit une nouvelle
attaque sur le village de Diersheim. Il la commença par un feu très vif sur le village, dont il
incendia une partie ; notre infanterie souffrant
beaucoup de ce feu, en était ébranlée et commençait à se retirer, lorsque l'ennemi fit avancer plusieurs colonnes d'infanterie et de cavalerie, qui
chargèrent dans le village, mirent nos troupes en
fuite, et s'avancèrent jusqu'au delà de l'église. Le
général Jordy qui avait voulu les repousser, se
trouva entouré par l'ennemi ; les soldats autrichiens le frappèrent à coups de crosse de fusil,
pour le faire rendre prisonnier, mais il fut heureusement délivré par les grenadiers de la 31e : il
reçut des blessures légères, qui ne le forcèrent pas

de se retirer du combat. Dans ce moment Davoust faisait un, mouvement sur sa droite avec deux bataillons de la 109e; il marcha sur Honau dont il s'empara. Ce mouvement qui débordait la gauche de l'ennemi, l'inquiéta assez pour le décider à ne pas pousser plus loin son attaque sur Diersheim.

L'infanterie française s'était retirée en désordre; elle était fatiguée de combattre avec désavantage, contre une artillerie trop supérieure à la sienne. On ne put en rallier qu'une partie; les autres se sauvèrent au bord du Rhin, pour repasser sur l'autre rive, mais ils ne le purent pas, faute de bateaux. Uu peu après on fit charger dans Diersheim et sur la droite, l'escadron du 9e régiment de hussards et la compagnie de dragons du 17e. Cette charge et les succès de Davoust ranimèrent l'infanterie; on la ramena sur ce village, où elle attaqua l'ennemi avec tant d'ardeur, qu'il fut culbuté et presque mis en déroute. Il parvint à se reformer, sous la protection de sa cavalerie, dans la plaine entre Diersheim et Linx. On fit placer en avant de Diersheim trois pièces d'artillerie légère, ce qui augmenta le désordre de l'ennemi; on ne put en profiter, car nous n'avions pas assez de cavalerie ni d'artillerie, pour nous avancer dans cette plaine avec de l'infanterie, seule et épuisée de fatigue. L'ennemi n'entreprit plus rien : il avait fait sans succès une nouvelle tentative sur notre gauche, dont la position très resserrée était bonne. Toutefois, à l'entrée de la nuit, une terreur panique s'empara des troupes qui gardaient ce point, et elles l'abandonnèrent en désordre ; plus tard on les y rétablit, mais il y eut encore plusieurs alarmes dans la nuit. Nous avions conservé Diersheim et Honau, et établi des postes entre ces deux villages, sur le ruisseau qui vient de Linx.

La fausse attaque près la batterie de Béclair, conduite par l'aide-de-camp Dehaynin, avait été contrariée par le retard des pièces qui devaient la soutenir, et le manque de munitions nécessaires à la troupe. Trois cents hommes de la 76ᵉ s'étaient embarqués presque sans cartouches; ils n'en débusquèrent pas moins les postes ennemis, se maintinrent sur la rive droite pendant deux heures, et se retirèrent ensuite sans beaucoup de perte.

Dans la nuit du 21 avril, le pont étant achevé, la cavalerie du centre, les troupes de l'aile droite et la réserve de cavalerie commencèrent à passer à deux heures du matin. La brigade Lecourbe qui arrivait de l'aile gauche, devait suivre ce mouvement. Moreau ordonna de faire prendre à ces troupes leur ordre de bataille, à mesure qu'elles passeraient, et de placer celles de l'aile droite, sous les ordres de Dufour, entre Honau et Diersheim; le centre, sous ceux de Vandamme, à Diersheim et dans le bois, et la brigade Lecourbe à la gauche. Il se proposait de faire attaquer l'ennemi, aussitôt que cet ordre de bataille serait pris et qu'on aurait fait passer toute l'artillerie. La réserve devait rester sur le gravier, jusqu'au moment où elle pourrait déboucher; mais l'ennemi prévint Moreau, et attaqua avant qu'il eût terminé ses dispositions. Les Autrichiens avaient fait venir pendant la nuit toutes les troupes qu'ils avaient pu réunir sur ce point. Ils espéraient que notre pont ne serait pas achevé, que de nombreux renforts ne seraient pas arrivés, et qu'ils pourraient culbuter dans le Rhin le peu de troupes qu'ils supposaient sur la rive droite. Le général Sztarray fit donner dans ce combat 16 bataillons et 20 escadrons : il commença son attaque à six heures du matin, et la dirigea sur les villages de Diersheim et de Honau. Il avait plus d'artillerie que le jour précédent, aussi il démonta en peu de temps une partie de celle qu'on lui opposa. Les compagnies d'artillerie légère, commandées par les capitaines Legras et Foy, furent démontées, et ce dernier blessé. Les colonnes ennemies s'avancèrent sous la protection de ce feu d'artillerie; nos troupes qui étaient amoncelées dans le village, souffrant beaucoup, se retirèrent; un grand nombre prirent la fuite vers le Rhin, et se précipitaient sur le pont, quand **Lecourbe**, à la tête de sa brigade, commençait à y passer. **Les** grenadiers qui marchaient à la tête de la **84e**, arrêtèrent ces fuyards et voulurent les faire **retourner**, mais ils résistèrent. D'après l'ordre de **Lecourbe**, la 84e croisa alors la bayonnette sur eux, **jeta dans** le Rhin les plus obstinés, et continua sa **marche en** colonne serrée, de manière à occuper toute la largeur du pont. Il était temps que cette **brigade** arrivât; sans l'important service qu'elle **rendit dans** cette journée, il est probable qu'il serait **survenu** un grand désastre.

Une partie de la 17e et les compagnies **de** grenadiers de la 31e tenaient cependant toujours dans le village de Diersheim; les troupes qui étaient en réserve derrière ce village, savoir : la 3e légère qui venait de passer le Rhin, le 2e de cavalerie, le 4e de dragons et un escadron du 9e de hussards, **furent** portées en avant, et débouchèrent dans la plaine, mais les colonnes ennemies s'avancèrent **rapidement**; alors il s'engagea plusieurs charges de cavalerie, dans lesquelles le 2e régiment se **distingua** surtout par une bravoure extraordinaire. **Cependant** notre cavalerie fut plusieurs fois **ramenée** jusque dans les vergers de Diersheim, où elle se trouvait exposée à tout le feu de l'artillerie **ennemie**; elle perdit beaucoup. Les grands renforts **que**

Moreau venait de recevoir, le mirent à même de faire reprendre à son infanterie la position de Diersheim, et l'ennemi ayant été repoussé dans une nouvelle charge, il abandonna son attaque, mais il resta dans la position qu'il avait occupée le matin. Les généraux Sztarray et Imens avaient été blessés : les Autrichiens ayant perdu beaucoup de monde, et désespérant de repousser les Français, se déterminèrent à faire un mouvement rétrograde.

Aussitôt que notre avantage fut décidé par ce combat, on revint aux dispositions d'attaque interrompues le matin par celles de l'ennemi; mais comme on avait été forcé de faire pendant la journée des mouvements de troupes qui avaient interverti l'ordre de bataille, on n'eut pas le temps de le rétablir.

On dirigea le principal effort sur le centre de l'ennemi entre Linx et Hohenbühn. Dufour dut marcher entre Leutesheim et Linx, avec les 3e, 24e et 89e demi-brigades, le 21e de cavalerie, une partie du 4e de dragons, et une compagnie d'artillerie légère. Vandamme, Davoust et Jordy, avec les 17e, 100e et 109e demi-brigades, les 8e et 9e de hussards, les 4e et 17e de dragons et une compagnie d'artillerie légère, devaient marcher sur le plateau entre Linx et Hohenbühn, et delà sur le premier de ces villages: Heudelet, avec la 3e légère, la 31e de ligne, le 2e de cavalerie et une compagnie d'artilleric légère sur Hohenbühn. La réserve de cavalerie, commandée par Bourcier, composée des 1er et 2e de carabiniers, 12e, 13e, 14e et 15e de cavalerie, 13e de dragons et de deux compagnies d'artillerie légère, devait se déployer en avant de Diersheim, et delà se porter vers la chaussée entre Linx et Hohenbühn.

Lecourbe, avec les 84e et 119e demi-brigades, le 8e de chasseurs, le 7e de hussards, et une compagnie d'artillerie légère, avait ordre de marcher, après le succès de l'attaque de Hohenbühn et de Linx, sur Bischofsheim et Freistett, et de poursuivre l'ennemi jusqu'à Renchen. Les deux bataillons de la 76e et les deux de la 16e légère, devaient rester en réserve dans le bois de Diersheim.

Ces dispositions furent exécutées promptement, et les troupes se mirent en marche à deux heures après midi. L'ennemi qui avait déjà commencé sa retraite, ne fit aucune résistance. On joignit le régiment d'Alton près de Linx, il fut aussitôt entouré, chargé et poursuivi; après ce premier échec, les Autrichiens se sauvèrent si rapidement qu'on ne put les joindre. La colonne conduite par Vandamme, soutenue par la réserve de cavalerie, poussa jusqu'au delà d'Offenburg et de Gengenbach : le général-major Orelly fut pris entre Bühl et Offenburg, en s'efforçant de rallier sa cavalerie

pour protéger la retraite ; Dufour se dirigea entre
Kehl et Kork. Les premiers dragons qui arrivèrent
devant Kehl, trouvèrent le pont de la Kintzig coupé
et défendu par quelques hommes d'infanterie; ils
passèrent cette rivière à un gué qui était un peu
plus haut ; quelques tirailleurs se dirigèrent ma-
chinalement sur Kehl. Le commandant d'un détachement d'Olivier-Wallis, qui était dans le fort,
demanda à nos dragons une capitulation, au moyen
de laquelle il le leur remettrait, se réservant de
sortir avec les honneurs de la guerre, et la conservation des bagages. Il n'y avait pas un brigadier
pour rédiger la capitulation, ni un soldat qui sut
écrire parmi ces tirailleurs, de sorte que l'on arrêta
verbalement les conditions qui, si l'on peut ajouter
foi aux réclamations du commandant autrichien,
n'auraient pas été exécutées dans tous leurs points
par les soldats français. C'est ainsi que ce fort, dont
la possession avait coûté si cher aux Autrichiens,
et qu'ils avaient mis dans un état de défense respectable, rentra en notre pouvoir.

Dufour prit le soir position entre Neumühl et
Kehl; la colonne dirigée sur Hohenbühn, marcha
de là, par le chemin de Renchen, et poussa jusqu'à Wachshurst : elle fit quelques prisonniers.
Un très petit corps ennemi ayant suivi cette route,
elle se retira le soir à Hohenbühn. La colonne de

Lecourbe n'ayant été mise en mouvement qu'après les autres, ne put joindre l'ennemi : il poussa son avant-garde jusqu'à Kénchen, et s'établit entre Bischofsheim et Freistett.

L'armée de Rhin-et-Moselle, fatiguée des combats de la journée et d'une poursuite aussi longue, se trouvait en outre fort décousue sur le soir; elle se reforma comme elle put, et passa la nuit entre Neumühl et Freistett. Elle avait fait environ trois mille prisonniers, pris des drapeaux, vingt pièces de canon, et un grand nombre de voitures d'équipages, parmi lesquelles se trouvait le fourgon de Klinglin, dont je parlerai plus bas. La perte des Français, dans les journées des 20 et 21, a été estimée à environ trois mille hommes hors de combat.

Moreau avait déjà obtenu de grands succès ; pour les compléter, il fallait battre le corps que Latour amenait à marches forcées. Saint-Cyr, qui jusqu'alors l'avait contenu devant Mannheim, laissa le général Ambert dans les environs de Landau, avec deux demi-brigades, pour en former au besoin la garnison, et se mit en marche avec le reste de son artillerie, la division entière de Sainte-Suzanne et sa cavalerie commandée par Laboissière ; il était précédé, comme on l'a vu, par la brigade Lecourbe, tirée de la division Ambert : la marche de cette aile avait été calculée de manière à arriver sur la Rench, avant le renfort que Latour pouvait amener. Partie de ces troupes, passèrent le Rhin le 22 vers midi, le reste devait le passer dans la nuit. Ainsi dans la matinée du 23, Moreau aurait pu avoir dans la main toutes les troupes de son armée, pour livrer une bataille décisive à Latour, s'il ne les eût disséminées, en envoyant son aile droite vers Ettenheim, une partie de son centre avec Davoust dans la vallée de la Kintzig, et l'autre avec Vandamme vers le Knübis : de sorte qu'il ne lui restait que son aile gauche près du Rhin, avec quelques régiments de la réserve de cavalerie, pour opposer à ce que Latour amenait de Mannheim et à ce qu'il aurait rallié à lui du corps de Sztarray, qu'on avait combattu les jours précédents. Mais la victoire du 21 avait donné à Moreau un excès de confiance qui lui fit oublier que, du moment qu'une bataille était devenue nécessaire pour assurer sa position sur la rive droite, et qu'elle était imminente, il fallait sacrifier tout à la nécessité d'être réuni et de présenter plus de monde au combat.

Pendant que les colonnes de la droite et du centre exécutaient les mouvements dont je viens de parler, Saint-Cyr fit attaquer par des troupes de Lecourbe une avant-garde autrichienne postée

sur la rive droite de la Rench, sur la route de
Strasbourg à Rastadt près de Minbrechtshofen.
Cette position était défendue par deux bataillons,
trois escadrons et six pièces de canon; elle fut
promptement enlevée et l'ennemi poursuivi jusqu'à
Lichtenau. Le chef de brigade Marisy, à la tête du
7ᵉ régiment de hussards, fit une charge brillante
sur les hussards autrichiens de Kaiser, et leur fit
éprouver une perte notable; il aurait pris une
partie de ce régiment, si un escadron de hussards,
qui vint le prendre à dos, ne lui eût fait craindre
d'être coupé par d'autres troupes dont cet escadron
pouvait être suivi.

Il était déjà tard, on ne voulut pas poursuivre
les ennemis plus loin, afin de ménager les troupes pour la journée du lendemain, tant on croyait
être sûr qu'elle ne se passerait pas sans amener
une bataille ! Mais il en fut autrement, car peu
d'instants après un parlementaire autrichien se
présenta à nos avant-postes, annonçant l'arrivée
d'un courrier porteur de la nouvelle officielle de
la signature des préliminaires de paix, par Bonaparte et les plénipotentiaires autrichiens.

L'armée de Rhin-et-Moselle allait se trouver arrêtée au milieu de ses succès, si son général en
chef se croyait lié par cet acte. Les troupes avaient
assez mal accueilli le parlementaire, et leurs pro-

pos peïgnaient leur crainte de se voir arrétées, au moment de jouir des efforts pénibles et des sacrifices des jours précédents.

~~~~~~

CHAPITRE QUATRIÈME.

Moreau conclut un armistice avec Latour, et renvoye sur
la rive gauche du Rhin une partie de son armée. —
Influence de la journée du 18 fructidor sur les armées.
— Rappel de Moreau et son départ pour Paris. — Mort
de Hoche.

LATOUR demandait qu'il fût envoyé aux avant-
postes un officier, pour s'entendre avec ceux qu'il
y enverrait de son côté, et traiter d'un armistice.
Dans la situation où se trouvaient nos armées, c'é-
tait une question d'une grande importance, que
de décider s'il était convenable de l'accorder, avant
que le mouvement commencé fût entièrement exécuté, et que ces armées eussent occupé les positions indispensables à leur sûreté sur la rive droite
du Rhin, dans l'hypothèse où des obstacles im-
prévus viendraient à rompre les négociations en-
tamées, et qu'il devînt nécessaire de recourir aux
armes. Car enfin si les armées impériales avaient
reçu des échecs en Italie et sur le Rhin, l'Autriche
n'était certainement pas au bout de ses ressources.
La prudence commandait de s'assurer des garan-

ties, non-seulement dans l'intérêt de nos armées du Rhin, mais aussi dans celui de l'armée d'Italie que les Autrichiens pouvaient mettre dans une situation désespérée, s'ils revenaient de la surprise où les avait jetés la pointe de Bonaparte jusqu'aux environs de Vienne. En effet le détachement que Latour avait envoyé à l'Archiduc, quelques jours avant le passage du Rhin, aurait réparé ses pertes, et les levées extraordinaires que l'on faisait en Hongrie, devaient le rendre bientôt supérieur à Bonaparte, et le mettre à même de prendre sa revanche, avant que celui-ci pût recevoir des secours des armées du Rhin. Je n'ignore pas que Bonaparte, ayant prévu la possibilité de cet événement, s'était empressé, lorsqu'il eut conclu son armistice, de se retirer en arrière de la position aventurée où l'avait entraîné son ardeur, et qu'il avait échelonné son armée, pour la rapprocher des états de Venise. Mais si, par ce mouvement, il était un peu moins exposé en cas de rupture des négociations, il l'était évidemment encore trop. Il fallait, pour lui éviter ce danger, que nos armées du Rhin continuassent leurs mouvements au cœur de l'Allemagne, et ne se regardassent point comme liées par des préliminaires qui pouvaient ne mener à aucun résultat : que les Autrichiens avaient signés sous l'influence de la peur et dans un moment de surprise, où ils ignoraient peut-être les avantages qu'ils avaient obtenus sur les derrières et sur les flancs de l'armée française dans le Tyrol et à Trieste ; tandis que l'intention de Bonaparte, en les signant, avait été de se tirer du mauvais pas où il était engagé, et des inquiétudes que lui donnaient les insurrections des états de Venise et du Tyrol sur ses derrières, enfin le danger de voir ses communications coupées avec la France et l'Italie.

Dans mon opinion, les généraux Hoche et Moreau ne devaient faire aucun armistice avec l'ennemi, avant d'être en position sur le Danube, à la hauteur de Donauwörth, et d'avoir éloigné les Autrichiens de leurs places du Rhin, qui formaient la base la plus solide de leurs opérations contre les frontières de France ; car alors, en cas de rupture des négociations, nos armées du Rhin se fussent trouvées en mesure de concerter leurs mouvements avec celle d'Italie, et d'agir simultanément pour forcer le cabinet autrichien à la paix : on n'eût pas été obligé plus tard, pour obtenir ce résultat, de céder les états de Venise, et de rendre la maison d'Autriche plus forte en Italie qu'elle ne l'était auparavant. Le gouvernement n'aurait pu désapprouver le refus de l'armistice ; car on se rappelle qu'il avait formellement défendu aux gé-

néraux de ses armées d'Allemagne, d'en conclure
aucun sans sa participation.

L'histoire offre partout des exemples que des
négociations de paix ont continué sans cesser les
hostilités, quand l'un ou l'autre parti y trouvait
un grand avantage, et principalement celui d'arriver
plus sûrement à la paix. Je n'en citerai que
deux, qui ont été donnés par les grandes puissances
de l'Europe, à Prague à la fin de 1813, et à
Châtillon au commencement de 1814.

Moreau hésita long-temps sur le parti qu'il
prendrait; puis, malgré les sollicitations de quelques-uns
de ses généraux qui le portaient à refuser
l'armistice, il finit par l'accepter, sans même
exiger la possession du terrain qui lui était nécessaire
pour placer toute son armée sur la rive
droite du Rhin, dans des cantonnements assez
étendus pour la faire subsister.

Le chef d'état-major Reynier fut envoyé aux
avant-postes; il s'aboucha avec le comte de Grüne,
envoyé par Latour, avec lequel il régla provisoirement
la ligne des cantonnements que l'armée occuperait
sur la rive droite, et qu'ils bornèrent à quelques
bourgs et villages dont l'armée s'était emparée
les jours précédents, formant une espèce de demi-cercle
autour de Kehl. Hoche fit la même faute que
Moreau, et sans aucune réflexion ni hésitation; car

il proposa lui-même l'armistice à l'ennemi, aussitôt qu'il eût reçu le courrier de Berthier, qui lui annonçait la signature des préliminaires : mais il avait sur les deux rives du Rhin une immense étendue de terrain, qui assurait les subsistances de son armée, et dans le cas où les hostilités recommenceraient, de bonnes positions pour la placer.

Moreau fut bientôt obligé de renvoyer sur la rive gauche la plus grande partie de son armée qu'il ne pouvait nourrir sur la rive droite, dans un espace aussi resserré que celui qu'il occupait; il ne put y laisser que son centre et quelques troupes de la droite; le reste fut renvoyé dans le Haut-Rhin, l'aile gauche dans le Palatinat et le pays de Deux-Ponts, et la réserve de cavalerie sur la Sarre, pour y vivre encore misérablement aux dépens des habitants déjà si épuisés. Ce fut dans cette position que l'armée dut attendre le résultat des négociations. Mais l'Autriche rassurée par l'armistice conclu avec les armées d'Allemagne, qui les retenait sur les bords du Rhin, hors d'état de pouvoir soutenir d'assez près l'armée d'Italie, dans le cas de nouvelles hostilités, se montra extrêmement difficile, au point que l'espérance de la paix diminuait tous les jours. De plus, des divisions intestines vinrent augmenter nos embarras : la discorde s'établissait au sein des conseils législatifs et même du Directoire, déjà si faible par le peu d'appui qu'il avait dans l'opinion ; de sorte qu'après tant de victoires, la France paraissait encore sur le bord de l'abîme.

J'ai déjà dit que dans la journée du 21 avril, on s'était emparé à Offenburg du fourgon de Klinglin, dont il a été si fréquemment question dans ces mémoires. Ce général était un émigré français employé dans l'armée autrichienne ; il était chargé de la correspondance secrète, et plus particulièrement de celle que les Autrichiens entretenaient depuis long-temps avec Pichegru et ses agents Fauche-Borel, Demougé, etc. Moreau avait fait conduire ce fourgon à son quartier-général : on y trouva une foule de lettres chiffrées ou écrites avec de l'encre sympathique. On eut bientôt la clé du chiffre et le moyen de faire reparaître ce que cette encre mystérieuse avait déguisé, de même que les noms divers et supposés des personnages qui figuraient dans cette correspondance, dont Pichegru était le principal acteur. Elle jetait un grand jour sur les événements militaires qui avaient précédé sa découverte ; mais elle n'en jetait pas moins sur ceux qui se préparaient dans l'intérieur. Sa révélation eût éclairé le Directoire et ramené sans doute à d'autres sentiments bien des gens qui ne manœuvraient avec Pichegru, que dans l'ignorance où ils étaient de ses véritables intentions. Le devoir de Moreau était d'envoyer sur le champ cette correspondance au gouvernement; mais il n'en fit rien, et se contenta de la communiquer à Desaix et à Reynier, ce qui lui fit perdre plus tard la confiance du gouvernement et son commandement en chef.

A l'occasion de l'armistice, Saint-Cyr ayant mis peut-être un peu trop de chaleur à soutenir qu'il était inopportun et contraire aux intérêts de la France, qu'il retarderait le moment de la paix au lieu de l'avancer, Moreau lui avait montré du froid et un peu d'humeur; cependant au moment de son passage à Strasbourg pour retourner dans le Palatinat avec ses troupes, il fut rendre visite à Moreau qui avait eu le temps de juger des inconvénients du parti qu'il avait pris; aussi son mouvement d'humeur était tellement passé, qu'il ne tint qu'à Saint-Cyr de recevoir également la dangereuse confidence qu'il avait précédemment faite à deux de ses collègues. Mais comme celui-ci a toujours eu de la répugnance pour les confidences de cette nature, et surtout de la part de grands personnages, il détourna deux ou trois fois la conversation que Moreau entamait sur le sujet de la correspondance, et prit congé du lui. Il vit ensuite Desaix, qui fut discret sur ce chapitre, mais qui lui parla de son dégoût de servir davantage avec Moreau, et de son projet de se faire donner une mission par lui (¹), de se rendre en Italie aussitôt qu'il serait rétabli de sa blessure, pour s'attacher à Bonaparte et se lier à sa destinée; « car, disait-il, » je suis persuadé que Moreau ne fera jamais rien » de grand, et que nous ne pourrions jouer auprès » de lui qu'un rôle très subalterne; tandis que » l'autre est fait pour jeter un tel éclat, acquérir » une gloire si immense, qu'il est impossible qu'il » n'en rejaillisse sur ses lieutenants. »

Saint-Cyr fut fort étonné de la résolution prise par son collègue qu'il avait toujours vu si avant dans les bonnes grâces des généraux en chef et en particulier de Moreau. C'était la première fois que Desaix lui avait montré de l'ambition, car jusqu'alors il avait donné tant de preuves du contraire, par les refus successifs qu'il avait faits du commandement de l'armée ! Il sentit plus que personne la perte qu'elle allait faire, si la guerre devait encore

(1) Le prétexte qu'il donna à Moreau, fut la nécessité d'envoyer quelqu'un près de Bonaparte, pour le déterminer à faire entrer dans les stipulations du traité de paix, le payement des contributions consenties par la Bavière, pendant la campagne de 1796, et dont le versement n'avait pu avoir lieu, en raison de la retraite des Français. Il lui fit entendre, que c'était le seul moyen d'obtenir des fonds avec lesquels on pourrait satisfaire aux besoins les plus urgents de son armée.

continuer ; la vive amitié qui avait d'abord régné
entre eux, et la bonne intelligence qui lui avait
succédé ensuite, et que rien n'avait pu altérer,
étaient d'autres causes de regrets. Depuis long-
temps sans doute on avait cru apercevoir de la
rivalité entre eux, il était difficile qu'on n'eût pas
cette idée ; pour eux, ils n'y voyaient cependant
qu'une utile émulation. Leur passion dominante
n'était pas la même ; dans l'un c'était l'amour de
la gloire, et dans l'autre celui de la patrie et le sentiment des devoirs qu'il impose. Leur manière de
voir et de faire la guerre, était aussi différente
que leur caractère : l'un aimait de préférence les
troupes légères et toutes les actions de la guerre
qui se font avec elles, les affaires d'avant-gardes
et celles qui leur ressemblent; l'autre donnait la
préférence aux troupes qui pouvaient porter les
coups les plus décisifs. Desaix faisait presque tout
avec son avant-garde, Saint-Cyr avec sa réserve.
Aussi dans les conseils ils étaient rarement du
même avis ; mais il ne peut résulter d'inconvénients de ce qu'une question militaire soit envi-
sagée sous des aspects différents, le général en chef
se trouve plus en état de décider.

Enfin Saint-Cyr eut occasion de donner bien plus
de regrets encore à l'éloignement de son camarade,
lorsque la guerre recommença. C'est déjà une tâche

bien grande de conduire ses troupes, quand on se trouve secondé convenablement par les talents de son voisin; mais si celui-ci est faible, qu'il se laisse battre aujourd'hui, l'autre sera battu le lendemain; pour éviter ce malheur, il est obligé de veiller sur son collègue, de le protéger avec une partie de ses troupes, ce qui augmente les embarras de sa situation. En ayant Desaix pour voisin, on était certain qu'il ne se laisserait pas battre, on n'avait besoin de s'occuper que de la position dont on était chargé.

L'aile gauche de l'armée, qu'on avait envoyée dans le Palatinat et le duché de Deux-Ponts, n'y pouvait plus trouver de subsistances, ces pays étant totalement épuisés, par le long séjour que les troupes françaises et allemandes y avaient fait. Dans le mois de juillet, Moreau avait obtenu du Directoire que l'armée de Sambre-et-Meuse nous céderait le Hundsruck jusqu'à Coblentz [58]; ce mouvement s'exécuta pendant l'absence de Hoche, dont j'expliquerai tout-à-l'heure le motif. Les généraux que nous remplacions, quittaient avec regret un pays qui n'était pas tout à fait épuisé, et quoiqu'ils fussent beaucoup mieux partagés que nous, puisqu'ils avaient une étendue immense de pays conquis sur les deux rives du Rhin, et que Moreau était réduit (par sa faute, il est vrai) à la possession de quelques

villages autour de Kehl, ils nous cédaient ce peu
de terrain avec peine ; ils gardèrent même la ville
de Coblentz qui, selon les dispositions arrêtées par
le Directoire, devait nous être cédée. Combien Moreau dût alors regretter d'avoir fait son armistice,
avant d'avoir en sa possession assez de terrain pour
pouvoir y placer son armée et la faire subsister !
Il aurait pu aussi en tirer de l'argent, pour payer
la solde, ce qui aurait évité les murmures et les
scènes d'insubordination, qui eurent lieu dans les
places de Metz et de Landau [59], où les troupes se
trouvaient encore plus mal que celles qui étaient
cantonnées. On fut obligé de ne laisser dans les
garnisons que quelque compagnies d'infanterie,
qu'on devait encore relever souvent. Enfin ce dénûment d'argent était si complet, que Moreau qui
avait promis à Saint-Cyr de venir voir ses troupes,
n'osa le faire avant d'avoir trouvé le moyen de leur
payer une seule décade sur la solde arriérée [60].

Les dissensions qui avaient commencé de naître
dans la capitale, qui avaient pénétré dans les conseils législatifs et dans le Directoire, acquéraient
tous les jours plus de développement et retardaient
la conclusion de la paix. Le gouvernement autrichien y apercevait des avantages qui augmentaient
sa répugnance à la conclure ; une crise paraissait
inévitable, et en effet elle ne tarda pas à avoir lieu.

Jusqu'alors les armées avaient été impassibles dans les événements de l'intérieur et les dissensions civiles ; mais un des deux partis qui divisaient le Directoire, et qui se composait de Barras, Rewbell et la Reveillère, voulut s'assurer le secours de l'une d'elles. Il choisit celle de Sambre-et-Meuse, soit comme étant la plus rapprochée, soit qu'ayant pratiqué le chef, il le jugeât plus propre à exécuter son dessein. Hoche fut appelé à Paris, et Moreau désigné pour commander son armée pendant son absence ; mais celui-ci ayant refusé l'*interim*, le général Cherin, chef d'état-major de Hoche, s'en chargea, et ce dernier partit pour Paris, se faisant suivre d'une partie de son armée. A son arrivée, on voulut le nommer ministre de la guerre, il n'accepta pas.

On annonçait alors un mouvement nouveau vers les côtes de l'océan, pour recommencer une tentative sur l'Irlande ; c'était de cette manière que l'on voulait déguiser la marche des troupes sur Paris ; mais le parti menacé ne prit pas le change : il se récria sur la violation du rayon constitutionnel, dans lequel le Directoire ne pouvait faire entrer de troupes sans l'autorisation formelle des conseils législatifs. Il parla de mettre en accusation le ministre de la guerre et le général Hoche ; la prétendue opération sur l'Irlande fut aussitôt

13*

contremandée, mais on en reparla ensuite. Hoche partit de Paris le 25 juillet, pour aller se mettre à la tête de ses troupes qu'il fit réunir aux environs de Rheims ; mais soit qu'il reçut un nouveau contre-ordre, ou qu'il s'aperçut qu'il ne serait pas suivi des troupes, et qu'il était au moment d'être désavoué par Barras, il rejoignit en grande hâte son armée sur les bords du Rhin, emmenant avec lui sa femme et sa fille, et y faisant revenir une partie des troupes qu'il en avait détachées. Ses inquiétudes l'y suivirent et s'augmentèrent à un tel point, qu'on supposa qu'il voulait émigrer. Dans son trouble, il fit imprimer à Wetzlar un mémoire justificatif, qu'il n'avait pas encore eu le temps de répandre, quand il reçut un billet de Barras qui lui annonçait la victoire remportée le 18 fructidor, le rappel de Moreau, et l'avis que le Directoire ajoutait à son commandement celui de l'armée de Rhin-et-Moselle. Il était depuis long-temps d'une santé chancelante ; les grandes inquiétudes dont il fut agité, en raison de sa folle équipée sur Paris, le rendirent véritablement malade d'esprit et de corps ; mais la joie vive qui succéda si rapidement à ses tribulations, le tua. Beaucoup de gens ne voulurent pas croire qu'une mort si subite fût naturelle, et le bruit courut qu'il avait été empoisonné.

Moreau était parti pour Paris, appelé par le Directoire, se faisant précéder de quelques lettres qu'il avait fait déchiffrer de la correspondance de Pichegru avec le prince de Condé et autres personnages marquants, ainsi que de la lettre par laquelle il le dénonçait au gouvernement (1); mais l'avis parut au Directoire un peu tardif, et en quelque sorte un secours après la victoire. Il n'admit pas comme suffisantes les raisons politiques que donna Moreau, pour s'excuser de n'avoir pas fait connaître en temps opportun cette correspondance [68]. Il ne lui sut pas plus de gré, non plus que le public, de sa lettre tardive au directeur Barthélemy, ni de la proclamation qu'il fit à son armée, dans laquelle, après que les évènements de fructidor furent connus à Strasbourg, il dénonçait la trahison de son ancien ami Pichegru [63, 64 et 65]. J'ai souvent remarqué que quand les militaires ont

(1) On a peine à comprendre, comment Pichegru qui depuis long-temps devait être instruit de la prise du fourgon de Klinglin (fait notoire dans l'armée), et qui devait se regarder comme perdu, sitôt qu'on aurait déchiffré une lettre de la correspondance, n'a pas pris de suite le parti de sortir de France, mais au contraire a continué de rester à la tête des intrigues tramées contre le gouvernement. On ne peut expliquer cette singulière sécurité, que par une confiance sans bornes dans Moreau, et la certitude qu'il aurait eue de ne pas être dénoncé par lui.

voulu faire de la politique, ou seulement autre
chose que leur strict devoir, ils se sont jetés dans
un dédale d'où ils n'ont pu se tirer sans une plus
ou moins grande perte de leur honneur (1).

Moreau avait aussi, sans nécessité, compromis
les généraux Desaix et Reynier, en déclarant qu'il
n'avait parlé qu'à eux de la correspondance de Pichegru [62]. Le gouvernement avait voulu les destituer; mais Desaix trouva une si grande protection dans Bonaparte, près duquel il s'était rendu,
qu'on fut obligé de revenir sur cette décision.

(1) Comme il est souvent question de Moreau dans la correspondance de Klinglin, cette raison devait suffire pour
le déterminer à ne pas la garder entre ses mains : autrement il prêtait des armes à ceux qui se prévalaient de ses
liaisons intimes avec Pichegru, pour le rendre suspect au
gouvernement. Je sais que la conduite postérieure de Moreau a donné lieu à plusieurs personnes, lors de son procès
et depuis, de supposer qu'aux époques de 1796 et 1797, il
était déjà d'intelligence avec Pichegru pour trahir le gouvernement de la République. L'avenir éclaircira peut-être
les obscurités qui paraissent encore envelopper certaines
circonstances de la vie politique de Moreau, mais il faudrait des inductions plus formelles pour faire peser sur sa
mémoire une inculpation aussi grave. Dans les relations
que nous avons eues avec lui, il nous a toujours paru d'une
extrême circonspection, sur tout ce qui tenait aux matières
politiques, et il ne laissait rien transpirer des opinions qu'il
pouvait avoir. Du reste on doit convenir qu'autant sa car-
rière militaire a été heureuse, autant sa conduite politique
a été faible.

Aussitôt que Hoche avait été promu au commandement de l'armée du Rhin, son premier ordre, et je crois le seul qu'il ait donné, avait été de mander à Saint-Cyr de tenir de suite son corps de troupes prêt à marcher [61]. Ce dernier qui ignorait les nouvelles dispositions du gouvernement, ne concevait pas comment il recevait des ordres du général Hoche; il écrivit de suite à Moreau pour l'en prévenir et lui demander s'il fallait y obtempérer. Ce fut son chef d'état-major qui répondit quelques heures après le départ de Moreau, qu'effectivement Hoche réunissait le commandement des deux armées, et qu'on devait lui obéir [66]. Hoche fit venir Reynier à son quartier-général avec injonction d'apporter la correspondance, dont la non-révélation avait donné tant d'humeur au Directoire.

Malgré la diligence qu'il mit à faire son voyage, Reynier n'arriva à l'armée de Sambre-et-Meuse qu'après la mort de Hoche : celui-ci, un moment avant sa mort, avait désigné pour le remplacer à l'armée de Sambre-et-Meuse, en attendant les ordres du Directoire, le général de division Lefebvre, et pour celle du Rhin, le général Gouvion Saint-Cyr [67]. Reynier vint aussitôt rejoindre ce dernier à son quartier-général de Creutznach, où il lui proposa de continuer à faire déchiffrer la correspondance, mais Saint-Cyr était loin d'accepter

sa proposition; cette manière d'opérer ne lui con-
venait point. Il ordonna de la déposer dans une
caisse, de la sceller de son cachet, pour la remettre à un maréchal-des-logis de chasseurs qui, accompagné de trois soldats, partirait en poste dans
une demi-heure et plus tôt, si l'on pouvait trouver
une voiture, pour la porter au Directoire qui se
chargerait, s'il le voulait, de la faire traduire : ce
qui fut en effet exécuté dans le délai fixé.

Le gouvernement fit déchiffrer et imprimer
cette volumineuse correspondance, et la livra au
public, comme une preuve des machinations qui
se tramaient depuis long-temps au dehors contre
la République, et de leurs rapports avec celles de
l'intérieur dont il venait de triompher, et dont Pichegru était l'ame.

On ne peut guère douter que les généraux en
chef n'aient été instruits des dissensions qui ré-
gnaient dans la capitale avant le dénouement du
18 fructidor, et que, selon leurs caractères, ils
n'aient réglé sur cela leur conduite politique. Il
paraît que Bonaparte a été instruit des projets de
la majorité du Directoire, qu'il avait promis de
l'appuyer par des secours de différents genres, et
entr'autres d'argent; mais il était décidé à ne se
compromettre dans nos troubles civils, que quand
le résultat pourrait être tout entier en sa faveur.

La journée de vendémiaire lui avait valu le commandement de l'armée d'Italie, ses victoires avaient enflammé son imagination et agrandi son ambition; il n'est pas téméraire de penser qu'il aspirait déjà à la couronne de France.

Ne se croyant pas encore assez en forces pour se montrer à découvert, il dut ajourner ses projets. Il envoya seulement Augereau pour aider le Directoire, se contenta de faire une proclamation un peu ambiguë, et d'en laisser faire de plus prononcées aux divisions de son armée. Il avait bien un agent à Paris, pour remettre l'argent promis, mais seulement dans certains cas, qui ne se présentèrent point. Le Directoire le soupçonna, il voulut ruser pour s'en emparer; mais l'agent fidèle à ses instructions, déjoua ses projets. Dès ce moment Bonaparte perdit la confiance du triumvirat; cependant il était difficile à celui-ci de s'en débarrasser, il fallait trouver une occasion : Bonaparte la fournit lui-même un peu plus tard.

Hoche, aussi téméraire, mais moins profond, et peut-être moins ambitieux que Bonaparte, avait donné en aveugle dans le parti de Barras; il fut vivement regretté par ce parti, qui avait jeté sur lui son ancre de salut, contre les dangers dont il se voyait déjà menacé par Bonaparte. En effet, si Hoche eût vécu, il paraissait appelé à jouer un grand rôle; nous aurions vu des scènes différentes, probablement d'affreuses guerres civiles qui nous eussent rappelé le temps où les Romains « com- » battaient follement pour le choix d'un tyran. » Mais le César moderne, plus supérieur encore que l'ancien, au rival qu'on voulait lui opposer, en eût aisément triomphé, et serait probablement arrivé de même au but vers lequel il tendait.

Pendant que l'orage révolutionnaire grondait de nouveau sur la France, que les partis étaient près d'en venir aux mains et de trancher par le fer le nœud de tant d'intrigues (dont le principal foyer était à Paris, mais dont les ramifications s'éten- daient jusqu'à Londres et à Vienne), le général Moreau paraissait étranger à ce mouvement et gar- dait, du moins en apparence, une parfaite neutra- lité entre les partis de Barras et de Carnot. Il lui eût été difficile d'agir autrement; il commandait encore une armée bien unie et habituée à ne voir d'ennemis que sous les drapeaux de l'étranger. Aussi, comme il arrive toujours après la victoire, les deux partis furent également mécontents de la neutralité que Moreau avait gardée.

Après la mort de Hoche, l'armée de Sambre-et- Meuse crut devoir faire des adresses, à l'imitation de celle d'Italie, pour féliciter la majorité des membres du Directoire, sur la victoire qu'ils venaient de remporter. L'armée de Rhin-et-Moselle leur devint suspecte, pour n'avoir pas suivi cet exemple. Sa conduite, dans cette circonstance, était conforme au principe dont elle ne s'est jamais départie, de ne se considérer que comme une force purement passive et obéissante aux ordres du gouvernement établi. Elle ne méritait que des éloges, mais ces directeurs, hors d'état d'apprécier un aussi pur patriotisme, ne l'abreuvèrent que de dégoûts (¹).

(1) Ils ne tardèrent pas à recevoir une bonne leçon et à se convaincre du danger qu'il y a à mêler les troupes dans les dissensions civiles ; car ce qu'elles ont fait une fois à l'avantage du gouvernement, elles peuvent le faire un peu plus tard dans un sens tout opposé. C'est ce que l'on vit au commencement de l'année suivante en Italie. L'armée de Rome en donna le premier exemple, en discutant les droits que le gouvernement croyait avoir de disposer des troupes, pour les employer dans des conquêtes qui n'avaient aucun intérêt pour la France. A la suite de ces discussions, les officiers prenant l'initiative, s'insurgèrent contre le général en chef, ne voulurent plus reconnaître ses ordres, et le forcèrent de s'éloigner de l'armée, dont ils offrirent le commandement à un autre. Si je donne suite à ces mémoires, j'aurai occasion de parler avec détail de cette insurrection, dont les circonstances sont singulières et peu connues.

CHAPITRE CINQUIÈME.

Augereau arrive à Strasbourg, investi du commandement
des armées de Sambre-et-Meuse et de Rhin-et-Moselle,
qui prennent la dénomination d'*Armée d'Allemagne.* —
Il rompt l'armistice et se dispose à passer le Rhin. — Paix
de Campo-Formio. — Prise de possession des vallées de
l'Erguel et de Moutier-Grandval.

Nous avons dit qu'Augereau avait été envoyé par
Bonaparte, pour exécuter le mouvement du 18
fructidor ; on lui avait donné le commandement de
la 17e division (aujourd'hui la Ière). Ce fut lui personnellement qui arrêta Pichegru, et arracha les
épaulettes à Ramel qui commandait la garde des
conseils législatifs. Le parti qu'il combattait était si
confiant, qu'il se laissa surprendre, et n'opposa
nulle part la moindre résistance. La nullité de sa
défense donna à Augereau un triomphe sans gloire ;
mais ce général qui avait montré tant de courage à
la tête de sa division, n'eut pas la force de résister
aux cajoleries d'un parti qui essayait de lui mettre
dans la pensée de se faire roi, en renversant ce
qui restait debout d'un gouvernement méprisé de

tous les partis. Quelque chimérique que fut ce
projet, comme il eût été appuyé, même des royalistes qui avaient succombé, et que tout leur
semblait bon, pourvu qu'ils parvinssent à ren-
verser le gouvernement de la République, le parti
des triumvirs s'en épouvanta. Ils le cajolèrent à
leur tour, lui laissèrent entrevoir une confiance
sans bornes dans ses talents et son patriotisme,
et pour lui une gloire immense à acquérir, en
l'envoyant prendre le commandement, non pas
d'une armée (ce qui leur semblait trop peu), mais
de deux, celles de Sambre-et-Meuse et du Rhin,
avec les pouvoirs les plus illimités, et l'autorisation
de rompre l'armistice, de pénétrer en Allemagne
pour dicter la paix à l'Autriche, et devenir le citoyen le plus digne de la reconnaissance nationale.
On l'avait entouré d'agents adroits qui firent si
bien valoir tous ces motifs, qu'ils le décidèrent à
accepter les propositions du Directoire, et à partir
sans délai; mais celui-ci n'eut de repos que lorsqu'il
le vit hors de Paris, et en marche vers le Rhin,
accompagné d'une foule de généraux *fructidoriens,*
dont plusieurs lui causaient aussi de l'embarras.

On ne parla, aussitôt son arrivée, que de la reprise des hostilités, des circulaires se succédaient
de Paris, pour la poursuite des émigrés rentrés;
tous les généraux de l'armée du Rhin furent es-

pionnés et en quelque sorte suspects. Ce fut un spectacle pour la ville de Strasbourg et pour les troupes, que l'aspect de ce général, couvert de broderies de la tête aux pieds (car il en avait jusque sur ses bottes), entouré dans ses promenades de cette foule d'officiers-généraux et autres, qui l'avaient suivi pour s'attacher à sa fortune. Les soldats quittaient leurs camps pour se trouver sur son passage et jouir d'un spectacle aussi nouveau pour eux, surtout quand sa femme passait dans une de ces voitures d'Italie, dont les princes et princesses se servent aux jours de gala, pour se faire voir à leurs sujets. Celle-ci était une grande berline à fond blanc réchampi d'or, elle était toujours escortée par un détachement de hussards. On connaît assez la gaîté maligne du soldat français, pour que je n'aye pas besoin de dire, combien cet appareil lui fournissait d'aliments.

Voulant entrer de suite en campagne, Augereau s'occupa d'abord de l'organisation de son armée: l'armée ci-devant de Sambre-et-Meuse fut nommée l'aile gauche de l'armée d'Allemagne, et confiée au général Lefebvre; celle de Rhin-et-Moselle, l'aile droite, et Saint-Cyr fut désigné pour la commander; mais il s'y refusa. Comme on insistait, il déclara qu'aucune considération ne lui ferait accepter d'autre commandement que celui des deux divisions qui étaient sous ses ordres, avant les changements survenus [69].

Peu après, Desaix arriva d'Italie, Bonaparte l'ayant engagé à précipiter son retour ; Augereau lui offrit le commandement de son aile droite, qu'il accepta. Les troupes durent s'ébranler pour se rendre à Strasbourg, passer le Rhin et recommencer les hostilités ; mais Bonaparte en avait autrement décidé. Les négociations traînaient depuis plusieurs mois, il les termina brusquement, et la paix fut signée à Campo-Formio, le 17 octobre : le Directoire en fut mécontent, mais il n'osa refuser sa ratification. Augereau se vit donc arrêté dans ses projets, et les espérances de gloire dont il s'était bercé, s'en allèrent en fumée. Ses troupes arrivèrent près de Strasbourg, lorsqu'il apprit la signature de la paix : elles durent prendre position en attendant l'ouverture du congrès de Rastadt par Bonaparte, où devait se traiter la paix de l'Empire, et provisoirement la remise de Mayence. Desaix partit, chargé de préparer l'organisation de l'armée d'Angleterre, en attendant que Bonaparte en prit le commandement [70 et 71].

Augereau désigna de nouveau Saint-Cyr pour commander son aile droite, il s'y refusa encore ; mais enfin il crut devoir céder aux sollicitations de ses camarades, qui craignaient d'avoir un fruc-

tidorien, s'il donnait suite à son refus : d'ailleurs
la paix étant conclue, il n'avait plus d'excuse va-
lable.

Bonaparte tarda peu à arriver d'Italie ; après
avoir traversé la Suisse, pour se rendre à Rastadt, il devait passer dans les cantonnements de
l'armée du Rhin. Augereau l'attendait et se disposait à lui faire la plus brillante réception ; il nous
avait dit qu'il voulait faire manœuvrer devant lui
une partie des troupes de son armée, ne doutant
pas qu'il en admirerait la beauté, l'instruction et la
bonne tenue ; mais Bonaparte lui réservait au contraire une mortification. Il s'arrêta dans un village
à deux lieues d'Offenburg, où se trouvait le quartier-général d'Augereau ; il y déjeûna, et après
avoir pris un peu de repos, il se remit en route,
traversa la ville d'Offenburg, passa devant la
maison du général en chef, où il était attendu,
sans vouloir s'arrêter, malgré les sollicitations des
aides-de-camp, qui coururent après sa voiture pour
lui indiquer que c'était bien là l'habitation d'Augereau qui l'attendait. Celui-ci fut très sensible à
cette démonstration affectée, il voulait punir le
général Montrichard qui avait fourni à Bonaparte
l'escorte d'honneur avec laquelle il avait traversé
Offenburg ; ce ne fut que sur l'observation qu'on
lui fit, qu'il était probable que Saint-Cyr avait

donné à Montrichard l'ordre de la fournir, qu'il déchira la lettre de réprimandes qu'il écrivait à ce dernier. Mais quand Bonaparte passa quelques jours après à Strasbourg pour retourner à Paris, le général Dommartin, sachant qu'Augereau avait donné des ordres pour qu'on ne lui envoyât point de garde d'honneur, selon qu'il est d'usage, fit rassembler les hommes d'un régiment d'artillerie, leur donna un drapeau, et fut lui-même les conduire à son ancien général en chef.

Aussitôt que le gouvernement fut sûr de la paix avec l'Autriche, il ordonna à Augereau de faire prendre possession d'un territoire dépendant de l'évéché de Basle, qui se composait de quelques vallées dites de l'Erguel et de Moutier-Grandval, ainsi que de l'abbaye de Bellelay. Pendant la durée de la guerre qui venait de se terminer, le gouvernement français n'avait pu obtenir des Suisses l'intégralité des états appartenants à l'évêque de Basle (¹); il avait craint de s'en emparer et de je-

(¹) Pour l'intelligence des prétentions du Directoire, il faut se rappeler qu'avant que les hostilités eussent commencé sur le Rhin en 1792, les Autrichiens avaient occupé les gorges de Porentruy, appartenantes à l'évêque de Basle, sur la demande de ce prince; que le gouvernement français y avait fait marcher des troupes, aussitôt après la déclaration de guerre, et que ce pays avait été ensuite réuni à la France, sous le nom de département du Mont-Terrible.

ter, par ce fait, les treize cantons dans la coalition qu'il avait à combattre. Il avait pris le parti de dissimuler ce sujet de mécontentement et d'autres encore, tels que la protection accordée aux émigrés.

Il y avait apparence que les Suisses pris au dépourvu se trouveraient hors d'état de défendre le pays dont on voulait s'emparer, et qu'ils ne seraient pas tentés de s'exposer à soutenir seuls une guerre contre la république française, triomphante de la coalition des grandes puissances de l'Europe. Saint-Cyr avait chargé le général Nouvion, dont les troupes occupaient Dellemont et le département du Mont-Terrible, de s'emparer des vallées; mais Augereau voulut que Saint-Cyr conduisit personnellement cette opération [72 et 73]. Après avoir reçu ses instructions, il partit de Lahr le 12 décembre, arriva le même jour à Basle, où le citoyen Bacher chargé d'affaires de la république, lui donna les renseignements qui lui étaient nécessaires, et la copie des notes qu'il adressait aux cantons helvétiques, pour les prévenir de la prise de possession par nos troupes, des dépendances de l'évêché de Basle qui étaient restées jusqu'alors dans la ligne de neutralité [74, 75 et 76]. Le 13, il se rendit à Dellemont, où il rassembla un petit corps de troupes de six bataillons, quelques escadrons et quatre pièces de canon. Il y trouva le

commissaire du gouvernement, Mengault, destiné
à remplacer le chargé d'affaires Bacher, qui lui
parla beaucoup de la Suisse et du parti qu'on
pourrait tirer du pays dont on allait s'emparer.
Il avait rédigé une proclamation; mais le général,
ayant jugé qu'elle pourrait donner aux cantons
des inquiétudes, qu'il n'était ni dans ses instructions ni dans l'intérêt du gouvernement français
de leur causer, et fournir des prétextes de récri-
mination aux ennemis déjà trop nombreux de la
France, qui avaient de l'influence dans les diètes
helvétiques, se chargea d'en faire une, dans laquelle il évita même de prononcer le nom de la
Suisse [77]. Elle n'avait de rapport qu'à la popu-
lation que l'on voulait réunir à la France, et que
l'on trouvait d'ailleurs bien disposée; car cette
réunion était entièrement dans ses intérêts (¹).

(¹) Les habitants de ces vallées, au moyen de leur réunion
à la France, avaient l'avantage d'en retirer des blés,
bien moins chers que ceux que leur fournissait la Suisse,
et l'autre avantage non moins grand, d'y pouvoir im-
porter librement les ouvrages d'horlogerie qui font leur
principale industrie. Depuis qu'une ligne de douanes en
prohibe sévèrement l'introduction, beaucoup d'entr'eux ont
été obligés d'émigrer en Franche-Comté. D'un autre côté
la France améliorait sa frontière par là réunion de ces
vallées au département du Mont-Terrible, de sorte que ses
ennemis ne pouvaient tourner la position du Rhin : ainsi .

Le 15, Saint-Cyr fit partir pour Moutier le général Nouvion avec une partie de ses troupes [78];
et avec le surplus, il fut prendre position à l'abbaye de Bellelay [79], où il trouva une vaste et
belle maison d'éducation militaire, tenue par des
moines. Elle dut être supprimée et les enfans, au
nombre d'environ quatre cents, renvoyés à leurs

les avantages étaient réciproques. Lorsqu'à la chute du gouvernement impérial, les alliés s'attachèrent particulièrement
à détruire la force de notre ligne de frontières, ce point ne
fut pas négligé. On détacha de la France le département du
Mont-Terrible, non dans des vues de justice, pour rendre ce
pays à son ancien possesseur, mais afin de payer les services que les Suisses venaient de rendre aux alliés, en leur
laissant traverser sans obstacles une partie de leur territoire, et leur livrant le pont de Basle dont la possession im-
portait tant au succès de leur invasion. Autrement ils n'auraient pu dans cette saison (décembre 1813) se fier à leurs
pont de bateaux, que les glaces pouvaient détruire d'un jour
à l'autre ; le passage du Rhin aurait été retardé de deux
mois, ce qui donnait bien des moyens pour l'empêcher.
Bonaparte aurait dû s'emparer du pont de Basle, ou le détruire sauf dédommagement. Il ne fit ni l'un ni l'autre, et
commit cette faute grave sans doute par excès de confiance
dans la loyauté des Suisses, qu'on était habitué à regarder
comme nos plus anciens et nos plus fidèles alliés. Les nœuds
qui unissaient leur gouvernement à celui de la France,
avaient été resserrés; ils avaient quatre de leurs régimens
dans nos rangs. C'est bien une preuve que les sacrifices faits
en temps de paix, pour obtenir des relations d'alliance et
de bon voisinage, ne garantissent pas qu'on en recueillera
le fruit, au moment du danger.

parents. Le lendemain, Saint-Cyr se rendit à Sonceboz, où il fut rejoint par les troupes commandées par Nouvion. Le passage intéressant, dit la
Pierre-percée ou Pierre-Pertuis, se trouvait dans
les mains des Français : les Suisses n'avaient fait
aucune disposition pour le garder, malgré son importance et la facilité qu'ils auraient eu à défendre
ce poste inexpugnable. A la vérité ils furent surpris d'une si brusque arrivée ; ils réunirent à la
hâte un certain nombre de bataillons de leur mi-
lice, et demandèrent des explications qu'on s'em-
pressa de leur donner, par le retour de leur ordonnance. Assurés que nous n'avions aucuns projets
hostiles contre eux, par les réponses du général
français et par l'emploi qu'on avait fait d'un si
petit nombre de troupes, le calme le plus parfait
se rétablit.

Le même jour 16 décembre, Saint-Cyr, accompagné seulement de son état-major, entra dans la
ville de Bienne, et d'après ses instructions remplaça l'ancien maire par un Français, qui fut le
citoyen Bresson. Il vit ce jour-là des députés qui
lui furent envoyés des cantons de Berne et de
Soleure, avec lesquels il s'entendit bientôt, et
demeura persuadé qu'il ne dépendait que du gouvernement français de vivre dans la meilleure intelligence avec les cantons helvétiques, pourvu seu-

lement qu'on n'eût pas la prétention de se mêler
ostensiblement de leurs affaires, de les vexer ou
de les humilier.

Saint-Cyr, après avoir obtenu de ces députés,
dans leurs intérêts comme dans ceux de la France,
qu'ils feraient cesser le rassemblement de leurs
troupes, qui pouvait faire soupçonner des projets
hostiles [80 et 81], organisa le pays occupé, en
deux cantons qui furent réunis au département du
Mont-Terrible, et s'en retourna au centre de son
commandement. Il trouva Augereau qui l'attendait à Colmar; mais tout était changé dans la situation de ce général. Quelque soit la faiblesse
d'un gouvernement, on ne lui fait pas peur impu-
nément, et tôt ou tard il se venge. L'occasion ne
se fit pas attendre, et elle fut encore précipitée par
l'arrivée à Paris de Bonaparte. On a cru que ce
dernier s'était senti humilié par l'élévation d'un
de ses généraux au commandement de deux armées,
et qu'elle l'avait blessé au vif, croyant y voir une
intention de lui donner un rival. Quoiqu'il en soit,
le moment de son arrivée dans la capitale fut le
signal de la défaveur d'Augereau ; la tourbe de
flatteurs de tous grades qui l'avaient suivi de Paris,
s'éclipsèrent; il fut étonné de se trouver seul.

La disgrâce la plus complète avait succédé à une
faveur sans exemple ; on venait de lui ôter le com-

mandement de la moitié de son armée pour la donner au général Hatry; il n'avait plus que son aile droite qu'il ne devait pas conserver long-temps. Il reprit donc le commandement qu'il avait confié à Saint-Cyr; mais quelques jours après ses troupes repassèrent le Rhin, son armée fut dissoute, et on l'envoya commander la division militaire de Perpignan. Il était furieux, il voulait refuser et partir sur le champ pour Paris; mais les amis qu'il avait dans cette ville, lui conseillèrent sagement d'accepter sans mot dire, ce qu'il fit.

Bonaparte avait assisté aux premières séances du congrès de Rastadt, puis il était retourné à Paris, jouir de l'éclat de son triomphe. Au milieu des fêtes les plus brillantes que lui donna le Directoire, il feignait de se préparer à tenter la grande opération dont celui-ci menaçait l'Angleterre; mais je pense qu'il s'occupait à trouver le moyen de l'éluder et de s'éloigner d'un gouvernement dont il avait excité la méfiance par sa conduite équivoque au 18 fructidor, et son ambition qu'il n'avait pu déguiser autant qu'il était nécessaire.

Les troupes de l'armée du Rhin ayant repassé sur la rive gauche, une partie d'entr'elles, avec un certain nombre de généraux choisis, fut dirigée sur les côtes de l'Océan pour faire partie de l'armée d'Angleterre.

CONCLUSION.

Ici se terminera ce que j'avais à dire des opérations de l'armée du Rhin pendant la guerre de la première coalition, commencée en avril 1792 et terminée vers la fin de 1797, c'est-à-dire pendant les six premières campagnes des guerres, dont la révolution française fut la cause ou le prétexte. Au début de cette guerre, l'excès de confiance avait fait commettre aux puissances coalisées à Pilnitz une faute grave; celle d'attaquer la France avec trop peu de forces, et par là, de lui donner le temps de créer et d'organiser des moyens de résistance. Les causes de cette erreur sont faciles à comprendre : on voyait le gouvernement de la France en quelque sorte dissous; son roi soupçonné d'intelligence avec l'émigration, en butte à de continuelles attaques, et plus tard réduit en captivité.

J'ai déjà dit au commencement de ces mémoires, que l'armée permanente était faible en nombre et désorganisée par l'émigration qui la laissa presque sans officiers et sans généraux, et que le peu qui restèrent n'avaient la confiance ni de la nation ni de l'armée, parce qu'ils appartenaient à une caste privilégiée, contre laquelle se faisait la révolution. On dut en créer d'autres, mais les décrets qui les nommaient, ne suffisaient pas : il leur fallait du temps pour acquérir de l'expérience. Il en fallut déjà beaucoup pour instruire et aguerrir les levées extraordinaires d'hommes qu'on fut obligé d'appeler , afin de suppléer à la faiblesse de l'armée permanente, et avec lesquelles la France devait se défendre sur terre contre les meilleures armées connues ; et sur mer, dès la campagne suivante, contre toutes les marines de l'Europe, c'est-à-dire, celles de la Hollande, de l'Angleterre et de l'Espagne ; tandis qu'une guerre civile , fomentée et entretenue par ses ennemis, occupait une grande partie de ses forces. Ce fut avec des troupes de nouvelle formation, non aguerries et sans instruction, qu'elle dut commencer cette lutte sans exemple dans les temps modernes.

Pendant les campagnes de 1792 et 1793, les soldats s'instruisirent et s'aguerrirent, quoiqu'ils fussent conduits par des généraux et des officiers dont la plupart n'étaient guère plus expérimentés: aussi combien de revers n'a-t-on pas essuyés avant d'avoir obtenu ce résultat ! Mais si deux campagnes avaient suffi pour faire de nos jeunes volontaires des soldats aguerris, il fallait plus de temps pour former les chefs qui devaient les commander.

Pendant celle de 1794, les officiers et un bon nombre de généraux acquirent l'instruction nécessaire, ce qui rendit cette campagne brillante : on se trouvait en état de livrer de grands combats et même des batailles en rase campagne. Quelques généraux en chef n'étaient peut-être point encore à la hauteur de leurs fonctions; mais il ne faut pas perdre de vue que, pour eux, l'expérience ne suffit pas : ils doivent encore posséder des qualités que la nature seule peut donner, et que ne saurait même suppléer l'étude approfondie de l'art de la guerre. Si les bons généraux en chef ont été rares dans les armées françaises, c'est que les hommes capables de bien remplir cette tâche difficile, sont rares dans tous les temps et dans tous les pays. Il n'y a pour s'en convaincre qu'à examiner les opérations de cette foule de généraux en chef que nous avons vus combattre contre nous à la tête des armées de l'Europe, pendant vingt-cinq ans. Au reste le gouvernement français a peut-être eu tort de trop borner ses choix, et de ne pas essayer un plus grand nombre d'hommes. Il est difficile de croire que les talents et les qualités nécessaires au général en chef, ne puissent se rencontrer que dans le petit nombre de ceux qui avaient figuré jusqu'alors à la tête de nos armées.

En 1794, on reprit toutes les places du Nord et

des Pyrénées, dont l'ennemi s'était emparé pendant la dernière campagne, et les armées de la coalition furent rejetées au-delà du Rhin. Elle perdit l'espoir de faire de la France une seconde Pologne; il y eut scission parmi les puissances qui la composaient. Le volcan de la Vendée fut presque éteint, et si la chouannerie tourmenta encore nos départements de l'Ouest, elle ne pouvait mettre la France en danger; de plus les jacobins avaient perdu leur puissance, et le règne de la terreur avait cessé.

Malgré les rigueurs d'un hiver extraordinaire, qui suffit pour paralyser les armées ennemies dans leurs cantonnements, sur les bords glacés du Rhin, les Français campés en face d'elles, de Strasbourg à Cologne, les contiennent, tandis que l'armée du Nord pénètre en Hollande et s'en empare : aucune des armées de la coalition n'ose, dans une saison aussi rude, se présenter pour la défendre.

Le printemps de l'année 1795 annonçait une campagne plus brillante que toutes celles qui l'avaient précédée. La Prusse et l'Espagne avaient cessé de faire partie de la coalition, l'empire germanique paraissait disposé à suivre leur exemple, et la paix semblait prochaine. Mais à cette époque l'état se trouvait sans finances, les ressources avec lesquelles on avait jusqu'alors assuré une partie des services, avaient été gaspillées et épuisées. Les troupes et les généraux étaient sans solde; cependant on vit ce que peut inspirer le patriotisme : des troupes non payées, sans magasins, sans vêtements, ne pas se débander, conserver leur discipline et vaincre. Dans aucune des armées, alors les plus fortement constituées, on n'aurait rien vu de semblable, et il faudrait des circonstances pareilles pour renouveler ces prodiges.

C'est au moment où nos troupes éprouvaient de si grandes misères que pour la prolongation des maux de la France, un traître se trouva à la tête de nos armées ; il ne se contenta pas de paralyser leurs efforts; mais effrayé de leur bon esprit, et n'osant tenter l'exécution des projets qu'il avait conçus, il combina froidement leur destruction. Le gouvernement qui s'aperçut trop tard de ses machinations, lui ôta le commandement; mais il le laissa à portée de continuer ses intrigues, et sa funeste influence se prolongea pendant une partie de la campagne de 1796. Je ne m'étendrai pas sur les fautes commises dans cette campagne, qui paralysèrent les efforts des Français en Allemagne et firent perdre le fruit de leurs premiers succès. Je suppose que les discussions où nous sommes entrés à ce sujet, sont encore présentes à l'esprit du lecteur.

La France avait été assez forte pour se débarrasser de ses ennemis extérieurs, son indépendance paraissait assurée; l'éclat de ses triomphes lui avait donné en Europe une considération gigantesque; elle avait obtenu, en dédommagement de ses sacrifices, un agrandissement de territoire et des frontières naturelles, respectables, qui pouvaient lui garantir une longue paix. Elle semblait appelée à se reposer de ses triomphes, et à jouir d'une liberté sage qu'elle croyait avoir enfin si péniblement conquise. La gloire de ses armes avait été portée si haut, qu'elle offrait, avec l'appui de ses nouvelles frontières, la meilleure garantie de la conservation de la paix ; car ayant repoussé aussi victorieusement l'agression des puissances de l'Europe réunies, elle ne pouvait craindre de leur part d'attaques isolées.

Si les armées françaises obtinrent pendant cette période de six ans, d'aussi étonnants succès, elles les durent à l'esprit patriotique qui les animait, et qui leur a donné le courage de supporter tant de privations. A presque toutes les époques et sous tous les gouvernements, les Français ont été ce qu'on appelle braves et brillants dans les combats, mais jamais ils n'ont été si courageux, et il y a une grande différence de la bravoure au courage : l'amour de la gloire est le stimulant de l'une, l'autre a pour soutien l'amour de la patrie et de la

liberté, sans laquelle il n'y a point de patrie.
Cette vérité ressortirait du parallèle entre nos armées de cette époque, et celles mêmes qui ont
existé pendant la période brillante du consulat et
de l'empire. Nous avons vu les unes formées de
paysans et d'artisans rassemblés à la hâte et avant
de savoir se servir de leurs armes, mises en face
des vieilles armées de l'Europe, sans discipline
et l'on pourrait dire sans chefs, si par ce titre on
entend la capacité qui dirige. Ces troupes, ou plutôt ces rassemblements improvisés par la plus urgente nécessité, se trouvent bientôt dépourvues de
vêtements, de magasins et de solde, comme de
toute espèce de récompenses et de stimulant, autre
que l'amour de la patrie et le devoir de la servir.
En peu d'années elles deviennent supérieures en
tous points aux meilleures armées de l'Europe,
qui sont forcées d'adopter leur tactique et d'imiter
leur organisation. Elles souffrent toutes les privations, bravent la rigueur des saisons dans tous les
climats, supportent les revers avec constance et sont
victorieuses sur les champs de bataille, soit qu'elles
marchent en avant ou en retraite. La moindre
parcelle du sol de la France est garantie des in-
sultes de l'ennemi, et ce que des premiers malheurs avaient fait perdre, est aussitôt reconquis.
Finalement la plus terrible des coalitions est vain-

cue, forcée d'accepter la paix et de consentir à l'agrandissement de la France sur les frontières du Rhin et des Alpes.

Voilà ce qu'ont fait les armées de cette époque, avec le courage et la persévérance qu'inspire l'amour de la patrie. Le consul hérite de ces armées aguerries, disciplinées et instruites; s'il touche à leur organisation, il ne peut que l'affaiblir, et c'est ce que l'on a vu par la formation de la cavalerie en corps d'armée, et la création d'une garde nombreuse qui a le double inconvénient d'énerver les corps d'où on la tire, et d'être par les faveurs dont elle jouit, un objet de jalousie. Il conserve précieusement le zèle qui les anime, seulement il le détourne et tout est mis en œuvre pour l'attirer à lui. C'est dans ce but que le sort des militaires est amélioré de toutes les manières, que des encouragements de tout genre sont préparés, que des marques de distinction sont créées. Les plus brillantes comme les plus solides récompenses n'attendent pas les réclamations, elles vont au-devant; la bravoure est stimulée à l'excès dans tous les rangs; mais ce n'était plus ce courage persévérant qui fait supporter toutes les privations. On n'excitait que le dévoûment à la personne de l'empereur, mais le dévoûment n'est jamais aussi général ; il est toujours à craindre qu'il ne se restreigne bientôt à un petit nombre d'individus accablés des dons du chef.

Assurément les victoires de l'empire furent brillantes, nombreuses, jamais peut-être on n'en vit d'un tel éclat; mais pour en obtenir de pareilles, on dut épuiser les ressources de la France et des états sous son influence. Je préfère de beaucoup le système plus modéré qui fut assez généralement suivi pendant les six premières campagnes de la révolution; car on doit voir dans l'art de la guerre un moyen conservateur des états, plutôt qu'un instrument de conquêtes immodérées. C'est pourquoi, je le répète, je donne la préférence au système qui a conservé le territoire intact, en l'agrandissant de tout ce qui pouvait le renforcer dans des proportions convenables, qui nous a valu des conquêtes, non-seulement susceptibles d'être conservées, mais qui rendaient la défense de la France plus facile en constituant mieux ses frontières.

Je crois pouvoir encore ajouter cette réflexion, qu'en croyant combattre pour les libertés de la nation et son indépendance, les Français ne soupçonnaient guère qu'ils ne prodiguaient leur vie que pour les gouvernements plus ou moins éphémères qui ont pesé sur leur patrie.

FIN.

PIÈCES JUSTIFICATIVES.

---

[4]

Waldkirch, le 25 vendémiaire an V (16 octobre 1796).

Le général GOUVION SAINT-CYR *au général* REYNIER, *chef de l'état-major général.*

J'AI écrit hier soir au géuéral en chef. Je n'ai de chemin, pour me porter sur l'Ettenbach, que celui d'Emmendingen à Ettenheim; il y en a un autre passant par Elzach où l'ennemi est en forces. Ses avant-postes étaient encore ce matin à une portée de canon d'ici; j'ai donné des ordres pour qu'on les fasse reployer, et on s'en occupe dans ce moment.

D'ici à l'Ettenbach il y a environ six ou sept lieues, d'après les rapports des gens du pays.

N° 2.

[N° 5]

Waldkirch, le 26 vendémiaire an V (17 octobre 1796).

Le général GOUVION SAINT-CYR *au général en chef* MOREAU.

J'AVAIS donné ordre au général Girard-dit-Vieux de pousser des troupes dans la gorge d'Elzach, jusqu'à Nieder-Winden, et dans celle de Simonswald jusque près de ce dernier endroit.

On s'est emparé du village de Gutach ; mais il n'a pas été possible de passer la rivière près de Bleibach : l'ennemi avait rompu le pont et avait deux pièces de canon en arrière. La rivière est profonde et d'une rapidité incroyable.

S'il pleut un jour ou deux de plus, le chemin d'Elzach sera couvert d'eau et impraticable dans beaucoup d'endroits.

N° 3.

[9]

Freiburg, le 27 vendémiaire an V (18 octobre 1796).

REYNIER *à* GOUVION SAINT-CYR.

L'ENNEMI a attaqué cette après-midi les troupes que le général Ferino avait à Hohle-Graben, Saint-Mergen et Saint-Pierre ; comme pendant l'attaque de front, un corps ennemi est venu par le Simonswald et Auf-dem-Behrblatt, et a attaqué Saint-Pierre. Il a été obligé de se retirer dans la vallée, pour conserver ses communications. Le général en chef veut faire reprendre demain cette position, et attaquer vigoureusement l'ennemi ; vous seconderez ce mouvement en attaquant le Simonswald et le poussant autant que possible dans cette vallée, et envoyant quelques corps d'infanterie sur Auf-dem-Behrblatt, afin de communiquer avec les troupes du général Ferino. Vous ferez aussi monter un corps d'infanterie sur Auf-dem-Behrblatt, par le Glotterthal. Le général Lecourbe reçoit directement l'ordre de faire monter de l'infanterie par la gorge de Zähringen, sur la hauteur qui est à sa droite, afin de la bien garder, contre l'infanterie que l'ennemi pourrait envoyer par les montagnes, avant l'attaque qui doit avoir lieu demain à la pointe du jour, pour reprendre les hauteurs en même temps que vous attaquerez par le Simonswald.

Pendant que vos troupes marcheront sur le Simonswald par la hauteur, et aussitôt qu'il sera possible, par la vallée, vous devrez bien contenir l'ennemi dans la vallée d'Elzach, en observant toujours votre front. D'après ce que m'a dit ce soir le général Laboissière, il ne se lie pas encore avec l'avant-garde du général Ambert; il a cependant étendu aujourd'hui sa droite jusqu'à Siegelau.

P. S. Comme il est à craindre que, si le général Ferino ne réussissait pas dans son attaque, notre droite ne fût débordée, vous ne devrez pas trop vous engager dans la vallée de Simonswald, parce que les troupes seraient embarrassées pour leur retraite. Ainsi vous

15*

vous contenterez de menacer par là, et vous enverrez
de l'infanterie le long de la hauteur qui borde le Simonswald, mais particulièrement par le Glotterthal,
sur Auf-dem-Behrblatt et Saint-Pierre. Les troupes
devront partir le plus promptement possible ; l'infanterie trouve des chemins partout.

N° 4.

[27]

Langen-Dentzlingen, le 28 vendémiaire an V (19 octobre 1796).

REYNIER *à* GOUVION SAINT-CYR.

DEMAIN vous pourrez faire prendre position à votre
corps de bataille, à l'entrée de la plaine entre Gundel-
fingen et Langen-Dentzlingen, à la séparation des routes de Freiburg à Waldkirch et à Emmendingen, gar-
dant bien, par de l'infanterie, les montagnes à droite,
et étendant votre gauche à Unter-Reute, où sera la
droite du général Desaix.

Vous garderez autant qu'il sera possible Langen-
Dentzlingen, en avant-garde.

Les troupes que vous avez à Am-Wasser, devront
attendre, pour faire leur retraite, que celles du général Desaix soient parties. S'il est arrivé aujourd'hui à
ce village une compagnie d'artillerie légère de la réserve, le général Laboissière l'emmènera avec lui par
la grande route, et elle sera à votre disposition. La réserve de cavalerie sera rassemblée entre Hochdorf et
Buchheim.

Il faudra tâcher de se lier par des postes d'infanterie dans les montagnes, avec le général Montrichard qui est à Saint-Pierre.

N° 5.

[32]

Freiburg, le 29 vendémiaire an V (20 octobre 1796).

REYNIER *à* GOUVION SAINT-CYR.

LES troupes que vous commandez, général, devront se mettre en marche cette nuit, aussi vite qu'il sera possible, pour se retirer derrière la rivière de Staufen : la droite de votre corps de bataille devra être à Krozingen, et la gauche au Rhin entre Grezhausen et Harten-Biengen ; vous aurez une arrière-garde sur les routes de Freiburg et de Brisach.

Vos troupes marcheront par la route de Freiburg, traverseront cette ville, si elles ne peuvent la tourner, et prendront ensuite la route de Freiburg à Huningue, jusqu'à leur position. Vous dirigerez une partie de votre gauche par la route de Freiburg à Brisach, à Thiengen et Munzingen sur Grezhausen.

La réserve va cette nuit à Thiengen ; elle y restera, jusqu'à ce que vous arriviez à votre position : alors elle ira cantonner à Heitersheim, Bremgarten et Weinstetten.

Afin de déguiser un peu le mouvement, les feux resteront allumés, et on laissera quelques partis de cavalerie jusqu'à ce que toute la troupe ait passé la Treissam.

N° 6.

[31]

Le 30 vendémiaire an V (21 octobre 1796).

MOREAU *au* DIRECTOIRE.

Le 27 de ce mois , l'aile droite a été attaquée dans les gorges d'Enfer, de Saint-Pierre et de Saint-Mergen ; l'avant-garde fut obligée de se replier, mais le corps de bataille conserva sa position ; la gorge fut gardée et l'ennemi ne put pas déboucher.

Je donnai ordre de rattaquer l'ennemi le lendemain matin ; le centre de l'armée devait soutenir cette attaque par un détachement qui se dirigeait par la vallée de Simonswald.

Le 28, le prince Charles qui avait réuni toute son armée vers Elzach et Kenzingen, attaqua avec la supériorité de forces que vous lui connaissez, l'avant-garde du centre et celle de gauche ; elles devaient se replier à la position de l'armée, mais celle du centre fut obligée de résister dans sa position pour protéger la rentrée des détachements qu'elle avait dans le Simonswald.

Celle de la gauche devait se replier derrière l'Elz, à la première attaque de Kenzingen qu'elle occupait, par les ponts d'Am-Wasser et de Thenningen ; mais le brave général Beaupuis qui devait ordonner ce mouvement, fut tué au commencement de l'action, de sorte que sa troupe continua à combattre dans la mauvaise position qu'elle occupait, jusqu'à ce que de nouveaux ordres pussent être donnés ; et il a fallu toute sa bravoure pour ne pas être culbutée par des forces aussi supérieures et une artillerie aussi nombreuse que celle de l'ennemi.

Après un combat meurtrier, où heureusement nous n'avons pas perdu une pièce de canon, l'armée conserva sa position derrière l'Elz, la droite à l'entrée de la gorge de Waldkirch, la gauche à Riegel ; mais comme le débouché de Thenningen se trouvait commandé par les hauteurs d'Emmendingen, je pris position, cinq cents toises en arrière, défendant le débouché en arrière de Nimburg ; le centre se plaça sur la même ligne dans la plaine de Langen-Dentzlingen, la droite aux montagnes. Notre perte en tués et blessés est d'environ cinq cents hommes, celle de l'ennemi doit être au moins égale ; il a dû nous faire deux à trois cents prisonniers en postes très-avancés dans les gorges, qu'il a été impossible de dégager ; et nous lui avons fait environ cent cinquante prisonniers. L'attaque de l'aile droite réussit, et son avant-garde reprit position à Saint-Pierre.

Le 29, l'ennemi attaqua avec la plus grande vigueur Nimburg ; il y employa en artillerie, infanterie et cavalerie des forces considérables. Ses têtes de colonnes étaient prêtes à déboucher sur tous les autres points, s'il avait pu forcer celui-là ; mais ses efforts furent inutiles, et ses attaques, qu'il n'a cessé de réitérer avec des troupes fraîches, depuis dix heures du matin, jusque très-avant dans la nuit, furent repoussées avec le plus grand courage ; l'artillerie légère y a fait surtout des prodiges de valeur. Il essaya également une attaque sur la gauche du centre de l'armée, mais repoussé vigoureusement par la 100e demi-brigade, il se borna à cette tentative.

Ce succès pouvait nous faire espérer de nous maintenir sur la rive droite du Rhin ; mais j'ai pensé qu'il serait dangereux de courir les risques d'un autre engagement contre des forces aussi supérieures, avec des troupes excédées des fatigues d'une longue marche, et des combats continuels qu'elles n'ont cessé de livrer par un temps affreux, dont la moitié marchait nu-pieds et sans habits, et à qui cet état de misère avait ôté une énergie que je ne doute pas voir revenir, dès qu'elles seront un peu reposées et rééquipées. D'après cela, j'ai ordonné à l'aile gauche de repasser le Rhin à Brisach et de se porter vivement à Strasbourg. Mon projet est de la diriger promptement sur le camp retranché de Mannheim, de l'enlever, de forcer l'ennemi à rompre le pont, et à nous assurer la libre possession du Palatinat.

Je me retire avec le reste de l'armée sur Huningue. L'ennemi nous a suivis hier avec de l'artillerie, mais notre arrière-garde, commandée par les généraux Abatucci et Laboissière, l'a parfaitement contenu.

J'ai appris que les divisions de Desaix ont passé le fleuve à Brisach sans accident. L'ennemi a voulu les inquiéter, mais il a été vivement chargé par l'arrière-garde aux ordres du général Vandamme, et il a cessé sa poursuite ; malheureusement une réserve d'artillerie d'une douzaine de caissons n'ayant pas reçu d'ordre, soit qu'on ait oublié de lui en donner, ou que ceux qui étaient chargés de les porter, se soient égarés, est tombée au pouvoir de l'ennemi. C'est la seule perte que nous ayons faite ; mais elle est d'autant plus désagréable que l'ennemi la présentera comme le résultat d'une bataille : c'est ce qu'il a fait pour les caissons pris à Dachau près Münich, dont il a fait une bataille perdue, et il n'y a pas eu cent coups de fusil de tirés. J'attends des détails sur cette perte pour faire punir celui qui en est cause.

Je vous aurais prévenu hier de ces événements, mais on avait éloigné pendant cette série d'affaires les équipages et les courriers, et à peine avons-nous descendu de cheval, depuis huit jours.

Les 24, 25 et 26, les avant-gardes se sont battues; nous avons fait à l'ennemi environ sept cents prisonniers.

N° 7.

[31]

Huningue, le 6 brumaire an V (27 octobre 1796).

MOREAU *au* DIRECTOIRE.

L'armée prit position le 1er de ce mois (22 octobre) : la gauche au Rhin, la droite à Kandern, le centre à Schliengen; j'y séjournai le 2, et mon projet, si l'ennemi ne m'avait pas suivi avec toute son armée, était de m'y maintenir le plus possible, et de faire déboucher le général Desaix par Kehl, avec ce qui arriverait des renforts de l'intérieur. Votre dernier courrier m'avait déterminé à prendre ce parti; mais le 3 brumaire, je fus assailli par toute l'armée du prince Charles, dont l'attaque fut on ne peut plus vive. Son effort se dirigea particulièrement sur Kandern et Liel, et son projet était, en débouchant par Riedlingen, de me couper la route d'Huningue. Il fit attaquer le même jour le poste de Rheinfelden assez vivement : mais on eut le temps de couper le pont, de sorte que cela n'eut aucun effet.

Les troupes du général Ferino, chargées de défendre Kandern et Liel, y firent des prodiges de valeur, et soutinrent, depuis le point du jour jusqu'à la nuit, les attaques réitérées de l'ennemi, sans qu'il pût faire le moindre progrès ; je les fis soutenir par une partie de la division du général Duhesme, contre qui l'attaque était moins vive. Le général Ambert soutint l'attaque depuis Schliengen jusqu'au Rhin.

Malgré l'état de fatigue et de misère de la troupe, son manque de souliers et d'habits par le temps qu'il faisait, elle repoussa toutes les attaques avec la plus grande bravoure, sans s'épouvanter le moindrement du nombre de ses ennemis ; et si la situation de l'armée m'avait permis de rester sur la rive droite du Rhin, nous aurions à nous flatter d'avoir gagné une belle bataille défensive. Nous avons fait à l'ennemi une centaine de prisonniers, dont cinq officiers.

Le 4, l'armée prit position à Haltingen ; le 5, elle passa le Rhin à Huningue ; et quoique l'armée ennemie ne fût campée qu'à une lieue, elle n'osa pas troubler notre passage, qui s'est fait avec le plus grand ordre, et couvert par les brigades des généraux Abatucci et Laboissière.

J'ai trouvé la tête-de-pont dans un état affreux et pas à l'abri d'un coup de main. Plusieurs raisons ont occasioné cette négligence ; on avait voulu faire un camp retranché sur la hauteur de Friedlingen ; au lieu de s'occuper d'un objet avant l'autre, on a fait marcher les deux ouvrages de front, de sorte que tous deux n'étaient qu'ébauchés. Il y a également eu beaucoup d'intrigues et de mauvaise volonté, et des discussions déplacées entre les autorités civiles et militaires pour la fourniture des travailleurs.

J'ai les plus grandes craintes de ne pouvoir conserver ce débouché si l'ennemi l'attaque avec vigueur. J'ai chargé Abatucci de ce soin ; je vous assure que personne n'en est plus capable : sa brigade, composée des 3e d'infanterie légère et 89e de ligne, y est campée. L'artillerie légère, troupe extrêmement aguerrie, est en batterie dans cet ouvrage, quoique ce ne soit pas son service. Lui-même s'y est barraqué ; il a une réserve à Huningne, la 56e et huit compagnies de grenadiers.

L'artillerie de la place a été dirigée de manière à protéger la tête-de-pont. Il a fallu tout créer : on manquait de bois pour la troupe ; j'ai autorisé le commissaire des guerres à en requérir de l'administration forestière pour le service du camp et de la place. Nous n'avons pas trouvé un seul magasin ; le fourrage surtout manque totalement. Cela a occasioné dans les cantonnements quelques désordres, les cavaliers en ayant pris partout où ils en ont trouvé ; c'est un malheur qu'il est impossible d'empêcher, tant que les distributions ne sont pas régulières. La cavalerie est intraitable sur cet article ; cela m'a attiré beaucoup d'injures des autorités civiles, et probablement à vous des plaintes contre l'armée.

Quand le cahos où nous sommes sera un peu débrouillé, je vous rendrai compte de ce qu'il sera possible d'entreprendre ; notre artillerie a besoin de réparations ; les soldats, de capotes et de souliers ; cela est de la plus urgente nécessité.

Je crains quelques désertions à l'intérieur. Je vous prie de donner des ordres à toutes les administrations

départementales et municipales de faire arrêter et conduire à Strasbourg tous ceux qui s'écarteraient de l'armée; je les ferai mettre dans un dépôt de correction
jusqu'à ce que nous reprenions les opérations.

Je vais m'occuper de l'incorporation des corps venus
de l'intérieur. Vous les portiez à 15,000 hommes;
mais, d'après la situation qu'on m'a fait passer, cela
ira tout au plus à 9,000. J'attends vos derniers ordres
pour faire marcher des troupes en Italie; vous me ferez
indiquer par le ministre de la guerre, les points où elles
doivent recevoir des routes de lui.

J'ai chargé le citoyen Poitevin des travaux de la tête-
de-pont. J'en ai retiré les travailleurs agricoles, l'ennemi ayant commencé à faire feu sur eux. J'y emploie
la troupe à qui je donne 10 sous par douze heures de
travail et une ration d'eau-de-vie. J'ai pris ces fonds
sur ceux à ma disposition, jusqu'à ce que le commissaire du gouvernement y ait pourvu. J'emploierai les
palissades d'une partie du chemin couvert d'Huningue
pour la tête-de-pont, on les remplacera cet hiver. Il
n'est pas enfin de moyens que je n'emploie pour conserver ce poste important. Jusqu'à présent je n'ai d'espérance que dans le courage des troupes. Dans quelques jours on pourra compter sur les moyens de
l'artillerie, ce qui nous donnera des troupes disponibles.

Les rapports que j'ai reçus aujourd'hui m'apprennent
que le prince Charles est parti pour le bas Rhin avec
une partie de son armée : s'arrêtera-t-il à Kehl? J'y
serai demain soir, je pourrai vous en donner des nouvelles.

N° 8.

[67]

Paris, le 13 brumaire an V (3 novembre 1796).

Le DIRECTOIRE *à* MOREAU. (Extrait.)

.... LA défensive que nous vous traçons n'exclut point les attaques et les mouvements sur la rive droite du Rhin, que vous croirez pouvoir tenter avec succès, soit que l'ennemi se dégarnisse devant vous, soit qu'il nous présente d'autres chances favorables. Nous vous invitons même à donner à votre projet de déboucher de nouveau par Kehl, toute la suite qui vous paraîtra devoir être heureuse. Il est toutefois bien important de couvrir le Palatinat et de communiquer par votre gauche à la droite de l'armée de Sambre-et-Meuse, afin de lier votre défensive respective, pour mettre à couvert ce pays qui offre encore de précieuses ressources.

Nous sommes instruits que les Autrichiens se rassemblent dans le Frioul, pour aller au secours de Mantoue; nous espérons que l'armée d'Italie sortira encore victorieuse des opérations qui se préparent : mais nous ne devons pas négliger de favoriser ses succès, en faisant craindre à l'ennemi de nouvelles entreprises sur l'Allemagne, afin d'empêcher qu'il n'en retire des troupes. Cette considération vous frappera sans doute par son intérêt majeur, et nous vous engageons fortement à ne pas la perdre de vue. Nous vous instruirons du moment où le départ des troupes devra s'effectuer pour l'Italie, lorsque notre situation sur le Rhin permettra ce mouvement.

N° 9.

[69]

Cologne, le 17 brumaire an V (7 novembre 1796).

BEURNONVILLE, *général en chef de l'armée du Nord, et provisoirement de celle de Sambre-et-Meuse, au général* MOREAU.

JE reçois, mon cher général, votre lettre du 12 de ce mois datée de Strasbourg. Il me paraît que c'est plus la pénurie de vivres qui vous déterminera à repasser sur la rive droite, si l'Archiduc ne vous emporte pas vos têtes-de-pont, que la nécessité d'entamer de nouvelles opérations outre Rhin, dans un moment où la saison et la réparation des armées semblent nous commander impérieusement de prendre des quartiers défensifs et offensifs, si cela se peut. J'ajouterai, mon cher général, au tableau de ma misérable situation, que Desplanques a dû vous remettre, que vous êtes dans l'erreur sur la force de l'ennemi devant moi : il y a 40,000 hommes entre la Sieg et la Lahn, la garnison d'Ehrenbreitstein comprise; il y en a 20,000 sur la rive gauche du Rhin, entre Mayence et Mannheim; sans compter les garnisons de ses diverses places sur la ligne, dont il dispose toujours facilement, attendu qu'il n'a que la corde à parcourir, et que j'ai l'arc. Vous voyez qu'il est aussi fort que moi en hommes, et qu'il a des moyens que je n'ai point. Dans ce moment il est occupé de grands préparatifs pour m'attaquer sur la tête-de-pont de Neuwied, et moi je m'occupe d'un projet de débarquement pour lui enlever ses bateaux, qui me seraient très-utiles pour réparer mes ponts, brisés par la crue excessive des eaux. Vous savez, général, que ma ligne est deux fois plus grande que la vôtre; que j'ai beaucoup de trouées devant moi et aucunes places derrière, tandis que la vôtre, infiniment plus courte, est couverte d'excellentes places. Dès que vous êtes en avant, presque toute votre armée est disponible, et dès que j'ai fait un pas et que j'ai bloqué tout ce que j'ai à bloquer, il ne me reste plus rien en observation; d'un autre côté, dès que vous êtes sur la rive droite, vous trouvez l'abondance ou au moins le nécessaire, et moi je ne trouve que des déserts ou des colonnes de paysans armés par le désespoir et la faim.

D'après votre position, mon cher général, et d'après la position respective des armées en ligne, depuis la mer germanique jusqu'à la Méditerranée, voici ce qu'il me paraît plus convenable que nous fassions pour le bien de la république et des armées.

Le déblocquement de Mantoue paraît fixer toute la sollicitude du gouvernement; vous ne pouvez rester sur la rive gauche du Rhin faute de vivres, et vous ne désirez passer sur la rive droite que pour y exister; vous ne me demandez enfin 25,000 hommes que pour y acquérir une supériorité sur l'Archiduc, qui vous mette dans le cas de vous y maintenir. Tout ceci, mon général, ne conduirait qu'à un flux et reflux de l'Archiduc sur vous et sur moi, ou sur moi et sur vous. L'ennemi, dans sa position, ne doit pas nous permettre de prendre nos quartiers d'hiver sur la rive droite, et toute sa conduite prouve qu'il y est bien décidé; ainsi, en repassant sur la rive droite, c'est nous exposer à un mouvement rétrograde ou à une guerre désastreuse d'hiver, que nos armées excédées ne sont pas dans le cas de soutenir.

Mon avis serait donc que vous envoyassiez 25,000 hommes au secours du général Bonaparte, pour le mettre dans le cas de réduire promptement Mantoue : vous êtes son voisin et vous ne ferez pour lui que ce que j'ai fait pour Jourdan. Cette disposition vous mettrait dans le cas de faire vivre plus facilement environ 50,000 hommes qui vous resteront; et, avec ces forces et ce que j'ai, rien ne nous empêchera de garder la rive gauche du Rhin intègre, depuis Düsseldorf jusqu'à Huningue, en conservant nos quatre débouchés, desquels nous pourrons fréquemment faire des sorties et des pointes pour harceler l'ennemi, détruire ses magasins, et le fixer devant nous de manière à l'empêcher de secourir Mantoue. Dans ce cas, nous pourrions rapprocher nos deux ailes sur les deux débouchés ennemis du centre, pour tenter la destruction de la tête-de-pont de Mannheim et toutes autres opérations possibles. Vous trouveriez dans le Palatinat des ressources pour votre aile gauche; il a des subsistances. Voilà, cher général, ce que je vois de mieux à faire pour vous maintenir sur un pied respectable, et nous mettre dans le cas de nous réparer sous tous les rapports, de nous réorganiser, et de nous compléter. Je ne sais pas dans quelle situation vous êtes : moi, je sais que j'ai tout à faire; l'armée est très-brave, mais elle a une répugnance inconcevable pour les opérations d'outre Rhin; elle craint d'y souffrir autant qu'elle y a souffert; elle sait d'ailleurs qu'elle n'a aucun moyen de se porter en

avant ; et si elle est sans moyens de transport pour se
porter sur la Lahn, vous concevez qu'elle n'en a pas
davantage pour se porter près de vous, et le temps
qu'elle mettrait à rejoindre rendrait inutiles les efforts
dont elle serait susceptible à son arrivée ; car enfin
nous touchons à frimaire, mois peu convenable pour
agir avec des armées nues. Il y aurait un autre moyen,
général, de nous arranger : ce serait que vous accep-
tassiez le commandement de l'armée de Sambre-et-
Meuse avec celui de Rhin-et-Moselle ; je le proposerai
au gouvernement. Il y aurait alors unité parfaite de
commandement, et vous pourriez disposer des choses
à votre volonté. Quant à moi, je ne peux que réitérer
mes instances au Directoire, pour qu'il me fasse remplacer ici ; je n'ai point accepté et je n'accepterai pas ;
j'y suis, je l'avoue, malgré moi, parce que je ne me
crois point capable des efforts que l'on exige de moi et
de l'armée. Je vous dirai plus, c'est que toutes opérations d'outre-Rhin qui n'auront pas pour but de s'emparer d'Ehrenbreitstein, de Mayence et de Mannheim,
me paraissent impraticables et tendre à la destruction
de nos armées. J'ai le malheur de voir comme cela,
et je désire qu'on trouve qui voie et réussisse mieux.
Le général Dejean pourra vous dire un jour que je
suivais sur la carte les deux armées marchant en forces
décroissantes, et l'ennemi se retirant en forces crois-
santes pour tomber sur l'une des deux. Vous avez été,
mon cher général, le plus heureux ! mais l'ennemi, qui
n'a qu'un même but, n'en a pas moins réussi et démontré la probabilité de réussir toujours. Je ne crois
pas plus à la prise de Vienne qu'à la prise de Paris.
Donnez-moi votre avis sur le plan d'opérations que je
vous propose. L'ennemi me propose des quartiers d'hi-

ver sur la rive gauche, et lui sur la rive droite, si je
veux abandonner la tête-de-pont de Neuwied; j'en
écris au Directoire; mais je ne lui abandonnerai cette
tête-de-pont que lorsqu'il l'aura gagnée.

P. S. Je vais à Coblentz, demain, rejoindre le général
Kleber, à cause de l'attaque projetée; je vous écrirai
s'il s'y passe quelque chose de nouveau.

N° 10.

[62]

Ruprechtsaue, le 22 brumaire an V (12 novembre 1796).

DESAIX *à* MOREAU.

J'ARRIVE de Kehl, mon général; ce poste important
me donne de jour en jour plus d'inquiétudes. Nos
moyens de défense s'en vont tous les jours d'une manière étonnante par la baisse prodigieuse des eaux.
Nos îles ne sont plus rien, et nous y sommes sur la
bonne foi des ennemis. Leurs travaux s'avancent avec
une rapidité prodigieuse; ils ont eu aujourd'hui une
immense quantité de travailleurs. La nuit dernière et
aujourd'hui ils ont fait une ligne immense qui joint de
leur droite en avant d'Auenheim, les ouvrages que vous
leur avez vus hier, et qui s'étendent en avant de Neumühl. Cet ouvrage est fait en tranchée, c'est-à-dire que
les terres en sont jetées en avant et couvrent ceux qui
sont derrière. Je ne sais pas quelles sont les intentions
des ennemis, mais elles sont inquiétantes. Si c'est une
ligne contre le fort, elle est à bien près de sept cents
toises de ses ouvrages, ce n'est pas l'ordinaire; si c'est

plutôt une première ligne de laquelle il débouchera pour s'emparer du terrain en avant, il nous resserrera jusque sous nos palissades, et ce sera bientôt fait.

Je ne sais quel parti prendre : si je veux leur faire jeter des boulets ou des obus ainsi que des bombes, ils me les rendront et gêneront nos travaux; je n'ai que le moyen bien précaire des sorties, dont les rentrées ne produiront que l'effet de les retarder et fatiguer sans les repousser.

Voyez, général, quel parti vous voulez prendre; il en faut un ici. Voulez-vous me laisser encore sur la défensive et défendre la place et ses approches? Dans ce cas je bataillerai contre l'ennemi pour le bien fatiguer, le gêner et gagner du temps sur lui. Dans le cas où vous voudriez le culbuter dans ses travaux et le remettre à sa première position, alors on préparerait en silence de toutes parts les moyens d'attaque, et le laissant tranquille pour l'endormir, on chercherait à l'écraser d'un coup; il faudrait alors éviter de le fatiguer ici, afin qu'il n'y amenât pas trop de monde.

J'agirai d'après ces deux hypothèses, embrassez-en une. Mais à vous dire le vrai, il faut ici un parti, ou consentir à être très-serré, ou le contraire. La rapidité des travaux de l'ennemi fait croire qu'il y met une importance infinie; il achève dans moins de rien des travaux énormes, tandis que de très-médiocres, que nous poussons cependant avec le plus de vigueur possible, n'avancent pas.

Je vous rendrai compte demain de ce qui sera arrivé la nuit. J'irai de bonne heure à Kehl, pour voir ce qui arrivera.

N° 11.

[62]

Schiltigheim, le 22 brumaire an V (12 novembre 1796).

MOREAU *au* DIRECTOIRE.

DEPUIS ma dernière, nous nous occupons sans relâche des travaux de Kehl et d'Huningue. J'attendais le rapport de ce dernier endroit pour vous écrire; il est satisfaisant et on peut regarder cette tête-de-pont comme à l'abri de toute insulte.

Les travaux de Kehl, étant plus considérables, sont moins avancés; cependant l'ennemi ne peut pas espérer de l'emporter de vive force. Notre principale défense, les îles du Rhin, devient nulle par la baisse des eaux. Le fort de Kehl est en assez bon état; mais il est important de nous conserver un développement assez étendu pour prendre des retours offensifs, et si la baisse des eaux continue, ce sera impossible.

L'ennemi se retranche beaucoup devant nous; il forme une circonvallation de redoutes assez près de la tête-de-pont, dont nous pourrions même gêner les travaux par notre gros canon; mais comme le sien gênerait encore plus les nôtres qui se font sur un plus petit espace, nous sommes forcés de le laisser encore quelques jours tranquille, et nous ne pourrons commencer à l'inquiéter que lorsque nos palissadements de chemins couverts seront finis.

Il a fallu des moyens extraordinaires pour faire marcher les ouvrages; la troupe sans capotes, sans souliers et sans couvertures, ne se soutenait, tant pour le service actif qu'il fallait y faire, que pour le travail, qu'à force d'eau-de-vie et en payant les travailleurs ; ceux du département étant en trop petit nombre et ne faisant rien.

Le défaut de fourrage gêne également nos mouvements ; il est péri, depuis que nous avons repassé le Rhin, environ six cents chevaux d'artillerie, ce qui force à désarmer trois compagnies d'artillerie légère ; les autres services ont également fait de grandes pertes. La cavalerie est disséminée pour vivre, de sorte que pour la faire agir, il faut lui faire faire de grandes marches.

On a refusé la solde du mois de vendémiaire, ce qui fait un mauvais effet. Les magasins sont vides, de sorte qu'on ne peut fournir aucun remplacement d'habits, de souliers, ni d'autres effets d'habillement ; il est urgent d'assurer tous ces services. Celui des hôpitaux est dans un état affreux, et indépendamment des secours de santé, qu'on ne peut pas fournir, à peine peut-on faire vivre les malades.

Je puis vous assurer que ce tableau n'est pas exagéré, et qu'il n'y a pas un instant à perdre pour réparer l'armée et la mettre en état d'agir avec succès.

N° 12.

[69]

Cologne, le 22 brumaire an V (12 novembre 1796).

BEURNONVILLE *à* MOREAU.

L'ADJUDANT-GÉNÉRAL **Desplanques** m'a remis, général, votre lettre du 17 de ce mois; depuis cette époque j'en ai reçu une du 15, du Directoire, qui change entièrement la nature de nos opérations.

Je n'ai pu juger de vos promesses au Directoire que par les lettres qu'il m'a écrites. Il a reconnu enfin l'impossibilité où je suis de reprendre l'offensive et m'a permis la défensive sur toute la ligne, sans m'empêcher les pointes en avant, toutes les fois que je le jugerai nécessaire. Il m'a répondu au sujet des vingt-cinq mille hommes de l'armée de Sambre-et-Meuse que vous lui aviez demandés; heureusement qu'il n'a point accédé à votre demande, car vous m'eussiez jeté dans le plus grand embarras. J'ajouterai à la nécessité de conserver toutes les forces que j'ai, que c'était dire directement au Directoire que vous pourriez disposer des troupes dont je ne pourrais rien faire, et ce procédé, général, ne serait nullement généreux, s'il était réfléchi; examinez votre tâche et la mienne, et vous verrez qu'il y a une très-grande différence.

Depuis Landau jusqu'à Huningue vous avez un espace de quarante et quelques lieues, et vous avez soixante-dix mille hommes disponibles pour le défendre; il est couvert par le fleuve et vous avez derrière vous la plus excéllente ligne de places, et vos flancs parfaitement sûrs avec la plus petite précaution.

J'ai plus de cent cinquante lieues de ligne à défendre, depuis la mer germanique jusqu'à Kaiserslautern, et je n'ai que quatre-vingt mille hommes disponibles, y compris l'armée du Nord en Hollande; pas une place et tous pays conquis et en révolution derrière moi; je ne parle point de la position. Je pense qu'un coup d'œil rapide sur ma besogne vous convaincra qu'elle est grande, et que je suis bien éloigné de pouvoir vous fournir le moindre secours.

Vous n'avez pas encore réfléchi, général, que vous avez trente mille hommes de cette armée, lors même que vous en demandez encore vingt-cinq mille; car enfin vos limites naturelles doivent être la rive droite de la Moselle, et, entre cette rive et Kaiserslautern, j'ai vingt-huit mille hommes non compris douze mille qui s'y rendent; vous avez donc quarante mille hommes en ce moment de l'armée de Sambre-et-Meuse.

Lorsque je vous ai mandé que je n'avais que trente mille hommes devant moi, je ne vous parlais pas des vingt mille qui sont dans le Hundsruck en face du général Ligneville, ni des fortes garnisons qui peuvent sortir et agir; depuis l'ennemi a augmenté ses forces.

Il paraît, d'après ce que vous me dites, que vous ne devez plus avoir d'inquiétudes sur les points de Kehl et d'Huningue. Je pense donc qu'étant à la proximité de Basle, d'où vous devez tirer d'excellentes nouvelles, vous ne manquerez point de suivre les mouvements de l'Archiduc : autrement il pourrait pénétrer dans le Palatinat, et j'aurais peine, étant isolé, de défendre le Hundsruck. Faites donc, général, filer votre aile gauche sur ma droite afin d'agir de concert, pour conserver l'intégrité de la rive gauche du Rhin depuis Düsseldorf jusqu'à Huningue ; le Directoire me manifeste ce désir, et il a dû vous en écrire en même temps qu'à moi.

Je laisse toujours mon aile gauche aux ordres du général Macdonald, campée sur la rive droite du Rhin menaçant la Sieg, pour tenir le corps de Werneck en échec et le faire périr de faim et de misère ; je viens seulement d'en distraire l'avant-garde aux ordres du général Lefebvre, qui file par les montagnes sur Trarbach, et qui ira rejoindre le corps du général Ligneville ; il sera rendu dans sept ou huit jours au plus tard. Macdonald couvre encore, par un corps détaché, la route de Hersfeld à Francfort, et par ce moyen le camp retranché de Düsseldorf où il a ordre de ne se replier qu'à la dernière extrémité. Le général Kleber est au centre, où nous nous préparons contre le bombardement très-prochain de la tête-de-pont de Neuwied. Vous connaissez la position de Ligneville, il resserrera le corps ennemi dans Mayence dès que le général Lefebvre l'aura rejoint ; je compte m'y rendre de ma personne à cette époque.

Nous devions effectivement, mais pour obéir seulement aux ordres impératifs du Directoire, reprendre le plan d'opérations sur le Mayn, car il y a impossibilité physique ; elle existera même pour me maintenir sur la rive gauche, si les fourrages me manquent et si le gouvernement ne vient à mon secours. J'ai reçu depuis, la lettre du Directoire qui a adopté mon plan, et je vais le suivre. Ce n'est pas que je ne puisse porter toute l'armée sur la rive droite du Rhin, je le ferai quand je voudrai ; mais j'ai trente lieues de désert devant moi, où il me serait impossible de vivre.

L'ennemi me propose des quartiers d'hiver ; j'ai ré-

pondu au général autrichien que je ne pouvais les accepter isolément. Le Directoire me mande de lui en ré-
férer, ne voulant les accepter qu'à condition pour les
trois armées actives. Je vous prie de me faire part des
propositions que l'ennemi aura pu vous faire à cet égard.
Vous m'obligerez de me prévenir des mouvements que
vous ferez sur ma droite, de la force que vous y por-
terez, et si vous êtes dans l'intention de tenter quelque
chose sur les débouchés de l'ennemi au centre.

Je vous invite à faire occuper Kaiserslautern ; le petit
corps que j'y ai serait trop isolé, et il est nécessaire au
général Ligneville. Il a ordre de le retirer et de vous
renvoyer les compagnies auxiliaires qui vous appar-
tiennent. J'avais fait diriger sur Luxembourg vos prisonniers, dans un moment où l'ennemi portait des partis jusque sur Bitche ; il a fallu nettoyer toutes les
communications, et mettre cette place en sûreté. Du
moment que je serai rendu dans le Hundsruck et que
je saurai ce que veut l'Archiduc, je ferai passer dès
troupes à Luxembourg, et je vous renverrai vos prisonniers.

Assurons, général, nos communications, et corres-
pondons activement par nos officiers d'ordonnance ; je
vous expédie cette dernière par un courrier.

N° 13.

[67]

235ᵉ pièce de la *Correspondance de Klinglin,* tome II, page 2.

Du 15 octobre 1796.

FAUCHE-BOREL *au général* KLINGLIN.

J'AI reçu avec un bien vif intérêt de vos agréables nouvelles ; je les ai communiquées à M. *Bluet* (Wickham) qui m'a chargé de vous adresser ses compliments, en vous prévenant qu'il aidera de tous ses moyens, ainsi qu'il l'a promis, la réussite du mariage du *Grand Bourgeois* (Louis XVIII) avec la belle *Zède* (Pichegru), de laquelle j'ai eu tout récemment de bonnes nouvelles. Voilà *la Mariée* (Moreau) au point où *Baptiste* (Pichegru) l'a souvent demandée, pour opérer son travail. Le brave *Antoine* (l'archiduc Charles), *Octave* (Latour) et compagnie, ont travaillé comme il était presque difficile de s'y attendre ; mais on demande du *magasin* (Strasbourg) qu'on continue sans relâche ; car si l'on perdait du temps, on donnerait la facilité à nos concurrents de se relever, et ils pourraient obtenir de nouveaux crédits qui éloigneraient pour long-temps toutes nos espérances.

Louis (Fauche-Borel) va se rendre à *la Pomme* (Basle) ; il n'attend pour cela qu'une réponse du *magasin* N° I. Il vous prie de lui adresser chez *Lindor* tout ce que vous aurez à faire dire à M. *Bluet*.

Louis a reçu de bonnes nouvelles de la baronne de Reich, à qui il répond. Il croit comme vous que le moment tant désiré ne peut plus guère être éloigné ; mais il ne faut donner aucun relâche. Vous avez de grands amis au *magasin*.

N° 14.

[67]

245ᵉ pièce de la *Correspondance de Klinglin*, tome II, page 26.

N° 24. *Bon-Trou* (Gambsheim), le 4 novembre 1796.

A trois heures après midi.

DEMOUGÉ *à* KLINGLIN.

L'AUFFER (espion) en a menti, mais a deviné mon désir. En détestant l'effronterie de ces gens impudents et intéressés, je vous préviens que j'ai fait dire à *l'Auffer,* par son commissionnaire que j'ai mis dans mes intérêts, que j'ai refusé de reconnaître *l'oublie* (la lettre) qu'il a envoyée, et que j'ai envoyé cette lettre à un officier, ci-devant chargé des affaires ; et que cet officier a donné la présente réponse : c'est à vous à soutenir la gageure, si vous voulez vous servir provisoirement de cette voie ; car je ne veux absolument pas être connu de ces drôles.

J'ai reçu vos lettres des 23, 25 et 26 octobre ; elles m'ont fait grand plaisir. Ce matin je vous ai écrit mon N° 23 par *Lindor* (Wittersbach) à *la Pomme* (Basle) :

le temps ne me permet pas de la transcrire, mais voici une partie du résumé :

Les retranchements des Français à *la Paillasse* (Kehl) sont regardés par l'aimable *Zède* (Pichegru), comme mauvais et insuffisants vis-à-vis des vôtres. Les batteries sont trop près les unes des autres. Si le bombardement et les obus ont lieu de votre part dans les décombres et sur le pont de *la Paillasse*, on sera bien en peine, malgré les mines qu'on dit avoir été faites en avant de *la Paillasse*, pour faire danser les Allemands; le village de *la Paillasse*, la rue droite jusqu'à la grille, sera brûlé par nous : c'est une horreur. Les bateaux sur baquets, venus du haut avec des bateaux de cuivre, ont été menés hors de *la Cerise* (la citadelle de Strasbourg) pour augmenter les communications avec les îles, en cas de retraite ; c'est fort sage, mais dénote la peur. La sixième division qui devait aller dans le bas, a contre-ordre, et reste stationnée aux îles, Ruprechtsaue et environs. Vous jugerez à peu près des forces par la distribution des rations de viande, à une demi-livre par jour, *qu'il* s'est faite le 2 et 3 novembre.

Nota. Tout y est compris, les officiers-généraux employés, qui ont double et triple ration, et les charretiers, etc., etc.

Troupes de la division.

Pour deux jours.	11,200 liv.
Pour la place.	1,600
TOTAL. . . .	12,800

Calculez cela, c'est pour deux jours. Adieu; usez des voies comme vous jugerez, mais celle de Gambsheim qui est l'ancienne, et que vous pouvez effectuer par *Antoine* ou *Ignace Falck*, que vous trouverez au *Saumon* à *Freistett*, vaut encore mieux; en recommandant de prendre l'ancienne route chez *Mayer*, et observant une sentinelle qui est sur le *Damm* à certaine distance du *Schmeltz - Grubergresen* dans le *Hau-Gruhn*. D'ailleurs je suis dans ce moment au plus court en argent depuis six mois que les grands secours de *Bluet* (Wickham) me manquent; quoiqu'il faille que tout aille son train, je suis arriéré d'une grande partie du mien; pourvu que cela aillé, *vive la république!* si vous envoyez *du nec* (de l'argent), donnez-le, si vous voulez, à *l'Auffer*, en petite masse, mais bien masqué, dans un paquet qui trompe sur le contenu, et exigez quittance par la prochaine.

Demandez à *Louis* (Fauche-Borel) des nouvelles de l'aimable *Z* (Pichegru), il en a. Cette belle m'a quitté hier, elle est toujours la même; nous avons bu ensemble l'avant-veille, comme des capucins, à la santé de la fête du grand et brave *Antoine* (l'Archiduc), qui est admiré par des gredins; c'est beaucoup. Nous comptions aujourd'hui sur une sérénade de sa part; mais sans doute qu'il y aura, ce soir, feu d'artifice. Tâchez d'avoir promptement les choses que j'ai mises à *la Pomme* (Basle). Respects et admiration à *Antoine*..

N° 15.

[67]

252ᵉ pièce de la *Correspondance de Klinglin,*
tome II, page 39.

Ichenheim, le 8 novembre 1796.

KLINGLIN *à* DEMOUGÉ.

J'ai reçu, mon cher *Furet*, vos avis et j'en profite,
j'envoie celle-ci à *Falck.* Je lui indique les moyens que
vous me donnez ; mais si on ne le trouve pas il faudra
bien se servir de *l'Auffer;* la voie de Rastadt est trop
longue, j'aime mieux celle de Basle: Je ne suis pas
étonné de la fanfaronnade de *Syés;* mais je doute qu'il
le tente. Je compte beaucoup sur *le Coco* (l'aide-de-
camp Badonville), dont les talents militaires sont connus ; j'espère qu'il pourra aller à Kehl, et nous donner
sur cela toujours de nouveaux renseignements.

Je suis de l'avis de *Zède* (Pichegru), que si nous
bombardons vigoureusement Kehl on les embarrassera
beaucoup. Je vois que tout se rapporte à porter à quatorze mille hommes la force de Kehl; vous me parlez
de trente mille dans le bas Rhin, il faut en conclure
que l'armée de Moreau est, avec ce qu'il a laissé à Huningue, de près de soixante mille hommes.

N° 16.

253ᵉ pièce de la *Correspondance de Klinglin,*
tome II, page 40.

10 novembre 1796.

FAUCHE-BOREL *à* KLINGLIN.

Voici l'extrait des derniers rapports fait par *Furet*
(Demougé), qu'il me charge de communiquer à *Per-*
sée (Klinglin).

Du Magasin (Strasbourg), le 8 novembre 1796.

« *Coco* (Badonville) et *Furet* n'ont pu lire que très-
peu de lignes des lettres en *galles* de *Persée;* vers le
commencement surtout, *galles* n'a pas pu marquer du
tout ; dites à ce cher ami qu'il faut qu'il choisisse un
papier sans vitriol, puis, qu'avant d'écrire, il essaie de
faire paraître sur un morceau du même papier, avant
que d'écrire sa lettre, et il sera alors sûr de marquer.
Qu'il détrempe la *galle* brisée jusqu'à ce que la liqueur
soit assez forte, cela vaut mieux ; moi, j'infuse ma
galle dans du vinaigre distillé, et cela se conserve sans
altération. Malgré les lacunes, nous avons également
vu que *Persée* voulait être instruit. Dites-lui, s'il vous
plaît, et aux autres, qu'il est impossible de fournir des
états par brigades et localités ; il n'y a que des marches
et contre-marches, et le tout est morcelé et incomplet ;
on ne peut dire autre chose que ce qu'on a dit jusqu'à

présent ; il vient toujours quelques parties de bataillons
de l'intérieur ; il serait essentiel qu'*Antoine* (l'Archiduc) hâtât ses opérations avant que les réquisitions ne
remplissent les magasins , qui sont toujours en pénurie
faute de fonds ; la viande même risque de manquer par
la même raison. D'ailleurs *Antoine* trouverait dans la
campagne.

« On assure que Desaix a ordre d'attaquer incessamment le bon *Antoine ;* il doit s'étendre et prendre le
même chemin qu'à la Saint-Jean. *Antoine* doit s'attendre à voir venir sur lui des animaux féroces, gorgés
d'eau-de-vie. S'il soutient intrépidement le premier
choc, les nôtres sont perdus ; c'est ce qu'il faut faire
incessamment comprendre aux Allemands ; la quantité de grosse artillerie, de munitions, de retranchements, avec quelques mines dans les ouvrages avancés
à Kehl, le font croire imprenable. Nous pouvons être
ruinés, et les canons ruinés faute de traverses de ce
côté-là ; aussi les obus ennemis atteignent nos pon-
tons, dont le grand pont se trouve en ce moment
ouvert par la fuite de trois bateaux où étaient les vis.
Tous les bateaux étaient employés, on est embarrassé
de recouvrer cela ; on dit qu'on a pris hier deux espions à Kehl. »

Voilà ce que j'ai pu lire de la dernière de *Furet.*
Baptiste (Pichegru) fait dire par *Coco* (Badonville)
qu'*Antoine* ne peut rien faire de mieux que de continuer sans interruption ; que l'armée est dégoûtée, et
qu'il ne faut pas la laisser reposer. Il est content de ce
que l'on a fait jusqu'à ce moment ; mais, pour qu'il soit
rappelé, il faut frapper.

N° 17.

[67]

279ᵉ pièce de la *Correspondance de Klinglin,*
tome II, page 91.

21 novembre 1796.

DEMOUGÉ *à* KLINGLIN.

LES projets de nos drôles m'arrêtent encore ici, et
retardent mon voyage chez *Baptiste* (Pichegru); cependant je compte partir demain, et je retournerai
aussi vite que possible pour vous en donner nouvelles.
Voici différents renseignements: il est urgent et très-
important que vous ne communiquiez qu'à *Antoine*
(l'Archiduc) lui-même ceux sur les traîtres. Dites-lui,
sous le même secret, que d'après ce que je suis parvenu
à soutirer chez le nommé *Brandes,* chef des espions
français, il y a quelque louche sur vos *palmiers* (généraux) Lichtenberg, Hotze et Knesovich surtout, qui
était déjà lié avec notre mauvais Schneringer, qui jadis
nous servait à *Flûte* (Plobsheim) sur votre *bord.* Car
ce *Brandes* parle de ces trois messieurs avec une affec-
tation qui m'est suspecte. Surveillez surtout aussi les
Follettes (les émigrés) et les *Prussiens d'Anspach.*
Mais surtout qu'*Antoine* fasse adroitement et par surprise vérifier les papiers et *dés* d'un nommé *Bisling,*
négociant à Rastadt ou Mannheim, auquel il est très-
sûr qu'on a vu adresser des lettres de la part de Brandes.
N'épargnez aucune surveillance sur tous les *bords.* J'ai

la certitude que nos gens vous attaqueront encore avec
furie dans peu ; surtout lorsqu'on aura de l'eau-de-vie,
dont on a déjà eu la dernière fois assez de peine à
amasser la quantité suffisante.

Je tiens de main sûre que maintenant notre but principal est de ruiner vos ouvrages et surtout d'enclouer vos
canons. Desaix, Siscé, Moreau lui-même, et Tharreau
qui vient d'être mis à *la Paillasse* (Kehl), et que cela
ne ragoûte pas, dirigeront les opérations. Votre première parallèle doit être achevée, et nous craignons
furieusement le bombardement ; nous n'épargnerons
pas les hommes pour réussir, quoique nous sachions
que nous ne pouvons subvenir à aucun besoin pour
nos malheureux blessés. Il n'y a ni médicaments, ni
toile, ni même de vases pour détremper les compresses
(on prend les pots de chambre), ni bois, etc. , etc. Le
chirurgien en chef m'assure que c'est un miracle si, de
2000, il en échappe 100. Les distributions de viande
sont incertaines d'un jour à l'autre. J'ai reçu ce matin votre lettre du 22, par *Flûte* (Plobsheim) ; vous
me dites que vous préférez que l'on trouve mes lettres
au poste ; je conçois qu'elles seront plus fraîches d'un
jour, mais cela coûterait nécessairement plus cher ;
car d'abord il faut que vous vous persuadiez bien que
les routes du *Sauveur* (du Rhin) sont bien observées,
et que les risques sont toujours bien réels, jusqu'à ce
que j'aie vos paquets en main, et que votre homme soit
sur l'eau avec les miens.

2° Pour avoir nos gens, qui mettront leur temps à
cette besogne, exclusivement à nous, il ne serait pas
prudent de rabattre. Pour vous éclairer là-dessus, je
vous dirai qu'à *la Flûte* ils sont à deux pour surveiller
la sûreté de l'arrivée de votre homme, qui boit et

mange le plus souvent chez eux. Un de ces deux vient
apporter le paquet, dîne en ville et nourrit son cheval,
repart avec nos paquets, et facilite, avec son camarade, le retour de votre *peuplier* (espion). Pour cette
besogne, il coûterait 18 à 20 liv. Il en est de même à
B. T. (Gambsheim), hormis qu'il en coûte de 20 à
23 liv. Maintenant, si j'envoyais quelqu'un dehors, il
part l'après-dînée, il ne revient que le lendemain; cela
est bien plus *voyant*, à cause de la *pernoctation;* et je
ne puis moins donner que 6 à 8 liv., et la nourriture
qui, pour l'homme et le cheval, va encore à 3 liv.; et
cependant je ne puis pas rabattre tout cela sur le salaire
des deux bateliers. Il est vrai que nous gagnons vingt-
quatre heures, ce qui vaut beaucoup; mais mes gens
d'ici ne doivent pas être vus si souvent sur la même
route. Je sais que je suis épié, plus peut-être que je ne
crois; et les mesures de surprise et de rigueur ne coû-
tent rien à nos drôles. Pour donc bien remplir notre
but, voilà comme nous ferons. — S'il y a des avis assez
saillants à vous donner, et que mes gens peuvent sûrement aller, vos hommes trouveront nos paquets aux
points; mais s'ils n'en trouvent pas, ce sera signe que
le *courant* est maigre, ou qu'il y a empêchement; et
dans ce cas votre *peuplier* restera au poste; on m'ap-
portera votre paquet, et vous aurez réponse les diman-
ches, mercredis et vendredis soir. Ce n'est pas de la
faute de l'*insulaire* (la femme Demougé), si vous n'a-
vez reçu que le 20, l'avis des bateaux, indiqués sur le
19; l'*insulaire* avait écrit le 18, jour où la *Flûte* devait jouer, ce qui ne s'est pas fait, et m'a donné la
faculté de vous y ajouter du mien en date du 20, ainsi
qu'il n'y a pas de notre faute pour le commerce.
L'homme qui prend ce *dé*, lorsque *Furet* (Demougé)

sera à *Messaline* (Paris), n'a absolument aucun rapport au *Retour* (Mandel), qui , quoique lié avec *Furet*, semble , d'après ce que vous me demandez, travailler avec *Eggs*, et lui confier des choses qu'il ne me dit; cela ne fait rien , pourvu que cela soit pour le plus grand bien.

L'homme qui tiendra ma plume, de concert avec l'*insulaire*, est en place, et ne veut pas être nommé. Il n'a encore jamais fait de *dé;* je le nommerai à vous et à *Antoine*, s'il le faut absolument. Il est affidé depuis long-temps; vous pouvez compter sur le zèle qu'il mettra à suivre mes avis et mes instructions. Celle ci-jointe est écrite par lui. Je doute aussi peu que vous, que *Bluet* (Wickham) se refuse à acquitter ce qui a rapport à *Baptiste* (Pichegru), lorsque j'aurai pu lui mettre sous les yeux quelques détails que le temps et les affaires *conséquentes* que j'ai traitées avec lui, m'ont empêché de lui communiquer. En attendant, je me borne à tout hasard, pour les mois écoulés depuis la Saint-Jean, à ce que. vous avez fixé et payé les mois antérieurs; mais à dater de novembre inclusivement, époque où *Bluet* ne veut plus partager les frais militaires, l'*insulaire* vous en enverra la note, dans laquelle sera *trayée* en somme contre-partie d'avec celle de *Bluet,* jusqu'à l'époque de l'ouverture des passages de *Flûte* et B. T. L'homme qui me remplace jouira de 3 des 4 louis que vous m'avez assignés ci-devant, pour me caver des oublis que je pourrais faire. Je vous prie, cher *Persée,* de bien peser ce que je vous dis ici. Je vous le répète, sur ma parole d'honneur, que je suis arriéré. Je pars, et il sera impossible à l'*insulaire* de faire des avances; elle aura trop à faire pour pouvoir calculer des ressources dont, par la suite, je vous prou-

verai avoir eu gratuitement besoin. On m'avait donné
des latitudes qu'on croyait bornées à un certain temps,
par la tournure des affaires. J'en ai usé avec zèle et
succès, et sur le mode que m'avait transmis *Louis*
(Fauche-Borel); mais il se trouve que les longueurs
me laissent tout sur le dos; et que pour l'honneur de
mes commettants, que j'ai été obligé de mettre en
avant, et le mien, pour ma propre sûreté et mon crédit, il faille que je souffre moralement et physique-
ment autant des affaires d'intérêt que de celles du
temps.

Le 22 matin.

Je vous remets ci-joint de la drogue pour faire paraître l'écriture.

Mes respects au brave *Antoine*, dont j'entends ce
matin quelques coups de canon. Quelques bombes
doivent être tombées avant-hier *au Bilboquet* (à Huningue). Je pars ce matin pour l'aimable *Z* (Pichegru), à laquelle je dirai bien des choses de votre
part.

N° 18.

[67 et 83]

320ᵉ pièce de la *Correspondance de Klinglin*,
tome II, page 160.

3 décembre 1796.

(D'UN ESPION INCONNU.)

On présume que le redoublement de canonnade des Français est causé par l'approche des Autrichiens, qu'on croit pousser leurs ouvrages plus en avant. On répand même qu'ils sont intentionnés aujourd'hui d'entreprendre l'expulsion des Français de Kehl.

On observe que les bombes et obus des Autrichiens ne font pas l'effet qu'elles devraient sur le pont de bateaux, parce que l'eau ayant beaucoup baissé, ces bateaux portent presque sur le gravier.

Le grand pont a encore été endommagé au moment où les Français avaient placé une chèvre pour aider aux réparations; ce qui a sans doute été remarqué, et a servi de point fixe aux Autrichiens, dont toutes les bombes ont porté juste sur ce pont.

Les généraux ont visité les hôpitaux hier pour s'assurer si les blessés étaient soignés; ils se sont tus, quand on leur a dit que tout manquait faute d'argent. On n'avait pu faire cuire la viande par le manque de bois; hier soir on a livré quelques cordes qui sont consommées aujourd'hui. Les blessés évacués hier n'ont même

pu se chauffer avant leur départ, n'y ayant point de
feu dans les salles.

Les habitants des campagnes se plaignent beaucoup
de la charge qu'ils supportent; ils sont obligés de nourrir hommes et chevaux, et encore sont-ils pillés par la
troupe, et dépouillés de leurs denrées par dilapida-
tion, les cavaliers jettent les gerbes de grains aux chevaux.

La distribution de viande aux troupes de Kehl et
des îles, pour le jour d'hier, n'a pu être complète aujourd'hui; on dit que le gouvernement vient d'annoncer des fonds pour assurer ce service jusqu'au 15 nivose
(4 janvier 1797).

Desaix dit qu'il ne peut plus tenir aux fatigues; il a
écrit à Saint-Cyr pour venir le remplacer.

Hier soir les Français ont encore fait conduire du
canon en avant de Ruprechtsaue.

Toujours 3 au soir.

On a rechangé les pièces de batteries, pour y en
mettre de plus gros calibre. On veut attaquer demain
dans plusieurs points pour déloger les Autrichiens
d'une île de Ruprechtsaue, et on a fait transporter de
nouvelles munitions près de Kehl.

Entre midi et une heure, un boulet de 27 est tombé
sur la baraque des pontonniers, en avant du bras du
Rhin, et y a blessé trois officiers qui étaient à dîner.
Dans l'après-midi, une obus a porté jusque sur l'espla-
nade entre la ville et la citadelle, près la communication gauche. Un ingénieur a rapporté ce soir que le
grand pont était rétabli, et que la batterie des Français
établie à la *Carpe-Haute*, près Ruprechtsaue, avait

démonté celle des Autrichiens dans l'île qu'ils occupent.

N° 19.

[67 et 83]

323ᵉ pièce de la *Correspondance de Klinglin,*
tome II, page 167.

Plobsheim, les 5 et 6 décembre 1796.

DEMOUGÉ *à* KLINGLIN.

ME voilà de retour ce matin de chez l'aimable *Zélie*
(Pichegru). Mon premier soin, quoique extrêmement
harassé, est de vous rendre compte de ce qui se passe. *Zélie* est très-contente de la manière dont le bon *Antoine*
(l'Archiduc) traite les affaires; la tournure qu'elles
prennent le détermine à suspendre encore son voyage
chez *Messaline* (à Paris), qu'elle remet à trois semaines ou un mois; je suis donc encore à vous pour
ce temps. Elle recommande bien à *Antoine* de pousser
ses spéculations avec son intelligence accoutumée, de
façon qu'absolument l'achat des *Paillasses* (Kehl) et
des *Bilboquets* (Huningue) lui reste; elle assure que
cela une fois fait, le découragement des Français sera
total : vous savez que Desaix l'a dit lui-même. Elle veut
aussi que vous ne leur donniez aucun repos; car, dit-elle, ceux qui ont pillé chez vous, et amassé de quoi,
n'aiment plus à se battre, et ces autres, qu'on laisse
manquer de tout, lâcheront le pied quand ils verront
votre constante vigueur. N'épargnez rien pour avoir

ces points. Il vous sera plus que facile alors de pousser votre pointe, et de vous emparer d'abord, promptement et sans délai, de nos campagnes, où vous trouverez encore de quoi vivre et des amis; surtout si vous défendez absolument le pillage. Alors vous sentez combien il sera aisé d'avoir les places (qui manquent absolument de tout), au moyen de l'interruption des entrées, et des sommations de se rendre dans le plus court délai, ou d'être brûlé ou affamé. Voilà ce qu'assure *Zélie*. Je crois enfin être parvenu à déchiffrer la singulière conduite de mademoiselle *Zède* (Pichegru) dans ces critiques circonstances. Un mot de sa part, malgré son extrême prudence, m'a mis, ce me semble, au fait. Ayant eu tout le temps de causer avec elle après dîner (car j'y ai dîné, soupé et couché), je lui dis, en parlant de ce qui se passait à *Paillasse* et *Bilboquet*, que j'étais persuadé que le gouvernement n'insistait sur la conservation de ces deux postes, que pour sacrifier une *lanterne* (une armée) qu'il savait ne lui être pas favorable : elle me répondit en riant qu'il fallait croire plutôt que le gouvernement était mal conseillé. Je lui répliquai alors : « Mais, ne serait-ce pas vos conseils qui l'in-
« duisent en erreur? car à dîner vous avez dit aux
« deux *palmiers* (généraux) (ils étaient venus de
« Besançon dîner avec elle; j'ai oublié leurs noms),
« que la défense de ces postes était très-intéressante,
« et que *la Mariée* (Moreau) la maintiendrait aussi
« bien que vous, si le gouvernement fournissait des
« moyens à contenter le soldat..... Ma foi, continuai-
« je, je suis persuadé que le gouvernement vous envoie
« des gens pour soutirer de vos connaissances et lu-
« mières, et je ne puis pas croire que vous leur ou-
« vriez vos véritables sentiments..... » Là-dessus ma-

demoiselle *Zélie* partit d'un grand éclat de rire, me serra affectueusement la main, et me dit pour toute réponse : « Soyez tranquille, qu'on me laisse faire; « j'agirai toujours de mon mieux, je connais les Fran- « çais. »

D'après cela, je juge avec raison, cher *Persée,* que *Zélie* (sachant, comme elle me l'a dit ici, que les Français seront tôt ou tard débusqués de là, si *Antoine* (l'Archiduc) le voulait sérieusement) a vu d'avance l'effet qui en résulterait, et qui commence à ne pas être équivoque, puisque 1° avant même que les deux têtes-de-pont (Kehl et Huningue) ne soient emportées, la débandade, dont j'en ai vu une partie sur la chaussée de Besançon ici, est telle parmi le soldat, que les fusils jetés, ou trouvés, ou laissés dans les villages, d'ici aux montagnes, par Oberneck, passent les quatre mille. 2° Que trois régiments de cavalerie de la réserve de Bourcier, sous la direction de Reynier, ont été détachés pour se porter dans les gorges de la sortie d'Alsace, pour empêcher la désertion. 3° Qu'on a même mis beaucoup de ceux qui ont voulu fuir et qui refusent de se battre, au *pont couvert.* 4° Et que les officiers et les généraux les plus patriotes, découragés, disent hautement que si *Antoine* continue, il n'y a plus moyen de tenir, même en Alsace. Je suis fortement de leur avis, que j'appuie surtout par la pièce officielle ci-jointe *, dont j'ai trouvé moyen d'avoir copie littérale. C'est le compte rendu, à l'entreprise générale de Paris, du résultat d'un conseil secret tenu chez Hausmann, le commissaire du Directoire exécutif, sur les moyens de subvenir à mille besoins auxquels il est

---

* Voyez le n° suivant.

impossible de satisfaire. Lisez-le avec attention, et vous verrez que le but de *Zède*, sur l'avilissement et le discrédit du gouvernement, ne peut être mieux secondé. C'était toujours la base de ses projets.

Passons maintenant à d'autres objets intéressants, entre autres à celui de vous faciliter l'*emplette de la Paillasse*, si les choses traînent. L'opinion de l'*économe* que vous connaissez, appuyée de la mienne, a été approuvée par mon petit conseil de guerre. La voici..... : Il dit que, pour avoir *la Paillasse* avec le moins de perte possible, il faut d'abord que vous ne vous contentiez pas de tirer sur nous, tout-à-fait comme jusqu'à présent, de bouche à bouche; vous devez connaître et même voir la direction de nos batteries. Cela étant, il faut que, pendant que vous nous donnez sans interruption votre canonnade ordinaire, vous disposiez des batteries masquées, qui, chacune, batte en rouage une des nôtres pour nous démonter. Ces batteries, ainsi disposées, resteront inactives jusqu'au jour de la grande expédition. Quarante-huit heures avant cette expédition, vous nous chaufferez vigoureusement de vos batteries ordinaires, en y ajoutant bombes et obus; douze heures plus tard (votre feu sur Kehl s'étant ralenti quelques heures auparavant, comme par défaut de munitions), vous ferez jouer et durer deux fausses attaques, avec apparence de pousser l'une vers Seltz, où *Philippe* (Tugnot), que je préviendrai, donnera une alarme assez forte pour qu'elle fasse sensation de nos côtés; l'autre, entre Marckolsheim et Plobsheim, pour occuper la division de Ferino qui descend, assure-t-on, le Rhin, faute de subsistances, et vient nous renforcer.

Pendant le jeu de ces deux fausses attaques, il faudra

aussi nous occuper *au Bilboquet* (à Huningue) et *au révérend père* (à Landau). Enfin, tout à coup vous commencerez un feu terrible de bombes et obus sur *la Paillasse* (Kehl) et ses ponts, et, démasquant vos batteries croisantes, vous battrez en rouage de la plus grande force, jusqu'à ce que vous ayez éteint la grande partie de nos feux; alors, vous avançant sous ceux de vos bombes et obus, etc., en trois colonnes, le centre et les deux flancs, vous donnerez l'assaut général.

Une fois maître des ouvrages, vous tracerez vos épaulements pour vous garantir du feu de la rive gauche, qui ne sera pas si violent; et vous vous garderez bien de faire, comme le bruit en court, une trêve après la prise des deux têtes-de-pont, car il serait indubitable que vous manqueriez le plus beau moment; vu que vos opérations mettront tout en débandade, et qu'à coup sûr les nôtres nous pilleraient en quittant; comme depuis plusieurs jours ils nous menacent, même en ville, nous regardant déjà comme à vous appartenant. Jugez si vous trouverez des partisans chez nous! Il faudrait aussi que la nuit, ou par un temps de brouillard, quelqu'un de vos gens hardis, dans une ou deux nacelles, eussent le talent de s'approcher des estacades qui garantissent nos ponts; il s'agit de couper une seule chaîne qui lie les poutres, et alors un brûlot lancé mettrait en déroute les ponts de bateaux, qui d'ailleurs seront dans le cas d'être repliés, si la gelée forme charriage de glaçons; preuve que provisoirement il faut détruire autant que possible ce pont solide. Adieu, cher *Persée;* ne dites qu'à *Antoine* (l'Archiduc), à *la Marquise* (Louis XVIII) et *Laurier* (le prince de Condé), ce qui regarde *Zélie* (Pichegru).

N° 20.

[67 et 84]

289ᵉ pièce de la *Correspondance de Klinglin,*
tome II, page 111.

Strasbourg, le 6 frimaire an V (29 novembre 1796).

Le citoyen PIF *aux entrepreneurs à Paris.*

AINSI que je vous l'ai annoncé, citoyens entrepreneurs, par ma lettre d'hier, 5 du courant, j'ai assisté
à la séance du même jour, tenue par tous les chefs des
administrations civiles et militaires, chez le citoyen
Hausmann, commissaire du gouvernement.

Chacun y a exposé ses besoins et ses ressources ; les
besoins étaient tout et les ressources rien.

On a d'abord demandé aux payeurs de l'armée et du
département la situation de leur caisse ; le citoyen
Blanchot, payeur du département, a répondu avoir
2,000 liv., et le citoyen Frantz, payeur de l'armée, a
assuré n'avoir que les fonds nécessaires aux paiements
journaliers des travaux de Kehl, qui absorbent 3,000 l.
par jour. On a passé ensuite aux caisses des imposi-
tions ; il s'est trouvé que l'on avait enlevé tous les fonds,
tant pour des besoins de l'intérieur, que pour la solde
arriérée, et il n'en est pas resté un sou disponible. Les
moyens pécuniaires étant nuls, et le citoyen Hausmann ne donnant aucun espoir qu'il fût fait des fonds
par le gouvernement, on a consulté l'assemblée pour
connaître quelles pouvaient être les autres ressources

de se procurer du pain, de la viande, **des fourrages**, et de retenir les ouvriers dans les ateliers **et manuten**-tions.

Les administrateurs du pain ne peuvent **assurer** le service que pour trois jours; ceux de la viande ne sou-tiennent le leur que par leur crédit depuis **huit jours**, et leurs effets décriés se vendent **sur place**; celui des fourrages en foin et avoine manquant depuis le 1er, on ne peut l'assurer que pour un jour; et cependant les chevaux, qui n'ont qu'un peu de paille, périssent journellement et deviennent incapables de la moindre activité.

La peine qu'avait ressentie l'assemblée par la situa-tion effrayante d'une armée sur le point **de manquer de** tout, ayant son ennemi devant elle, ce qui **peut amener** les plus grands maux et les plus grands **désastres**, s'est convertie en une douleur bien prononcée et bien amère, lorsque le citoyen Percy, chirurgien-major **en chef** de l'armée, a exposé dans les plus grands détails **les besoins** des hôpitaux et l'état des malades : « Aux **malades**,
« a-t-il dit, qui existaient déjà dans les **hôpitaux**, la
« journée du 2 y a ajouté quatorze cent **quarante-huit**
« blessés, et l'on manquait de tout pour **les panser et**
« les soigner, hors de la charpie. On a **été obligé** de
« détruire peut-être pour 100,000 liv. de bon **linge pour**
« faire des bandes; pas d'eau-de-vie pour **panser les**
« blessés, point de vin pour restaurer les **malades**,
« point de vinaigre pour les remèdes, **point de** che-
« mises pour changer celle du malheureux **blessé, qui**
« est obligé de garder un linge plein de **vermine, de**
« sang et d'ordure; point de draps pour blanchir **les**
« lits; forcé de mettre un blessé dans le lit **d'un** véné-
« rien, sans changer un linge infecté, **point de** re-

« mèdes, point d'outils ; des officiers de santé sans
« paiement, manquant eux-mêmes du nécessaire ; des
« hôpitaux rouverts où il n'y a point d'écuelles pour
« donner des bouillons; point de légumes, point d'œufs,
« de beurre, de lumière, de bois ; enfin le tout dans
« une telle pénurie que, malgré la bonne volonté, les
« soins extrêmes des officiers de santé, nos braves
« frères d'armes périssent faute des premiers secours,
« regrettant de n'avoir été emportés par un boulet de
« canon. »

A tant de maux réels et présents, quels remèdes ?
7,000 liv. mises à la disposition de l'administration des
hôpitaux, à prendre à Basle, où elles sont en réserve.

La réquisition forcée, les subsistances en pain et
fourrage, dont, après trois heures de discussion, on
n'a pu régler le mode, sinon qu'on a délibéré que chaque demande à faire dans les communes des départements des Haut et Bas-Rhin, serait accompagnée de
cinquante dragons; 100,000 liv. promises dans la quinzaine aux entrepreneurs des viandes, qui ne peuvent
prendre un aussi grand délai, et sont obligés de rompre
les marchés de leurs fournisseurs. Enfin, voyant que
le résultat de notre conférence ne présentait que des
moyens nuls, que le commissaire du gouvernement ne
donnait pas même l'espoir d'une ressource prochaine
ni éloignée, que toute la faute vient du défaut de précautions antérieures, nous avons tous demandé qu'il
nous fût donné acte de la nullité des moyens, afin que
chacun fut dégagé d'une responsabilité qui ne doit peser
que sur le gouvernement ou sur ses représentants dans
les départements.

N° 21.

[67 et 83]

366ᵉ pièce de la *Correspondance de Klinglin,* tome II, page 327.

Du 25 décembre 1796.

DEMOUGÉ *à* KLINGLIN.

L'ESPION que j'ai envoyé dans l'île que vous voulez surprendre, et qui aura trois mortiers joints à quatre pièces de 16, qui pourraient vous gêner beaucoup (on va dans cette île entre le Neuhof et le polygone, par un petit pont fixe, qui est sur un canal large d'environ huit à dix toises), cet espion, qui voit des généraux et des officiers, a entendu dire à celui du grand parc de Kehl, que, pour surprendre cette île, il faudrait que vous tiraillez fort du derrière de celle où vous êtes sur notre batterie : cela attirerait l'attention des nôtres sur ce point ; mais que pendant ce temps vous viendriez de nuit avec des guides, en vous embarquant au haut du Rhin pour nous surprendre.

Félix (Saint-Rémon) m'a communiqué les calculs officiels envoyés : six mille cinq cent cinquante-quatre hommes à l'hôpital, du 25 novembre, et le nombre en est accru depuis. Il périt environ par jour cinquante hommes, et plus de neuf mille hommes passés à l'intérieur jusqu'au 22 décembre. Il y a des brigades réduites à mille ou douze cents hommes.

Un de mes affidés a vu le rapport officiel de l'officier

d'artillerie, qui rend compte qu'on a retiré aujourd'hui de la citadelle quatre pièces de 16 ; ce qui fait dire aux officiers français que si vous vous empariez de Kehl de force, la citadelle serait dégarnie d'artillerie.

Desaix a quitté Kehl pour cinq jours, et est remplacé par Saint-Cyr.

Du 26. L'officier d'artillerie dont je vous ai parlé, me fait dire que vous courriez de grands dangers si vous voulez faire des tentatives sur le camp retranché, car la batterie nationale du pont et celle de l'*Épi du Rhin* battent le camp retranché; il croit qu'il est possible de surprendre, ainsi que je l'ai dit hier, cette batterie, vis-à-vis du polygone; et de là, si vous êtes en force pour vous maintenir, vous porter sur la batterie de *Custine;* et dans cette position vous n'auriez derrière vous aucune batterie que celles de la citadelle, et vous pourriez, de ces batteries, démonter celles du pont. Ces deux batteries de *Custine,* et en avant du polygone, n'ont pas de troupes pour les garder. Il n'y a que deux ou trois sentinelles qui gardent les pièces et les canonniers, et de l'une à l'autre, il n'y a rien non plus dans la batterie de Custine; il y a cinq pièces de 16 et deux de 24, qui ne tirent que de temps en temps à toute volée, du polygone à quatre pièces de 16 et trois mortiers ; les canonniers ne peuvent de même tirer sur vous qu'à toute volée et par-dessus une île qui touche la vôtre, où nous avons un avant-poste.

Les hôpitaux et magasins sont toujours dans la même pénurie.

Le nommé *Branders,* agent national, a dit que sous peu les Français abandonneraient Kehl, et que le gouvernement avait écrit qu'il fallait céder à l'impossible. — On a guetté votre brûlot pendant cinq jours ; il en a coûté trois officiers, trente pontonniers et quatre soldats cruellement blessés, auxquels on avait promis grosse récompense ; on a donné aux quatre hommes restés 4 louis, ce qui ne les a pas contentés.

Le 27. Voici des propos officiels tenus par des gens en place : Un nommé Ottendorf, adjudant-général au grand état-major, dit qu'on craint dans ce moment que vous ne preniez une grande batterie à trou-de-loup en avant de nos camps retranchés *. Le même se plaint que votre mitraille porte en abondance dans le fort de Kehl, où les quinze cents ou deux mille hommes qui y sont pour soutenir les redoutes, ne peuvent pas résister.

Un autre général a dit hier, en présence d'un de mes affidés, qu'il était trop tard, et qu'on ne pouvait vous empêcher de cheminer ; que ce qui le surprenait était l'opiniâtreté de Moreau à défendre une mauvaise place, où on perdrait du monde et peut-être cent pièces de canon.

Parlons des renseignements à prendre sur l'île qui touche la vôtre ; il y a un bataillon qui y va par le pont-volant. Ils ont une pièce de canon, et s'occupent à faire en avant des chemins couverts. Vous le savez sûrement déjà, car vous les avez mitraillés.

L'expédition dont vous témoignez l'envie, et que je vous ai conseillée sur l'île et batterie du polygone, dont les quatre pièces de 16 vous ont hier bravement donné des volées, me paraît d'une conséquence majeure ; en voici la façon.

Enfin je triomphe (ou plutôt c'est l'argent) des dif-

---

* Cette batterie a été, à cette époque, abandonnée par les Français.

ficultés et de la peur. Un commis du bureau topogra-
phique est gagné, et le plan général de Kehl est en
ouvrage. Je ne sais encore le prix qu'on y mettra, mais
10 louis donnés d'avance ont opéré le miracle. J'ai
promis en outre bonne récompense.

A trois heures du soir. La Providence me sert : vous
auriez eu ce soir le plan; mais le hasard a voulu que
Moreau ait envoyé son propre exemplaire pour y faire
des changements essentiels, et c'est sur cet exemplaire
que mon homme recommence son ouvrage, que je
compte vous envoyer demain.

N° 22.

[67]

389ᵉ pièce de la *Correspondance de Klinglin,*
tome II, page 395.

Du 12 janvier 1797.

KLINGLIN *à* DEMOUGÉ.

Je vous ai écrit ce matin à la hâte parce que je voulais
m'entretenir avec L'. A. D. (l'archiduc Charles); je
ne puis assez vous dire combien il est satisfait de ce
que vous m'avez envoyé; les détails ainsi que les plans
se sont trouvés conformes; continuez, je vous prie, à
vous servir des mêmes personnes. Je pense qu'après
une campagne comme celle que nous venons de faire,
on sera bien aise de se reposer. Vous voudriez de notre
part que nous ne nous reposions pas, mais cela est
aisé à dire derrière un bon fourneau; et pour ne pas

18*

dégoûter nos troupes, il faut leur donner un peu de repos. Armez-vous d'un peu de patience, et comptez que nous ne nous endormirons pas. J'attends avec impatience aujourd'hui de vos nouvelles, pour savoir comment le gazetier de Strasbourg dira de notre entrevue.

N° 23.

[81]

Schiltigheim, le 15 frimaire an V (5 décembre 1796).

MOREAU à GOUVION SAINT-CYR.

LA désertion la plus effrayante se manifeste dans plusieurs corps de l'armée, citoyen général. Je sais que les troupes souffrent; mais quelles que soient leurs fatigues et leurs privations, rien ne peut excuser ce lâche abandon de leurs drapeaux.

Au reçu de la présente, vous ferez assembler toutes les troupes à vos ordres; vous leur représenterez avec force les dangers qu'ils courent eux-mêmes en abandonnant leur poste et leur patrie qu'ils mettent à la merci de l'ennemi, le déshonneur qui en rejaillira sur l'armée, et l'éloignement de la paix qu'un ennemi sûr de la victoire ne voudra plus conclure.

Vous les assurerez également qu'il n'est pas de démarche que je ne fasse pour assurer le prompt acquittement de la solde qui leur est due, que je sais que des malveillants ont répandu dans des corps qu'elle était dans les caisses des payeurs ou des quartiers-maîtres, mais que cela est faux ; que le retour subit de l'armée sur le Rhin, sur lequel le gouvernement n'avait pu compter, a occasioné ces retards.

Je m'en rapporte à votre patriotisme, à la confiance que doivent avoir en vous des soldats qui vous ont toujours vu combattre à leur tête, pour ranimer leur courage, et rendre l'armée du Rhin ce qu'elle était il y a quelques jours.

N° 24.

[97]

Schiltigheim, le 23 frimaire an V (13 décembre 1796).

MOREAU à GOUVION SAINT-CYR.

J'ENVOIE Baudot au prince Charles, mon cher général, pour l'objet dont vous a parlé Reynier dans la lettre de ce soir. Quand il se présentera aux postes ennemis, vous ferez cesser le feu ; mais si l'ennemi voulait en profiter pour avancer des ouvrages, qu'il redoublât le sien, sous prétexte de notre silence, vous ferez continuer comme à l'ordinaire. Je ferai en sorte de me rendre à Kehl de bonne heure.

N° 25.

[97]

Schiltigheim, le 24 frimaire an V (14 décembre 1796).

REYNIER à GOUVION SAINT-CYR.

LE général en chef me charge, général, de vous recommander encore une grande attention à ce que l'en-

nemi ne fasse aucun progrès cette nuit. **Pour cet effet,**
il sera convenable de pousser aussi **près des ouvrages**
ennemis qu'il sera possible, de petits postes d'infanterie,
de recommander de fréquentes rondes, et d'avoir des
troupes prêtes à sortir si cela était nécessaire. Il serait
convenable que les généraux Ambert, **Lecourbe** et
Davoust, fussent instruits des motifs qui **engagent** le
général en chef à recommander ces précautions.

N° 26.

[82]

Kehl, le 7 nivose an **V** (27 décembre 1796).

DAUVAIS, *chef de bataillon, commandant la* 100ᵉ
demi-brigade, au général GOUVION SAINT-CYR.

D'APRÈS l'ordre du 1ᵉʳ de ce mois (21 décembre),
le 1ᵉʳ bataillon devant aller à la citadelle de Strasbourg
du 7 au 8 nivose (27 au 28 décembre), et vu sa faiblesse, ne pouvant fournir le nombre d'hommes qu'on
fournit ordinairement : le général Desaix, avec lequel
vous alternez pour le service, m'avait fait l'honneur de
me dire qu'il ordonnerait au commandant de la citadelle, Mequillet, de ne faire fournir que le tiers de la
force. Je vous prie, mon général, de vouloir bien en
donner l'ordre à mon adjudant-major, qui vous remettra la présente. Je pourrai, d'après la force, fournir
deux officiers, cinq sergents, douze caporaux et cent
soldats ; en ne fournissant que ce nombre, les soldats,
dans ces trois jours de repos, monteront une garde.

N° 27.

[103]

Ile-du-Rhin, le 7 nivose an V (27 décembre 1796).

Le général de brigade du génie BOISGÉRARD, *au général* GOUVION SAINT-CYR.

MALGRÉ toutes les précautions prises pour la conservation des outils, nous n'avons pu empêcher, général, que les soldats ne les dispersassent, soit pour s'en servir dans leurs camps, soit pour se servir des pioches en particulier, au lieu d'outils tranchants pour fendre leurs bois, quoiqu'il ait déjà été consommé par eux une quantité énorme de ces derniers. Je vous prierai donc d'ordonner qu'il nous soit délivré de l'arsenal de Strasbourg, douze cents pioches, qui devront être versées dans le magasin des outils à l'Ile-du-Rhin.

N° 28.

[102]

Ile-du-Rhin, le 15 nivose an V (4 janvier 1297).

LOBRÉAU, *chef de brigade, commandant l'artillerie à Kehl, au général* GOUVION SAINT-CYR.

J'AI l'honneur de vous rendre compte que le garde d'artillerie de la citadelle vient de me prévenir qu'il n'existe plus à l'arsenal de boîtes à mitraille de 12 et de 8. De cinq cents que j'ai demandées pour le convoi du soir, il ne peut en fournir que trente ; depuis quelque temps les obus de six pouces manquent, celles de huit pouces également ; puisque je fais tirer des bombes de ce calibre, dans cet obusier, ainsi que les mitrailles de ce calibre sans anneau. Enfin, il me dit que bientôt il ne sera plus possible de fournir que très-peu de chose. C'est avec peine que je vous rends, mon général, un compte aussi peu satisfaisant.

P. S. Je vais à l'instant en prévenir le général d'artillerie, ainsi que le directeur de l'arsenal.

N° 29.

[109]

Ile-du-Rhin, le 15 nivose an V (4 janvier 1797).

LOBRÉAU, *chef de brigade, commandant l'artillerie à Kehl, au général* GOUVION SAINT-CYR.

J'AI l'honneur de vous rendre compte qu'un des petits magasins à poudre d'un des bastions du fort, vient de sauter par une bombe de l'ennemi, où il y a eu deux artificiers d'emportés. J'ai donné des ordres pour le faire reconstruire le plus promptement possible. Il y a eu aussi ce matin, à l'ouvrage à corne du bas Rhin, demi-bastion de droite, six canonniers de blessés et un de mort ; en outre, dix-neuf de blessés et sept de tués, depuis trois jours. Tous ces malheurs nous font éprouver la pénurie de bons canonniers. Joint à tous ces accidents, les chevaux non nourris ; et leur disette nous cause un grand retard dans les transports des munitions et changements de bouches à feu qui sont immenses, en sorte que j'ai peine à parvenir à faire le grand convoi du soir.

N° 30.

[113]

17 nivose an V (6 janvier 1797).

DEDON, *chef des pontonniers, au général* GOUVION SAINT-CYR.

MON général, en vertu de vos ordres, je me suis rendu hier du pont du Rhin en descendant jusqu'à l'Ile-des-Faisans, pour reconnaître les points propres au débarquement des troupes qu'on voudrait jeter dans les îles de la Kintzig. Je m'étais fait accompagner dans cette reconnaissance, d'un officier de pontonniers, qui est un des meilleurs pilotes du Rhin. Le résultat de notre opération nous a convaincus que le débarquement sur la tête de l'île des Grands-Bois était facile, et que la retraite, en cas d'échec sur ce point, l'était également; mais le débarquement sur la queue de la même île, à la hauteur d'Auenheim, est resserré entre deux bancs de sable qui, dans la hauteur actuelle des eaux, réduisent l'abordage à un seul point, et forcent les bateaux à se retirer, en cas de malheur, le long de la rive ennemie, qu'il faudra longer pendant un long espace avant de trouver un bras de notre rive où l'on puisse se dérober. Néanmoins, si l'ennemi n'avait pas accumulé de nouveaux obstacles à ceux que présente la nature du terrain fourré, on pourrait espérer réussir,

si toutefois la batterie de l'Ile-des-Faisans était fortement armée et préparée à intercepter par un feu très-
vif la communication du camp d'Auenheim aux îles en
question ; communication qui a lieu par un pont de
bateaux que j'ai reconnu, et qui présente à la batterie
le bec des bateaux ; disposition la plus défavorable pour
la ruine du pont, et qui présente le moins de surface
possible à nos canonniers. Je pense, au surplus, que
sans une protection très-active de cette batterie, tout
débarquement sur ce point devient impossible et dangereux, puisque l'ennemi a la facilité d'amener contre
les troupes débarquées des réserves considérables,
avant que nos troupes aient eu le temps de s'emparer
du pont, de se former et de s'établir dans un terrain
difficile, et où l'arrivée des renforts est impossible.

Le camp d'Auenheim, qui est à portée du pont de
la Kintzig, serait sur-le-champ porté contre notre
débarquement, si le pont de la Kintzig n'était rompu ;
et cette rupture est un effet du hasard, même en supposant la batterie de l'Ile-des-Faisans très-bien armée et
très-bien servie, car elle en est à une distance qui en
rend l'effet fort incertain.

J'ai observé que l'ennemi travaillait à des lignes ou
à une redoute, avec beaucoup d'activité, sur la rive
droite de la Kintzig, au-dessus d'Auenheim, près de
son pont de bateaux. Nous avons en tout des bateaux
pour débarquer neuf cents hommes, en tirant parti de
toutes nos ressources ; c'est à vous, mon général, à
combiner l'utilité de l'opération, avec l'étendue des
ressources et l'espérance du succès. Nous sommes prêts
à agir lorsque vous l'ordonnerez ; mais je crois devoir
vous faire part du pour et du contre, et ne pas vous
dissimuler les obstacles que nous avons à surmonter.

Les eaux du Rhin baissent ; encore quatre pouces de moins, et la navigation pour les bateaux d'artillerie deviendra impossible de la pointe des *Épis* à Strasbourg : comme la communication par le Rhin est actuellement interceptée, puisque l'ennemi occupe Ehrlen-Rhein, il n'y a pas, je pense, d'inconvénient à retirer à Strasbourg tous nos bateaux, qui ne peuvent plus arriver au grand pont que par terre et sur haquets.

L'état du temps, qui menace de gelée, ne permet pas de différer cette opération, prête à devenir impossible, et nos bateaux de réserve ne pourraient plus, dans ce cas, nous parvenir ni par terre ni par eau ; comme il vaut mieux s'assurer de la moins commode de ces deux manières, que de n'en avoir aucune, je propose de les rentrer tous à Strasbourg avant une baisse plus grande ; mais cet objet étant d'une grande importance par ses suites, je ne puis rien prendre sur moi sans y être autorisé.

N° 31.

[113]

Schiltigheim, le 16 nivose an V (5 janvier 1797).

MOREAU à GOUVION SAINT-CYR.

Je vous préviens, mon cher général, que j'ai prié le général Desaix et le commandant Chambarlhiac de se rendre chez vous, environ à une heure, où nous reparlerons des îles de la Kintzig ; je compte également sur Boisgérard, le commandant de l'artillerie Dedon, et les deux généraux de division de service.

N° 32.

[114].

Ile-du-Rhin, le 17 nivose an **V** (6 janvier 1797).

LOBRÉAU, *chef de brigade, commandant l'artillerie à Kehl, au général* GOUVION SAINT-CYR.

J'AI eu l'honneur, général, de vous rendre compte ce matin que la redoute du cimetière était très-endommagée par le feu de l'ennemi, et qu'il y avait deux pièces de démontées. Je reçois à l'instant un second rapport du commandant de cette batterie, qui me dit que les trois bouches à feu qui y sont se trouvent hors de service, que même les boulets de l'ennemi traversent parfaitement l'épaulement. J'aurais encore les moyens de la réarmer cette nuit, mais aucun pour rétablir l'épaulement.

N° 33.

[120]

Capitulation du fort de Kehl.

ARTICLE 1er.	RÉPONSES.
Les troupes françaises évacueront le fort de Kehl, dans la journée d'aujourd'hui et demain.	Accordé.

Art. 2.

Elles laisseront les troupes autrichiennes en prendre possession à quatre heures précises de l'après-midi du 21 nivose (10 janvier).

Accordé. Les troupes autrichiennes entreront demain, 10 janvier, dans le fort de Kehl à quatre heures après-midi, et en prendront possession ainsi que de tout ce que les troupes françaises y auraient laissé.

Art. 3.

Dès ce moment toutes les hostilités cesseront de part et d'autre, et les troupes autrichiennes prendront possession de la redoute du *Cimetière*, et auront leurs avant-postes à la barrière la plus proche.

Accordé. Il sera donné des ordres de part et d'autre pour que les soldats des deux armées ne sortent pas de leurs postes, et la redoute du *Cimetière*, ainsi que la barrière qui y conduit, seront sur-le-champ livrés aux Autrichiens.

Art. 4.

Les troupes françaises occuperont les côtés opposés de la barrière jusqu'à demain après-midi.

Accordé.

Art. 5.

Il sera envoyé de part

Accordé. Les ôtages se-

et d'autre un officier d'é-
tat-major, pour rester en
ôtage jusqu'à l'exécution
de la présente capitula-
tion, après laquelle ces officiers seront échangés.

ront échangés demain à
quatre heures après-midi,
au moment où les troupes
autrichiennes prendront
possession du fort de Kehl.

Fait et arrêté à la tranchée devant Kehl, le 20 nivose an V de la république (9 janvier 1797).

Signé, le général comte Baillet de Latour,

et le général Desaix.

Nº 34.

[131]

317ᵉ pièce de la *Correspondance de Klinglin,*
tome II, page 156.

Le 2 décembre 1796.

Le citoyen Barthélemy, *ambassadeur de la république française,* à l'état de basle.

Les rapports de nos officiers prisonniers de guerre,
et divers renseignements, dont les généraux français
vous feront incessamment connaître les détails, ne
laissent aucun doute qu'un corps d'Autrichiens n'ait
passé avant-hier soir sur votre territoire, pour aller
attaquer les Français par un côté que la neutralité helvétique devait rendre invulnérable, sans que les postes
suisses aient donné le moindre signe d'existence, et en-

core moins un signe d'alarme, qui eût suffi pour faire renoncer l'ennemi à son audacieuse entreprise, et qui eût par conséquent évité le carnage auquel cette coupable négligence a donné lieu. Il résulte, magnifiques seigneurs, de ces mêmes rapports, que les postes suisses n'ont reparu ensuite que pour aider les Autrichiens battus à se sauver par votre territoire.

Vous jugerez par ces faits, dont les généraux de la république française vous entretiendront incessamment, qu'ils se trouvent dans la nécessité de prendre des mesures militaires propres à prévenir une nouvelle occupation du territoire, sur un point où il a été violé d'une manière si manifeste.

N° 35.

[131]

322e pièce de la *Correspondance de Klinglin,* tome II, page 165.

Ce 5 décembre 1796.

L'espion WITTERSBACH *au général* KLINGLIN.

Vous ne pouvez pas vous faire une idée de la misère qui règne dans l'armée française. La distribution des viandes à Huningue et environs manque déjà depuis deux jours. Les fournisseurs refusent le service jusqu'à ce qu'on leur ait payé ce qui leur est déjà dû. Les soldats mal habillés et manquant de bois, surtout la garnison de la tête-de-pont, entourés d'eau et n'ayant pas d'abri, dépérissent à vue d'œil : aussi la désertion est incroyablement forte. Un officier de la garnison de Huningue vient de m'assurer que, depuis jeudi dernier, les deux divisions sous les ordres de Ferino ont perdu passé mille hommes, qui se sont en allés droit chez eux, et armés, pour se défendre contre les gendarmes qui voudraient les arrêter. Si cela continue ainsi encore quelques jours, on n'aura plus besoin d'entamer de vive force la tête-de-pont; car ce sont surtout les troupes relevées de ce poste qui partent en majeure partie, aussitôt qu'on les a mises à terre sur la rive gauche.

Les Français font un grand procès à l'État de Basle, en ce que, disent-ils, les postes avancés des Suisses ont favorisé l'attaque et la retraite des Autrichiens, en les laissant passer sur le territoire helvétique dans la journée du 30 novembre. M. le prince de Fürstenberg, de son côté, se plaint, et avec raison, que Basle favorise l'ennemi notablement, en le laissant passer librement sur la rive du Rhin sous la domination de Basle, tant pour relever la garnison de la tête-de-pont, que pour y conduire sur des barques les munitions de guerre et de bouche; et au moyen duquel passage l'ennemi est à couvert de l'artillerie autrichienne, et n'y est exposé qu'une seconde en traversant le grand courant. Les Baslois ont fait mine de s'y opposer; mais ce qu'ils ont fait est si peu de chose, que les Français peuvent aller et vont en effet toujours leur train. Cela mérite que S. A. R. donne des ordres bien positifs à quelqu'un qui ne se contente pas de belles paroles et de promesses, mais qui veuille des faits. (Ceci à vous seul.) Je vois avec peine que l'on est par trop modéré dans des cas de si grande conséquence; surtout vis-à-vis d'un gouvernement dont les chefs régnants ont une prédilection marquée pour l'ennemi.

L'attaque faite par les Autrichiens le 30, a fait renvoyer Ferino à son poste par Moreau.

Les nouvelles d'Italie se soutiennent toujours bonnes ; car toutes les lettres arrivées par le courrier d'hier, disent que les Français se retirent partout, et celles de France disent que les chouans relèvent la tête dans tous les coins de l'empire, surtout à Lyon et en Bretagne.

N° 36.

[131]

325° pièce de la *Correspondance de Klinglin,* tome II, page 179.

Basle, 7 décembre 1796.

WITTERSBACH *à* KLINGLIN.

LE procès dont je vous ai parlé par ma lettre du 5, concernant la prétendue violation du territoire de Basle par les Autrichiens dans la nuit du 30 novembre, n'est pas encore terminé ; le sénat est occupé depuis quatre jours à faire faire des informations ; mais de plus de cent témoins qui ont été entendus, aucun n'a dit que les Autrichiens ont passé sur le territoire neutre ; ils ont au contraire assuré qu'ils l'ont évité. Néanmoins, le gouvernement d'ici, pour satisfaire les Français, fait faire un fossé de quatre pieds de profondeur le long des frontières de son territoire, depuis le Rhin jusqu'à l'avant-poste des Autrichiens, près duquel je vous ai quitté lorsque vous avez été ici au commencement de juin dernier. Il y sera placé, le long de cette ligne, du canon et des perches de distance en distance, et au bout de chacune un pot à feu, pour pouvoir illuminer toute la plaine en avant de la tête-de-pont, ce qui peut devenir très-préjudiciable aux Autrichiens, s'ils voulaient faire encore une attaque de nuit, ou toute autre opération à la faveur de l'obscurité.

Les Baslois n'ont pas la même déférence pour les demandes de S. A. R., et de M. le prince de Fürstenberg. Ils n'ont encore pris aucune mesure sérieuse pour empêcher les Français de se servir de la rive sous leur domination (des Baslois), pour relever la garnison de la tête-de-pont, et pour l'approvisionner de toute manière à l'abri de l'artillerie autrichienne; si vrai que, dans la nuit dernière, deux mille hommes de la garnison ont été ainsi relevés; et on y conduit en ce moment, par la même voie, du bois sur des barques dans le fort, sans que les Autrichiens puissent l'empêcher. Beaucoup de monde est étonné de voir qu'on n'y résiste pas plus sérieusement.

La désertion continue toujours; cinq cents hommes sont partis depuis lundi des environs d'Huningue. La garnison fraîchement relevée a juré qu'on ne la rattrapera plus. La 22ᵉ demi-brigade d'infanterie légère, qui était à Porentruy, est en ce moment au fort.

La canonnade a tout-à-fait cessé depuis trois jours de part et d'autre.

N° 37.

[131]

Sommation adressée par le prince DE FÜRSTENBERG, *commandant les forces autrichiennes devant la tête-de-pont d'Huningue, au général* DUFOUR, *commandant cette tête-de-pont.*

MONSIEUR le général, la sommation que j'ai faite à son temps à M. le général Abatucci, pour rendre la tête-de-pont et les ouvrages sur l'île nommée la......... a été suivie par un bombardement très-modéré, qui cependant a effectué de rompre et de détruire le pont. J'ai sommé là-dessus les ouvrages une seconde fois ; mais M. le général a trouvé les propositions humiliantes, qui cependant ne l'étaient pas, en égard à la situation où il se trouvait. Le sacrifice qu'il a fait, et dont il est lui-même victime, n'a réussi que momentanément, par le retard d'une colonne dont le chef a été tué trop tôt. Vous ne pouvez douter, monsieur le général, ainsi qu'il est de mon devoir et dans la nature de la situation même, que je dois employer tous les moyens pour nous séparer par le Rhin, et je vous réitère donc la proposition de ménager le sang, par l'évacuation des ouvrages et par leur démolition, ayant l'honneur d'être, etc.

Réponse du général DUFOUR.

S'IL est de votre intérêt de désirer que les ouvrages de la tête-de-pont vous soient cédés, les mêmes motifs

19*

existent pour nous de les défendre; et c'est ce que nous ferons, monsieur le général, ayant l'honneur d'être, etc.

N° 38.

[138]

Capitulation de la tête-de-pont d'Huningue, proposée par le général de division DUFOUR, commandant en chef la défense de la tête-de-pont, au général prince de FÜRSTENBERG, commandant les troupes autrichiennes; l'un et l'autre munis de pleins pouvoirs de leurs généraux en chef.

ARTICLE 1ᵉʳ.	RÉPONSES.
Les troupes françaises évacueront la tête-de-pont d'Huningue le 17 pluviose an 5 (5 février 1797) avec armes et bagages, munitions et tout ce qui sert à la défense.	Accordé.
ART. 2.	
Elles en laisseront prendre possession aux troupes autrichiennes à midi précis dudit jour.	Les troupes de sa majesté l'empereur et roi, entreront à midi précis, 5 février, dans la tête-de-pont d'Huningue, y compris l'île *des Cordonniers* et l'ouvrage à corne y placé;

elles en prendront possession, comme de tout ce
que les troupes françaises
pourront y avoir laissé.

Art. 3.

Dans ce moment-ci
toutes les hostilités cesseront de part et d'autre.
Les troupes autrichiennes
prendront, dès à présent,
possession d'un des réduits
de la demi-lune.

Les troupes autrichien-
nes prendront dès à pré-
sent possession du réduit
placé à la gauche de la
demi-lune, auront leurs
sentinelles à la barrière
de ladite demi-lune.

Le 3 février à midi,
elles prendront possession
de la demi-lune, et au-
ront leurs sentinelles près
le pont du petit bras du
Rhin.

Les sentinelles françai-
ses occuperont les côtés
opposés, tant de la bar-
rière que du pont.

Art. 4.

L'on ne tirera pas sur
Huningue de la rive droite
du Rhin.

Pour autant que Hu-
ningue ne sera pas atta-
qué ou cerné sur la rive
gauche du Rhin. En re-
vanche, ladite forteresse
et les batteries qui, placées
sur la rive gauche du Rhin,

servent à la défense, ne ti-reront pas sur les pos-tes autrichiens placés tant dans l'île *des Cordonniers* que sur la rive droite du Rhin soumise au feu de la place.

Le général autrichien pourra faire démolir libre-ment et sans être incom-modé, dans l'espace de six semaines, les ouvrages de ladite tête-de-pont, y com-pris ledit ouvrage à cor-ne, en prenant toutefois les précautions nécessaires pour que la ville d'Hunin-gue n'en soit point endom-magée.

Art. 5.

Tous les ouvrages cons-truits sur la rive droite pour l'attaque de la tête-de-pont, seront détruits, et le tout sera remis au même état où étaient les choses avant le passage du Rhin par l'armée française. Les ouvrages construits avant la reddition de Kehl, la ligne qui les unit, seront

Accordé.

conservés, ainsi que la ligne ou batteries établies
sur le bord du Rhin au-
dessous de la tête-de-pont,
et la communication qui
conduit des ouvrages à
conserver, à ladite ligne.
Tous ces ouvrages cons-
truits entre les susdits ouvrages et le Rhin, seront
détruits dans le délai de
six semaines.

L'on s'en rapporte à l'é-
gard de l'exécution de cet
article à la loyauté des commandants autrichiens.

Art. 6.

Il sera donné de part
et d'autre un officier, lesquels resteront en ôtage
jusqu'au terme fixé (5 février) pour l'évacuation
de l'ouvrage à corne, et
l'entrée des trouppes autrichiennes, après laquelle
ils seront échangés.

Signé, Dufour.

Les ordres seront don-
nés de part et d'autre pour
que les soldats des armées
demeurent dans les limites
fixées par la présente capitulation.

Signé, Charles,
prince de Fürstenberg.

N° 39.

[141]

Schiltigheim, le 25 nivose an V (14 janvier 1797).

REYNIER *à* GOUVION SAINT-CYR.

D'APRÈS les dispositions arrêtées par le général en chef, vous aurez dorénavant, général, le commandement de l'aile gauche de l'armée, qui sera composée des troupes suivantes et des officiers généraux :

Général de division, SAINTE-SUZANNE ;

Généraux de brigade, RIVAUD, DECAEN et FAUCONNET ;

Adjudants-généraux, JULIEN, DUCOMET et LEVASSEUR.

10° demi-brigade d'infanterie légère; 10°, 62° et 97° de ligne;

3° régiment de cavalerie, 10° et 19° de dragons, 8° de chasseurs;

7° et 11° de hussards, 1ʳᵉ compagnie du 2° régiment d'artillerie légère, et 2° compagnie du 8° régiment *idem*.

Général de division, AMBERT ;

Généraux de brigade, LECOURBE, OUDINOT et LABOISSIÈRE.

Adjudants-généraux, GRANDJEAN et MOLITOR.

31°, 68°, 84° et 106° demi-brigades; 9° de cavalerie;

6ᵉ de dragons, 2ᵉ et 20ᵉ de chasseurs, 4ᵉ compagnie du 8ᵉ d'artillerie légère.

La division du général Sainte-Suzanne doit être rendue aujourd'hui sur la Queich; vous ferez mettre celle du général Ambert en mouvement pour se rendre entre Neustadt, Gellheim et Kaiserslautern, afin de trouver plus de subsistances. Il conviendra de faire passer cette dernière, ou au moins une forte partie, par Bitche.

Vous disposerez toutes ces troupes de manière à garder le pied des montagnes depuis Landau jusqu'à Gellheim, où vous appuierez votre gauche, et correspondrez avec la droite de l'armée de Sambre-et-Meuse.

La droite de vos cantonnements devra s'étendre sur le Speyerbach et le Rhin, jusqu'à Germersheim inclusivement.

La 50ᵉ demi-brigade, qui est actuellement sur le Speyerbach, est destinée à passer à l'aile droite; je vous prie de donner ordre au général Sainte-Suzanne de la faire relever promptement, et de la faire partir pour Huningue.

Deux escadrons du 17ᵉ régiment de dragons sont encore dans le Palatinat; le général Sainte-Suzanne devra leur donner ordre de partir pour Lauterbourg, où ils seront réunis aux deux autres qui sont sous les ordres du général Xaintrailles.

P. S. Vous ferez les changements de troupes indiqués dans les divisions, à mesure qu'elles arriveront dans le Palatinat.

Le général Ambert me remet une lettre de l'adjudant-général Gudin, pour que l'échange de la 44ᵉ contre la

31ᵉ demi - brigade ne se fasse pas; vous déciderez cela et en préviendrez le général Duhesme.

Je vous enverrai la division de gendarmerie d'Aveline, aussitôt que le mouvement sera exécuté ; elle est encore nécessaire pour arrêter les déserteurs.

Nº 40.

Schiltigheim, le 8 pluviose an V (27 janvier 1797).

MOREAU *à* GOUVION SAINT-CYR.

J'AI reçu, mon cher général , votre lettre du 6 de ce mois. Vaumorel a dû vous joindre ; il a des instructions du général Éblé, relatives aux parcs des 7ᵉ et 6ᵉ divisions qui vous sont affectées ; l'artillerie légère est également partie, ainsi vous ne manquerez point de munitions.

L'ennemi a fait de même que nous; il a passé six bataillons à Mannheim pour renforcer les postes de Frankenthal, Ogersheim, etc., sept autres sont restés aux environs de Schwetzingen, et le reste en marche vers Mayence; les plus grandes forces se sont portées vers Huningue, soit pour le siége de la tête-de-pont, un passage du Rhin qu'ils doivent tenter, ou une marche vers l'Italie. Les derniers succès que nous venons d'obtenir dans cette partie, me font croire qu'ils y feront marcher des troupes; mais je pense que Mantoue se rendra avant leur arrivée.

N° 41.

[148]

Schiltigheim, le 24 pluviose an V (12 février 1797).

DESAIX, *en l'absence du général en chef* MOREAU,
à GOUVION SAINT-CYR.

JE te préviens, mon cher Saint-Cyr, que le général
Moreau vient de partir pour l'armée de Sambre-et-
Meuse, et m'a laissé le commandement de l'armée
pendant son absence; j'espère n'avoir pas long-temps
cette charge; le général Hoche ayant le commandement de celle de Sambre-et-Meuse, le général Moreau
viendra sûrement bientôt à celle-ci, et moi je revien-
drai ton voisin, disputant à qui fera le plus de tapage
et aura le plus de succès. Tu dois être un peu embarrassé pour faire vivre tes troupes; mais la pénurie exis-
tant partout, on ne peut pas se plaindre; il ne reste
qu'à faire bien des efforts pour se tirer d'embarras :
ainsi arrange-toi, mets ton esprit à la torture, et tire
au loin.

Le général Reynier a dû t'écrire, pour te prier de
voir si, dans tout le pays où tu es, et principalement
sur la Sarre, il n'y aurait pas moyen de construire des
bateaux, dont nous avons grand besoin; tu ferais une
bien belle action si tu savais nous organiser des constructions en quantité. Ce pays abonde en bois ainsi
qu'en constructeurs, tu pourrais en tirer parti; je
pense aussi qu'on pourrait employer l'administration

des pays conquis à cet objet, en piquant d'amour-propre ceux qui la composent; en les poussant, on pourrait les engager à faire faire ces constructions sur la contribution des pays conquis; vois à faire l'impossible. Je crois qu'on pourrait avoir bien des ressources en les cherchant bien.

Je pense que nous resterons tranquilles, les ennemis paraissant vouloir l'être. Ils continuent avec lenteur leur siége de la tête-de-pont d'Huningue. La nuit du 9 au 10 (28 au 29 janvier), Cassagne a fait une sortie très-heureuse, culbuté tous les travaux des ennemis, encloué cinq pièces de canon, et en a emmené deux; c'est très-beau. Si on le tourmente là-bas, je suis sûr que l'on en fera bien davantage dans ton beau théâtre.

Je te prierais, lorsque tu auras quelques événements, en même temps que tu m'en rendras compte, d'en instruire aussi le général Moreau; tu pourras lui adresser tes dépêches à Coblentz, où je crois qu'il se tiendra d'abord; par ce moyen, s'il y a des mouvements à faire et des secours à porter, ils se feront avec plus de rapidité.

N° 42.

[144]

Cologne, le 1er ventose an V (19 février 1797).

MOREAU *à* GOUVION SAINT-CYR.

Le général Reynier, mon cher général, m'a fait part de propositions qui vous avaient été faites par le général autrichien Merfeld, de convenir verbalement d'un armistice de trois jours ; comme il n'y a pas de doute que nous serons obligés de rompre, il vaut mieux ne pas faire de ces conventions ; une rupture fait toujours un mauvais effet, et les grandes forces que l'ennemi envoie en Italie nous donneront bien de l'avantage à commencer la guerre sur le Rhin.

J'attends avec impatience l'arrivée du général Hoche, pour rejoindre l'armée ; si les chemins sont praticables pour une voiture, je passerai par Deux-Ponts en m'en retournant. L'armée de Sambre-et-Meuse sera bien belle en entrant en campagne ; elle pourra être de quatre-vingt mille hommes. On nous avait bien trompés sur sa situation : son personnel ne laissait rien à désirer, et il eût suffi de vouloir en tirer parti pour aller sur le Mayn pendant le siége de Kehl.

N° 43.

[143]

Deux-Ponts, le 3 ventose an V (21 février 1797).

GOUVION SAINT-CYR à DESAIX.

Nous n'avons rien de nouveau, mon cher Desaix, dans nos cantonnements ; seulement les plaintes et les murmures augmentent, et à tel point, que je déserte de l'armée dans huit jours, si l'on ne prend des mesures pour payer enfin la troupe. L'officier et le soldat n'ont pas de quoi retirer leurs lettres de la poste et faire blanchir leurs chemises ; cette position est d'autant plus affligeante, que l'armée de Sambre-et-Meuse est entièrement soldée. Je te demande, mon cher Desaix, l'autorisation de faire payer le corps de troupes que **je commande**, par le pays conquis ; les quartiers-maîtres tireraient les sommes dues à leurs corps, dans les villes et villages occupés par ces troupes, en donnant **des reçus aux** communes qui les remettraient aux **receveurs de l'ad-**ministration des pays conquis, en paiement **des con-**tributions. Ces mêmes receveurs pourraient **donner ces** reçus aux payeurs de l'armée comme argent **comptant,** et les quartiers-maîtres les retireraient d'**entre les mains** du payeur de la guerre, et donneraient **en échange des** quittances de prêt.

Par ce moyen, les troupes seraient **payées dans trois** jours, et il n'y aurait pas de gaspillage. **Je te prie, mon** cher général, de me répondre de suite, **si tu approuves** mon projet.

N° 44.

[143]

Schiltigheim, le 10 ventose an V (28 février 1797).

DESAIX, *en l'absence du général en chef* MOREAU, *à* GOUVION SAINT-CYR.

JE sais parfaitement combien les troupes sont souf-frantes pour la paye, et combien elles sont arriérées ; je n'épargnerai rien pour que cela n'arrive plus. Il est parti 200,000 liv. pour payer tes divisions ; ainsi elles auront l'arriéré jusqu'au 1er nivose. J'ai l'espérance qu'à force de crier, je verrai enfin les divisions obtenir ce qui leur est dû. Je crois que le moyen que tu pro-poses de payer les troupes serait bien bon si le pays

conquis était suffisant pour acquitter ces sommes ; tu
sens qu'elles sont considérables, et qu'il serait impossible de les rassembler. Il en résulterait des inconvénients bien graves, vu que chacun se disputant le peu
de fonds qui se trouverait, il y aurait des personnes ou
des corps qui seraient payés et d'autres qui ne le seraient pas.

Je crois qu'il serait très-bien de prendre d'exacts
renseignements sur ces produits ; alors, si on vous fait
encore manquer, nous nous en emparerons. Il faudrait préparer cela de manière à ce qu'il en résultât le
moins d'inconvénients possible.

Tu m'annonces que tes troupes seraient payées dans
trois jours ; il me paraît difficile à penser qu'un aussi
petit pays que celui que nous occupons, puisse livrer
cette somme ; d'ailleurs, dans ce moment, il se trouverait double emploi, l'argent envoyé par le payeur et
celui qui serait prélevé. Je vais voir encore si, comme
on me le promet depuis si long-temps, nous ne pourrions pas être entièrement payés ; dans le cas contraire,
nous recourrons au moyen que tu me proposes.

N° 45.

[148]

Deux-Ponts, le 30 ventose an V (20 mars 1797).

GOUVION SAINT-CYR à MOREAU.

JE vous préviens, mon général, qu'il existe beaucoup de bois de construction sur la Sarre, appartenant
à des habitants du pays conquis, que je viens provisoi-

rement de mettre en réquisition ; il manque le bois
nécessaire pour les courbes et poupées ; j'ai donné des
ordres pour que l'on en coupe dans les forêts du pays de
Nassau, avoisinant la Sarre. Nous trouverons les fers
qui nous seront nécessaires, dans les forges de ce pays.

Je viens d'envoyer mon aide-de-camp sur la Sarre, pour
m'amener des chefs de construction, avec lesquels on
pourrait faire des marchés pour la fabrication des bateaux, suivant le modèle que vous indiquerez. Il serait
nécessaire que vous m'envoyassiez ici un officier d'artillerie, parfaitement au fait des dimensions et qualités
que l'on exigera. Je vous ferai part des propositions des
entrepreneurs que j'attends d'un moment à l'autre ; si
elles vous conviennent, vous me désignerez quelqu'un
pour en passer le marché. On trouvera de l'argent dans
les caisses des receveurs des pays conquis, pourvu que
vous preniez des mesures pour ne plus rien laisser
partir pour Trèves. On peut tirer, je pense, 100,000 fr.
par mois, des receveurs du pays que nous occupons.

N° 46.

[151]

Sarrebrück, le 7 germinal an V (27 mars 1797).

Le général LABOISSIÈRE *au général* GOUVION
SAINT-CYR.

L'APPROVISIONNEMENT en fourrages étant ici très-
faible, puisque le service n'est assuré que pour dix
jours, je me décide à envoyer le 9ᵉ de cavalerie à Bou-

zonville, et le 3ᵉ dans les villages sur la Sarre, entre Sarrelibre (Sarre-Louis) et Sarrebrück.

Je les garderai cependant jusqu'au 14 pour les faire exercer. Si vous voulez donner l'ordre aux 2ᵉ et 11ᵉ de se rendre ici, je placerai le 11ᵉ à Gross-Blidestroff, et le 2ᵉ dans les environs de Sarrebrück. Nous attendons de jour en jour des fourrages venant de la Lorraine.

On me mande de Paris que Clarke est occupé à négocier la paix, et que son retour paraît éloigné.

N° 47.

[151]

Deux-Ponts, le 22 germinal an V (11 avril 1797).

GOUVION SAINT-CYR *au général* FAUCONNET.

LE général Ambert m'annonce que la droite de l'armée de Sambre-et-Meuse va commencer les hostilités. Je n'ai point encore reçu d'ordre du général en chef de l'armée du Rhin; en conséquence vous continuerez, mon général, à rester sur la défensive; vous resserrerez vos cantonnements, s'ils sont trop disséminés, et vous ferez redoubler de surveillance aux avant-postes. Je ne crois pas que l'ennemi ait des projets d'attaques dans le pays que vous commandez; dans le cas contraire, s'il attaquait avec des forces supérieures, vous prendriez position avec votre division dans les environs de Landau, en jetant une garnison de trois bataillons dans cette place.

N° 48.

[151]

Cologne, le 23 germinal an V (12 avril 1797).

Le général en chef HOCHE *au général* DESAIX, *commandant l'armée de Rhin-et-Moselle.*

JE vous transmets, citoyen général, l'extrait d'une lettre que m'écrit le Directoire, pour m'informer que ses intentions sont de mettre à ma disposition le corps de troupes qui a été jusqu'à ce moment devant Mayence, en le faisant remplacer par une partie de l'aile gauche de l'armée du Rhin que vous commandez.

Le général Moreau vous aura sans doute écrit sur le même sujet; je puis donc penser que vous avez fait déjà quelques dispositions; mais il est bon que vous sachiez que les ordres du Directoire me prescrivent de marcher sur-le-champ; j'attaque les ennemis le 27 (16 avril).

Je sais, général, qu'il est de toute impossibilité que vous ayez fait relever les troupes que commande le général Collaud, à cette époque; aussi me bornerai-je à attendre qu'elles soient disponibles pour le 1er floréal (20 avril); ce qui sera d'autant plus facile, qu'en deux ou trois marches le général Saint-Cyr peut porter sa division, de Kaiserslautern sur la basse Nahe. Je vais mander au général Collaud de se concerter avec cet officier-général pour le remplacement successif. Jusqu'à ce moment, quinze bataillons et six escadrons, formant un total de quinze mille hommes, ont suffi pour conserver sa position ; mais il est à croire que les ennemis chercheront à faire une pointe par Mannheim et Mayence, au moment où nous nous porterons sur le Mayn. Je vous invite donc à porter de seize à dix-huit mille hommes devant la dernière de ces places : huit mille hommes de la garnison de Landau, que je suppose être de pareille force, suffiront pour masquer la tête-de-pont de Mannheim. Vous remarquerez, général, que lorsque je serai sur le haut Mayn, les ennemis, forcés de se retirer, vous laisseront la faculté de retirer au moins un gros tiers des forces qui sont nécessaires en ce moment.

Mandez-moi, général, ce que je puis faire pour les subsistances, si vous en manquez, de viande surtout ; bien que nous soyons nous-mêmes un peu gênés, je vous en ferai passer.

N° 49.

[154]

Neustadt, le 24 germinal an V (13 avril 1797).

Le général FAUCONNET *au général* GOUVION SAINT-
CYR.

LE général Sainte-Suzanne vient de m'ordonner de vous adresser l'adjudant-colonel, comte de Grüne, porteur de dépêches très-intéressantes pour le général en chef, d'après une négociation entamée entre le général Bonaparte et le prince Charles. Je le fais conduire, ainsi qu'un capitaine qui l'accompagne, par le

20*

chef de brigade Place et mon fils. Je désire que l'armistice qu'il paraît que l'on propose, nous amène la paix.

Les entrepreneurs nous laissent manquer de tout, le pain manque dans les différentes munitions, et je vois avec chagrin que nous serons forcés d'en revenir aux réquisitions.

N° 50.

[151]

Deux-Ponts, le 25 germinal an V (14 avril 1797).

GOUVION SAINT-CYR *à* AMBERT.

JUSQU'A présent je n'ai point reçu d'ordre du général en chef, pour commencer les hostilités ; ainsi, mon cher camarade, tu continueras à rester sur la défensive. Je ne suis pas d'avis d'augmenter les troupes qui forment nos avant-postes ; si la brigade du général Oudinot était attaquée par des forces supérieures, elle se retirerait sur Kaiserslautern. Elle serait réunie à celle de Lecourbe que tu feras porter sur ce point, dans le cas où des circonstances feraient craindre une attaque sérieuse de la part de l'ennemi ; mais je ne crois pas qu'il soit tenté d'en faire une dans cette partie. Il faut seulement se tenir surveillant et bien éclairé sur les mouvements qu'il pourrait faire.

N° 51.

[161]

Strasbourg, le 25 germinal an V (14 avril 1797).

DESAIX, *en l'absence du général en chef* MOREAU,
à GOUVION SAINT-CYR.

J'AI déjà été prévenu, mon cher Saint-Cyr, des nouvelles que tu m'annonces ; elles sont d'une grande importance, et indiquent en effet l'embarras des Autrichiens. C'est bien le moment de leur donner de la tablature ; aussi tout se prépare ici pour agir bien vigoureusement. Tu sais la position où nous sommes ; tu connais le général qui commande l'armée qui nous avoisine ; tu connais sa manière d'agir ; tu ne seras donc pas étonné d'apprendre qu'il doit agir de suite sur la rive droite ; et, comme tu penses bien, il a exigé que nous fussions le remplacer : ainsi tu vois notre destinée. L'armée de Sambre-et-Meuse prenant tout entière l'offensive, et nous condamnant à végéter tristement et ennuyeusement autour de Mayence et devant Mannheim, tu sens que c'est une cruelle idée ; et puis, comme on nous humiliera ! Je t'avouerai que je ne verrai qu'avec peine l'armée réduite à cette triste position ; j'espère qu'elle aura une destinée plus brillante et plus glorieuse. Nous n'avons pas renoncé à l'espérance de franchir peut-être la barrière qui nous arrête : tout se prépare pour en saisir l'occasion favorable, et peut-être réussirons-nous.

Ainsi, d'après cela, je pense que l'armée ne doit pas
aller courir dans le Hundsruck se mettre dans la misère; tu sens que lorsque l'armée de Sambre-et-Meuse
s'assemblera pour passer le Rhin, nous ne devons pas
aller prendre ses positions, mais seulement éclairer cette
partie par des patrouilles et des petits corps, afin d'arrêter les courses des ennemis, les contenir. Le général
Reynier te fera connaître nos intentions sur la position
des troupes qu'il voudrait plus rapprocher, pour qu'elles
se portassent ici très-rapidement en cas de passage du
Rhin.

J'attends bientôt le général Moreau; j'espère qu'il
nous rapportera de l'argent, et, par conséquent, de
quoi satisfaire l'armée et soutenir la campagne; nous en
avons grand besoin. Tu sais combien la gloire de l'armée de Rhin-et-Moselle nous intéresse; j'espère que
nous la soutiendrons et augmenterons par de nobles et
vigoureux efforts.

Tu sens, mon cher Saint-Cyr, que le congé, ou plutôt la permission que tu me demandais, est absolument
impossible dans ce moment; ainsi, j'espère que tu nous
resteras. Fais-moi prévenir quand l'armée de Sambre-
et-Meuse rompra son armistice de trois jours.

N° 52.

[159].

Strasbourg, le 26 germinal an V (15 avril 1797).

DESAIX, *en l'absence du général en chef* MOREAU, *à* GOUVION SAINT-CYR.

JE t'annoncerai, mon cher Saint-Cyr, que je n'ai pas pu accepter la proposition que m'a faite M. de Latour, d'un armistice à terme un peu plus long, d'après celui qui a été, dit-il, conclu en Italie par le général Bonaparte. Tu sais que le gouvernement, après le siége de Kehl, a défendu expressément d'en conclure sans sa participation; par conséquent, je ne le pouvais pas. D'ailleurs il me semble que ce n'est pas le moment, où l'armée de Sambre-et-Meuse vient de rompre celui qu'elle avait conclu, qu'il est possible d'en admettre un nouveau, surtout encore au moment où les Autrichiens viennent de faire partir de devant nous huit ou dix bataillons et vingt-deux escadrons, pour renforcer leur armée d'Italie.

Tu as dû recevoir une lettre que je t'ai écrite avant-hier, pour te prescrire les dispositions que m'avait ordonnées le Directoire, d'après le mouvement sur la rive droite par l'armée de Sambre-et-Meuse. Je crois qu'il faut toujours s'en tenir à ces dispositions; elles sont dans l'esprit du général Moreau qui vient de m'écrire de ne pas trop éloigner nos troupes du centre, afin de les faire agir où il sera nécessaire. Je t'ai annoncé que nous serons bientôt en mesure d'agir. Je n'attends plus que le général Moreau ; nous sommes prêts d'un moment à l'autre : on se prépare dans le plus grand secret.

J'attends avec impatience de savoir ce qu'aura fait le général Hoche, s'il a attaqué ou non ; il devait agir le 27 (16 avril). S'il avait accepté l'armistice, il faudrait faire comme lui. Dans tous les cas il n'est pas nécessaire de commettre d'hostilités, nous pouvons rester tranquilles en prenant nos précautions, puisque nous sommes sur la défensive.

Si l'armée de Sambre-et-Meuse nous cède du terrain dans le Hundsruck, il faudra en tirer des subsistances tant que cela sera possible, ainsi que des ressources dont nous avons si besoin.

Le général Hoche m'offre des vivres, je ne crois pas à la sincérité de ses offres ; je lui ai mandé qu'il nous ferait grand plaisir de nous envoyer ce qu'il pourrait. Le général Hoche me mande aussi qu'il ordonne au général Collaud, qui commande à la droite de son armée, de se concerter avec toi pour faire relever le corps qu'il commande par tes troupes ; il sent bien que cela ne sera pas faisable sur-le-champ, mais il espère que le corps du général Collaud pourrait être disponible les premiers jours de floréal. Comme je te l'ai déjà dit, il faut faire éclairer cette partie : si l'ennemi y venait, on y marcherait très en force et on l'aurait bientôt fait rentrer dans ses places ; d'ailleurs, il est à présumer qu'il ne s'y exposera pas, quand il verra l'armée de Sambre-et-Meuse s'approcher du Mayn.

N° 53.

[161]

Quartier-général à Coblentz, le 27 germinal an V (16 avril 1797).

HOCHE, *général en chef de l'armée de Sambre-et-Meuse, au général de division* COLLAUD.

JE vous préviens, mon cher général, et je vous prie d'en avertir les généraux de l'armée du Rhin, que les troupes de celle-ci ne viendront pas relever celles que vous commandez dans le Hundsruck, le Directoire en ayant autrement décidé.

Bien que je vous prescrive de placer votre petit corps en deux endroits (le camp de Saint-Roch et la position de Creutznach), je vous invite à ne pas vous attacher à la lettre de mon instruction, et à faire, au contraire, les dispositions que vous jugerez convenables au bien du service.

L'armée du Rhin doit laisser un corps pour observer le Palatinat et probablement la tête-de-pont de Mannheim ; veuillez bien y lier votre droite par quelques postes intermédiaires, et vous rappeler que le grand objet est de resserrer les ennemis le plus possible.

N° 54.

[151]

Deux-Ponts, le 27 germinal an V (16 avril 1797):

GOUVION SAINT-CYR *à* AMBERT.

JE crois, mon cher camarade, que le général Hoche n'acceptera pas l'armistice proposé par les Autrichiens. Tu feras entrer en ligne la 68ᵉ demi-brigade, ainsi que la compagnie d'artillerie légère. La brigade de Lecourbe restera, pour le moment, telle qu'elle est. La pénurie de fourrages dans le Palatinat m'empêche d'augmenter la cavalerie dans cette partie; je ferai cependant porter sur la gauche deux escadrons de troupes légères pour éclairer les mouvements que pourrait faire la garnison de Mayence, quand l'armée de Sambre-et-Meuse aura entièrement abandonné la position qu'elle occupe pour passer le Rhin.

Je me rendrai, demain ou après, à Kaiserslautern où j'établirai mon quartier-général.

N° 55.

[165]

Strasbourg, le 28 germinal an V (17 avril 1797).

REYNIER *à* GOUVION SAINT-CYR.

Le passage est définitivement déterminé pour la nuit du 30 au 1ᵉʳ floréal (du 19 au 20 avril). L'adjudant-général Gudin vous aura remis une note des mouvements qui doivent être faits pour se rapprocher de ce point. Je vous envoie ci-joint un état des mouvements que devront faire les troupes de l'aile gauche; vous y ferez les changements que les circonstances et les localités exigeront; mais vous tâcherez d'exécuter ces mouvements de manière que la brigade de Lecourbe, une compagnie d'artillerie légère et la cavalerie légère qui sera disponible, arrivent le 1ᵉʳ floréal (20 avril) à Weyersheim. Le reste de l'aile gauche fera son mouvement le 1ᵉʳ floréal, et devra passer le Rhin le 4 (23 avril).

On fait préparer des subsistances à Landau et Haguenau; le commisaire des guerres Monnay s'est concerté pour cela avec le commissaire ordonnateur en chef.

Je n'ai pas besoin de vous recommander le secret.

P. S. Si vous jugez convenable de faire quelque marche devant la tête-de-pont de Mannheim, pour y attirer l'attention de l'ennemi, vous pourrez le faire; mais il ne faut rien envoyer du côté de Mayence, où l'armée de Sambre-et-Meuse laisse des troupes.

Le général Moreau arrive ici le 30 (19 avril).

N° 56.

[151]

Kaiserslautern, le 28 germinal an V (17 avril 1797).

AMBERT *à* GOUVION SAINT-CYR.

PRÉVAL m'a dit, mon cher général, que tu désirais que je fisse barraquer la brigade d'Oudinot; j'approuve beaucoup cette mesure de prudence, mais je dois t'observer qu'elle ne peut être adoptée, qu'au préalable on n'ait réuni les moyens de nourrir les troupes. Le commissaire des guerres que j'ai fait appeler, m'a dit n'avoir en magasin que six cents quintaux de seigle et d'orge, qu'il pouvait fournir pendant six jours du mauvais pain à cette brigade ; qu'on ne peut plus compter sur les réquisitions, les troupes ayant consommé le peu de ressources du pays. Il est donc indispensable que tu fasses verser, par le commissaire des guerres Monnay, les magasins de Deux-Ponts, Sarrebrück et Pirmasens, dans celui de Kaiserslautern ; mais avant de faire barraquer les troupes, tu penseras qu'il est nécessaire de s'assurer positivement si le versement de ces magasins pourra s'effectuer, et si, dans ce cas, ils pourraient suffire à alimenter les troupes de première ligne, pendant une quinzaine de jours. Réponds-moi de suite sur le tout, et dis-moi positivement ce que je dois faire.

Le général Oudinot me mande que l'ennemi est toujours dans la même attitude, et ne paraît rien vouloir tenter avant que nous ne le prévenions. Le général autrichien Knesewich lui a fait dire hier, qu'ignorant si nous nous trouvions dans le cas de la rupture de l'armée de Sambre-et-Meuse, il le priait de l'en prévenir; il lui a fait ajouter qu'il comptait sur sa loyauté, et qu'il ne se mettrait en état de défense que lorsqu'il serait certain de nos dispositions hostiles. Oudinot n'a pu rien répondre de positif à ce général, et il me demande des ordres : j'attends les tiens à ce sujet qui me paraît assez important. Si tu m'autorisais à entrer dans les vues du général autrichien, en convenant avec lui de continuer l'ancien armistice de trois jours, ou de le réduire à vingt-quatre heures, nous sortirions par ce moyen de l'extrême embarras où nous nous trouvons pour barraquer nos troupes sur-le-champ; et nous aurions le temps de prendre des mesures pour assurer leurs subsistances, lorsqu'il faudrait absolument les faire camper.

Nous serons bien gênés à Kaiserslautern pour nos deux quartiers; je suis bien fâché que la situation de mes troupes ne puisse pas me permettre de m'établir ailleurs.

N° 57.

Deux-Ponts, le 28 germinal an V (17 avril 1797).

GOUVION SAINT-CYR à AMBERT.

Il faut absolument faire camper les troupes; les commissaires des guerres de la division sont autorisés à tirer de Pirmasens, Deux-Ponts, etc., tout ce qu'ils pourront. Le commissaire Monnay est absent.

Je t'ai dit plusieurs fois que je ne connaissais pas un armistice pour l'armée du Rhin, et que je ne me croyais nullement lié par les arrangements faits par l'armée de Sambre-et-Meuse avec les Autrichiens.

N° 58.

[193]

Strasbourg, le 12 thermidor an V (30 juillet 1797).

MOREAU *à* GOUVION·SAINT-CYR.

J'ai reçu, mon cher général, vos dépêches du 9 thermidor (27 juillet). J'étais en tournée sur la rive droite, de sorte que je n'ai pu vous répondre plus tôt; je ne suis rentré qu'hier soir.

Continuez votre mouvement, je ne vous enverrai de troupes que quand vous serez établi d'une manière invariable. .

Je n'imagine pas que le général Hoche, supposé qu'il revienne, veuille s'opposer à l'exécution de ce mouvement; dans le cas où il l'arrêterait, vous m'en instruirez sur-le-champ; et, s'il persiste, je m'en rapporterai à la décision du gouvernement qui l'a ordonné et paraît y tenir.

N° 59.

[194]

Offenburg, le 4 fructidor an V (4 août 1797).

REYNIER *à* GOUVION SAINT-CYR.

Je suis instruit, général, que la 68ᵉ demi-brigade
est encore en garnison à Landau, tandis qu'on ne
devrait avoir dans cette place que le nombre de compagnies nécessaires pour faire le service ; et que ces
compagnies devraient être relevées souvent par d'autres,
afin de faire supporter ce service et les privations des
troupes en garnison par tous les corps. La 68ᵉ demi-
brigade a déjà fait du bruit à Landau par le retard des
paiements de la solde ; et, dans notre situation ; on doit
toujours s'attendre que les troupes casernées seront plus
faciles à travailler par les malveillants, lorsque le manque de solde se joint aux mauvaises fournitures en
vivres et en logement. C'étaient ces motifs qui avaient
engagé, il y a un mois, le général en chef à vous écrire
de changer la 68ᵉ demi-brigade et d'organiser le service
de Landau, de manière qu'il n'y eût que le moins de
troupes possible ; j'ignore pour quelle raison cela n'a
pas été exécuté.

Maintenant que tous les services manquent, qu'on
est obligé de faire nourrir les troupes chez les habitants
et qu'on ne peut qu'avec peine assurer le service des
places, il importe encore plus de diminuer la garnison
de Landau ; je vous invite à en donner l'ordre sur-le-
champ.

Le service va manquer pour la cavalerie qui est cantonnée entre la Sarre et Metz ; le général en chef a bien
requis les administrateurs des départements de fournir
aux besoins des troupes qui sont cantonnées dans leurs
départements, mais cela éprouvera nombre de difficultés. Il conviendra de faire passer cette cavalerie dans le
pays conquis, dont l'étendue doit à présent offrir beaucoup de ressources pour l'aile gauche.

N° 60.

[194]

Strasbourg, le 4 fructidor an V (21 août 1797).

MOREAU *à* GOUVION SAINT-CYR.

J'ai reçu, mon cher général, votre lettre du
1er fructidor (18 août). J'ai reçu une défense du ministre de la guerre de donner aucun congé, notamment aux officiers-généraux, sans son consentement :
les troubles de Paris en sont la cause. Je vais lui
adresser la demande du général Laboissière, et je ne
doute pas qu'il n'y défère.

Je fais rassembler des fonds pour payer une décade ;
si je puis y parvenir, j'irai vous voir ; car alors je
serai sûr qu'il ne se passera pas de scène ici comme à
Metz et à Besançon ; mais je n'oserai pas m'absenter
sans avoir fait donner quelque argent.

N° 61.

[199]

Wetzlar, le 22 fructidor an V (8 septembre 1797).

HOCHE, *général en chef de l'armée de Sambre-et-Meuse, à* GOUVION SAINT-CYR.

JE vous préviens, citoyen général, que, conformément aux intentions du Directoire exécutif, je réunis provisoirement le commandement des armées de Sambre-et-Meuse et de Rhin-et-Moselle, le général Moreau étant appelé à Paris pour conférer sur la situation des troupes qu'il commande. Vous voudrez bien tenir le corps à vos ordres prêt à marcher.

Je crois vous faire plaisir, en vous annonçant qu'à la suite d'une révolution qui vient d'avoir lieu à Paris, tous les conspirateurs royaux ont été arrêtés.

N° 62.

[198]

Paris, le 23 fructidor an V (9 septembre 1797).

Le DIRECTOIRE EXÉCUTIF *au citoyen* HOCHE, *général en chef des armées de Rhin-et-Moselle et de Sambre-et-Meuse.*

LE Directoire exécutif vous adresse, citoyen général, copie d'une lettre écrite, le 17 de ce mois (3 septembre), au citoyen Barthélemy, par le général Moreau. Vous y verrez qu'une correspondance en chiffres, extrêmement importante, est entre les mains de ce dernier, et que les généraux Desaix et Reynier, avec un aide-de-camp, non nommé, du général Moreau, et un officier dont on tait également le nom, mais que l'on désigne comme chargé de la partie secrète de l'armée, ont seuls connaissance de ce fait. Le Directoire vous invite, citoyen général, à lui faire passer promptement cette correspondance avec ce qui est déjà déchiffré, la clef du chiffre et le déchiffreur : après avoir tenu inventaire et procès-verbal, vous les ferez accompagner par une garde suffisante, pour ne laisser aucune inquiétude sur leur sûreté.

Le général Moreau dit dans sa lettre, que plusieurs personnes sont difficiles à découvrir, parce qu'elles n'y sont pas indiquées par leurs noms; mais il ajoute qu'il a des indications telles, que plusieurs sont déjà connues. Il est nécessaire que le Directoire connaisse ces indications, et il serait peut-être à propos que vous confériez séparément à cet égard, non avec le général Moreau, puisqu'il doit être en route pour Paris, d'après les deux arrêtés du 16 de ce mois (2 septembre), mais avec les quatre autres personnes ci-dessus indiquées, comme ayant connaissance de la correspondance dont il s'agit.

Vous prendrez enfin la précaution, citoyen général, si le chef de brigade Badonville est dans l'étendue de votre département, de le faire arrêter militairement et comme espion, ainsi que tout autre individu qui, d'après la correspondance trouvée, paraîtrait avoir trempé dans la conspiration. Vous en donneriez promptement avis au Directoire, pour qu'il puisse prendre un parti à cet égard.

N° 63.

[197]

Le 23 fructidor an V (9 septembre 1797).

Proclamation du général en chef MOREAU *à l'armée de Rhin-et-Moselle.*

JE reçois à l'instant la proclamation du Directoire exécutif, du 18 de ce mois (4 septembre), qui apprend à la France que Pichegru s'est rendu indigne de la confiance qu'il a long-temps inspirée à toute la république, et surtout aux armées.

On m'a également instruit que plusieurs militaires, trop confiants dans le patriotisme de ce représentant, d'après les services qu'il a rendus, doutaient de cette assertion.

Je dois à mes frères d'armes, à mes concitoyens, de les instruire de la vérité.

Il n'est que trop vrai que Pichegru a trahi la confiance de la France entière ; j'ai instruit un des membres du Directoire, le 17 de ce mois (3 septembre), qu'il m'était tombé entre les mains une correspondance avec Condé et d'autres agents du Prétendant, qui ne me laissait aucun doute sur cette trahison.

Le Directoire vient de m'appeler à Paris, et désire sûrement des renseignements plus étendus sur cette correspondance.

Soldats! soyez calmes et sans inquiétudes sur les événements de l'intérieur ; croyez que le gouverne-

21*

ment, en comprimant les royalistes, veillera au maintien de la constitution républicaine que vous avez juré de défendre.

Nota. Il se répand à Strasbourg quelques libelles sans signatures, sous le titre : *Adresse de l'armée de Rhin-et-Moselle.*

Le général en chef dédaignera de les désavouer ; ils ne peuvent être l'ouvrage que de quelques factieux.

La conduite de l'armée répond à toutes ces calomnies.

N° 64.

[197]

Strasbourg, le 24 fructidor an V (10 septembre 1797).

REYNIER *à* GOUVION SAINT-CYR.

Je vous adresse, général, quelques exemplaires d'une proclamation du général Moreau, sur les trahisons dont il est bien convaincu.

Je vous prie de lui donner une grande publicité dans l'armée : elle est mise à l'ordre. Je profite d'un courrier de l'armée de Sambre-et-Meuse pour qu'elle y arrive plus tôt.

N° 65.

[197]

Extrait du *Moniteur*, du 29 fructidor an V
(15 septembre 1797).

Strasbourg, le 24 fructidor an V (10 septembre 1797).

MOREAU *au* **DIRECTOIRE EXÉCUTIF.**

CITOYENS DIRECTEURS,

JE n'ai reçu que le 22 (8 septembre), très-tard et
à dix lieues de Strasbourg, votre ordre de me rendre
à Paris.

Il m'a fallu quelques heures pour préparer mon départ, assurer la tranquillité de l'armée, et faire arrêter
quelques hommes compromis dans une correspondance
intéressante que je vous remettrai moi-même.

' Je vous envoie ci-jointe une proclamation que j'ai
faite, et dont l'effet a été de convertir beaucoup d'in-
crédules; et je vous avoue qu'il était difficile de croire
que l'homme qui avait rendu de grands services à son
pays, et qui n'avait nul intérêt à le trahir, pût se porter à une telle infamie.

On me croyait l'ami de Pichegru, et dès long-temps
je ne l'estimé plus; vous verrez que personne n'a été
plus compromis que moi, que tous les projets étaient
fondés sur les revers de l'armée que je commandais;
son courage a sauvé la république.

N° 66.

[199]

Strasbourg, le 24 fructidor an V (10 septembre 1797).

REYNIER *à* GOUVION SAINT-CYR.

LE général Moreau étant parti pour Paris depuis trois heures, je réponds, général, à votre lettre du 23.

Le Directoire a en effet donné au général Hoche le commandement provisoire des deux armées, pendant l'absence du général Moreau. Comme la lettre du Directoire a été apportée ici par un courrier de l'armée de Sambre-et-Meuse, sans lettre du général Hoche, le général Moreau ignorant s'il acceptait ce commandement, lui a écrit par le retour de ce courrier, pour s'en informer, et m'a chargé de faire exécuter les ordres qu'enverrait le général Hoche, à qui il a dit de m'adresser sa réponse.

C'est cette indécision qui a empêché de vous faire connaître les intentions du Directoire ; vous devrez exécuter les ordres que le général Hoche vous enverra. Je vous prie de me faire informer, par l'adjudant-général Gudin, de tous les mouvements que vous seriez dans le cas d'opérer.

Le courrier qui retourne à l'armée de Sambre-et-Meuse, a été chargé ce matin de vous remettre des exemplaires de la proclamation du général Moreau, sur la trahison de Pichegru, dont nous avons les plus grandes preuves par la correspondance de Klinglin, prise lors du passage du Rhin, et qu'il a fallu du temps pour déchiffrer.

Ci-joint une proclamation du ministre de la guerre.

N° 67.

[199]

Wetzlar, le 3ᵉ jour complémentaire an IV (19 septembre 1797).

REYNIER *à* GOUVION SAINT-CYR.

L ͤ général Debelle vous envoie un courrier, pour vous prévenir que le général Hoche est mort cette nuit; et qu'il a dit, avant de mourir, que vous devez commander l'armée du Rhin, pendant l'absence du général Moreau. — J'écris à l'adjudant-général Fririon, en lui disant de le mettre à l'ordre du jour; je vous prie de lui faire parvenir la lettre ci-jointe.

Je vais partir pour me rendre à Creutznach auprès de vous; je passe par Francfort, Wisbaden et Bingen; j'arriverai demain soir.

N° 68.

[197]

Extrait de la *Correspondance de Klinglin,* tome Ier.

Paris, le 10 vendémiaire an VI (1er octobre 1797).

MOREAU *au* **MINISTRE DE LA POLICE GÉNÉRALE.**

Citoyen ministre, en vous remettant les papiers du général Klinglin, chargé de la correspondance secrète de l'armée ennemie, je vous dois quelques détails sur la manière dont ils ont été saisis, et sur ma lettre au citoyen Barthélemy, que plusieurs personnes ont prétendue écrite après que j'ai eu connaissance des événements du 18 fructidor; et de cette supposition, chaque parti a tiré l'induction qu'il lui croyait favorable.

J'y répondrai par des faits de la vérité desquels personne ne pourra douter.

Le 2 floréal (21 avril), l'armée que je commandais s'empara d'Offenburg, environ trois heures après midi.

Je suivais de très-près les hussards qui y entrèrent les premiers, et j'y trouvai les fourgons de la chancellerie, de la poste et d'une partie de l'armée ennemie, et les équipages de plusieurs officiers-généraux, entre autres ceux du général Klinglin, dont nos soldats se partageaient les dépouilles.

Je donnai l'ordre de recueillir avec soin tous les papiers qu'on trouverait. On en chargea un fourgon, qui fut conduit le lendemain à Strasbourg sous l'escorte d'un officier.

Ce ne fut qu'après la ratification des préliminaires de paix, et quand les cantonnements des troupes furent définitivement réglés avec l'ennemi, qu'on put s'occuper de la vérification des papiers : ils étaient en très-grande quantité, et dans un désordre inséparable de la manière dont on s'en était emparé.

Je chargeai de ce travail un officier d'état-major ; et personne n'est plus à portée que vous de juger du temps qu'il a fallu pour le triage, saisir les indications que le déguisement des noms rendait très-difficiles, découvrir le chiffre et déchiffrer toutes les lettres : ce dernier objet n'est pas encore achevé.

Le 17 (3 septembre), je chargeai un courrier de retour, de ma lettre du même jour au citoyen Barthélemy ; ce courrier partit de Strasbourg le 18 fructidor au matin (4 septembre) : les événements du 18 n'ont été connus dans cette ville que le 22.

Il était assez naturel que je m'adressasse à ce directeur, lui ayant déjà parlé de cette correspondance quelques jours avant son départ de Basle, et ayant eu des relations fréquentes avec lui ou sa légation sur le même objet.

Je n'ai dû lui parler positivement de ceux qu'inculpait la correspondance du général Klinglin, qu'après en avoir acquis la preuve évidente ; mais je ne pouvais plus m'en dispenser, puisqu'il y avait du danger pour mon pays, et qu'il était indispensable de débarrasser l'armée d'une foule d'espions qui instruisaient journellement l'ennemi de la force et des mouvements de l'armée. Vous vous en convaincrez par la situation des troupes et de nos magasins , que vous trouverez dans ces papiers.

N° 69.

[207]

Strasbourg, le 23 vendémiaire an VI (14 octobre 1797).

AUGEREAU, *général en chef de l'armée d'Alle-magne,* à GOUVION SAINT-CYR.

J'AI reçu, mon cher général, votre lettre en date du 20 courant (11 octobre), par un officier de l'état-major que vous en aviez chargé.

La modestie qui accompagne toujours le vrai talent, règne dans les expressions de votre lettre : cette belle qualité, général, augmente l'estime que j'avais conçue de votre mérite. Le commandement de l'aile droite était en bonnes mains à coup sûr, si vous eussiez voulu me-surer vos forces; mais puisque votre délicatesse s'y re-fuse, soyez certain, mon cher général, que nous nous réunirons sous peu, et que nous marcherons de con-cert à l'ennemi. J'espère que nous nous conviendrons; je fais mettre à l'ordre du jour le commandement que vous prenez; j'aurai le plaisir d'être auprès de vous sous peu de jours.

N° 70.

[207]

Wetzlar, le 11 brumaire an VI (1er novembre 1797).

CHERIN, *chef de l'état-major général, au général*
GOUVION SAINT-CYR.

LE général en chef me charge, mon cher général, de vous annoncer que le général Desaix passant, en exécution des ordres du Directoire, au commandement provisoire de l'armée d'Angleterre, son intention est de vous conférer le commandement de l'aile droite. Le général Desaix est prévenu de cette disposition qui sera mise demain à l'ordre général de l'armée, et vous remettra en conséquence les instructions et les renseignements nécessaires.

N° 71.

[207]

Wetzlar, le 11 brumaire an VI (1er novembre 1797).

CHERIN *à* GOUVION SAINT-CYR.

JE vous préviens, général, que le général en chef, voulant pourvoir aux moyens de mettre les côtes maritimes de la ci-devant Belgique dans un état de défense respectable relativement aux circonstances, a fait choix du général Reynier, et lui donne en conséquence l'ordre de se rendre, dans le plus court délai, à Ostende, où il lui fera passer ses instructions. Veuillez bien en conséquence le faire remplacer dans le **commandement** qui lui était confié, sa présence à Ostende ne **pouvant** souffrir de retard.

N° 72.

[210]

Offenburg, le 17 frimaire an VI (7 décembre 1797).

CHERIN *à* GOUVION SAINT-CYR.

(Extrait.)

LE Directoire exécutif prescrit, citoyen **général**, par un arrêté du 29 du mois dernier (**19 novembre**), de prendre les mesures les plus promptes pour **se mettre** en possession, au nom de la république **française**, des pays, terres et droits qui, sur la rive gauche du Rhin, dépendaient du ci-devant évêché et principauté de Basle, en Erguel, Moutier-Grandval et Bellelay, etc., sans préjudice à la neutralité avec le corps helvétique et aux autres droits respectifs.

Le général en chef vous charge de remplir ces dispositions. Les ordres qui ont été donnés aux 17ᵉ et 31ᵉ demi-brigades, ainsi qu'au 8ᵉ de hussards, de se rendre dans le Haut-Rhin, sous le prétexte des subsistances, sont destinés, avec les troupes qui y sont déjà, à protéger cette expédition qui doit se faire et se préparer dans le plus grand secret et sans grand appareil, pour ne **donner** aucun ombrage aux Suisses, naturellement **méfiants. En** vous chargeant de cette opération, le général en chef vous laisse à cet égard toute la latitude nécessaire pour vos dispositions. Il réunit sous votre commandement le Mont-Terrible. En conséquence, le général Nouvion, qui est à Dellemont, sera sous vos ordres avec les deux bataillons de la 38ᵉ et autres troupes qu'il commande.

Le pays dont il s'agit de mettre la république française en possession, devra être de suite organisé en un ou deux cantons, dont vous nommerez provisoirement les fonctionnaires de toute espèce. Vous déclarerez aussi provisoirement que ce canton ou ces cantons seront sous la juridiction et administration du département du Mont-Terrible. Vous en préviendrez les administrateurs. Vous aurez au surplus soin de vous concerter, sur cet objet, avec le commissaire du Directoire exécutif près l'administration centrale dudit département.

Il me reste à vous transmettre littéralement une intention du Directoire exécutif : « Vous ne vous mettrez « point en possession de la ville de Bienne. Vous vous « bornerez à cet égard à destituer le maire du soi-di- « sant prince, et vous ferez mettre les scellés sur ses « papiers et caisses. Vous installerez un autre maire « au nom de la .république française, avec ordre « d'exercer les mêmes fonctions et droits que le maire « destitué. » —Il sera, je pense, nécessaire que vous ayez sur cet article des renseignements du chargé d'affaires de la république en Suisse.

Comme on peut présumer que des cantons, surtout ceux voisins, pourraient s'alarmer, il sera bon d'être au courant de leurs intentions politiques et militaires, et de voir l'effet que produira cette prise en possession. Le chargé d'affaires pourra vous donner, à ce sujet, des renseignements que je vous inviterai à me transmettre avec la plus grande célérité, pour être à même

de faire prendre les mesures militaires que nécessite-
ront les circonstances.

N° 73.

[210]

Offenburg, le 20 frimaire an VI (10 décembre 1797).

AUGEREAU *à* GOUVION SAINT-CYR.

Je reçois votre lettre en date du 19, par laquelle il
me paraît que vous établissez quelque doute sur le sens
des expressions du paragraphe de l'arrêté du Directoire,
renfermé dans les instructions qui vous ont été transmises
concernant la ville de *Bienne*. Je vous invite, citoyen
général, à vous conformer à l'exécution littérale de ce
même paragraphe, et, pour cet effet, de placer quelques détachements à une distance convenable pour ne
pas alarmer les habitants, et d'entrer accompagné de
votre état - major seulement, dans la ville, pour y exécuter l'acte de destitution du maire du soi - disant
prince, et l'installation d'un autre maire au nom et
pour la république française.

N° 74.

[210]

Basle, le 23 frimaire an VI (13 décembre 1797).

Le citoyen BACHER, *agent diplomatique de la république française, au* DIRECTOIRE HELVÉTIQUE, *séant à Zürich.*

MAGNIFIQUES ET PUISSANTS SEIGNEURS,

COMME des malveillants pourraient chercher à alarmer les cantons qui avoisinent la France, sur l'occupation que les troupes françaises vont faire des dépendances du département du Mont-Terrible, indiquées dans la lettre ci-jointe, je vous prie, magnifiques et puissants seigneurs, de vouloir bien la faire circuler parmi les états de la confédération helvétique, et d'y ajouter que la république française fera toujours ses efforts pour maintenir la neutralité, et que son vœu constant sera de vivre en paix et bonne amitié avec le peuple suisse, en assurant son indépendance et sa liberté.

N° 75.

[210]

Notification faite par le citoyen BACHER *au* DIRECTOIRE HELVÉTIQUE.

IL est notoire que la prévôté de Moutier-Grandval, le pays d'Erguel, la mairie d'Orvin, la Neuveville, et, par indivis, la seigneurie de la montagne de Diesse, etc., etc., étaient de tous les temps des dépendances du ci-devant évêché de Basle, actuellement réuni à la France sous la dénomination de département du Mont-Terrible.

La nation française étant subrogée à tous les droits de souveraineté, honorifiques et utiles, domaniaux, biens fonciers de la mouvance et appartenance, etc., etc., du ci-devant évêché de Basle, sur la rive gauche du Rhin, je suis chargé, magnifiques et puissants seigneurs, de vous notifier que l'occupation de tous les susdits pays va avoir lieu sous peu de jours, de manière cependant à ne porter aucune atteinte à la neutralité helvétique, qui sera maintenue dans tous ses points, puisque la république française ne fera autre chose que d'exercer tous les droits quelconques, et de se mettre en lieu et place du soi-disant prince évêque de Basle, en prenant possession d'une partie intégrante et dépendante du département du Mont-Terrible.

Je dois ajouter, magnifiques et puissants seigneurs, à ma notification officielle, que la république française se réserve formellement tous ses droits et actions contre qui il appartiendra sur tous les immeubles, meubles, appartenant au ci-devant évêché de Basle, sur la rive gauche du Rhin, les indemnités qui lui sont dues pour la non-jouissance, et en général tous les torts que lui ont causés les obstacles mis jusqu'à présent à la prise de possession des susdits pays ; de même que la restitution des dîmes, rentes foncières, droits seigneuriaux, de péage, etc., etc., et en général des sommes et objets indûment perçus depuis la réunion du département du Mont-Terrible à la France.

N° 76.

[210]

Basle, le 24 frimaire an **VI** (14 décembre 1797).

Le citoyen BACHER *au général* GOUVION SAINT-CYR.

J'ai reçu, citoyen général, la lettre que vous m'avez adressée le 23 de ce mois, par laquelle vous voulez bien me faire part du mouvement que vous vous proposez de faire demain 25 de ce mois (15 décembre), pour occuper les pays dépendants du ci-devant évêché de Basle, jusqu'ici provisoirement compris dans la neutralité.

Je viens, citoyen général, conformément à l'avis que vous venez de me donner, et aux ordres du Directoire exécutif, de notifier à la confédération helvétique cette occupation, ainsi que vous le verrez par les copies des lettres ci-jointes.

Comme les gouvernements des républiques de Berne et de Soleure ne pourraient être instruits de cet important événement, assez à temps par le Directoire de Zürich, je viens de les en prévenir directement. Je joins ici l'expédition pour la ville et république de Bienne, que je vous prie de lui faire passer.

Permettez-moi, citoyen général, de vous soumettre la marche qu'il me paraît qu'on pourrait suivre à l'égard de la république de Bienne, pour remplir les intentions du Directoire.

Vour pourriez, citoyen général, envoyer d'avance votre adjudant-général ou un de vos aides-de-camp à

Bienne, pour y porter une lettre à peu près conforme à la minute ci-jointe.

Le conseil de Bienne s'empressera de déférer à votre réquisition, et d'envoyer au-devant de vous, citoyen général, une députation pour convenir de tous les arrangements que pourra nécessiter l'occupation de la limite de son territoire.

Permettez-moi, citoyen général, de vous rappeler que la liberté de la Suisse dépend de la discipline que les troupes françaises observeront dans l'occupation du pays que vous allez réunir au département du Mont-Terrible; s'il y a des excès commis, les oligarques et les magistrats aristocrates triompheront. Je ne serais même pas étonné qu'ils fissent arborer la cocarde nationale à des gens soudoyés, pour commettre dans ce même moment des dégâts et des dévastations dans l'intérieur de la Suisse, afin de répandre l'alarme parmi les cultivateurs et autres gens de la campagne, à qui ils chercheront à faire accroire que les Français s'occupent beaucoup moins de les rendre libres, que de les conquérir et de les soumettre à des contributions et réquisitions.

Oserais-je vous prier, citoyen général, de vouloir bien me donner de vos nouvelles, et de faire établir des ordonnances de cavalerie sur la route jusqu'à Basle, pour qu'elles me parviennent plus promptement et que je puisse en même temps vous tenir au courant de ce qui parviendra à ma connaissance?

N° 77.

[211]

Au quartier-général à Dellemont, le 24 frimaire an VI (14 décembre 1797).

Le général de division GOUVION SAINT-CYR, *commandant l'aile droite de l'armée d'Allemagne, aux habitants de la prévôté de Moutier-Grandval, Bellelay, haut et bas Erguel.*

La liberté, pour l'homme qui a le sentiment de sa dignité, est le premier des biens.

Pour la conquérir, il n'y a point de privations que les Français n'aient souffertes; ils sont aujourd'hui bien dédommagés de tous leurs sacrifices et des torrents de sang qu'ils ont versés pour elle. Ils possèdent dans sa plénitude l'objet de leur passion : la liberté!

L'Europe, courbée plus ou moins sous le joug du despotisme, admire et ne conçoit pas encore les prodiges enfantés par cette nation régénérée. Le titre de citoyen français est aujourd'hui le plus glorieux que l'homme puisse porter.

Cette nation grande et généreuse, après avoir donné la paix à l'Europe, après avoir vaincu la coalition qui voulait l'asservir, a tourné ses regards vers vous. Elle connaît depuis long-temps les vertus de ce peuple laborieux; elle vous a trouvés dignes de vous associer à elle.

La république française rentre dans ses droits; de sujets du soi-disant évêque de Basle, vous devenez citoyens français.

N° 78.

[212]

Malleray, le 26 frimaire an VI (16 décembre 1797).

Le général de brigade NOUVION *au général* GOUVION SAINT-CYR.

LES troupes qui ont passé par la gorge de Moutier, général, ont occupé dès hier les postes que vous avez ordonnés. A deux lieues de Dellemont, j'ai rencontré hier une députation de Bienne, composée de M. le chancelier Neushoz, du chef militaire, et d'un capitaine, qui étaient chargés de venir s'informer si les mesures que le gouvernement prenait regardaient leur ville. Je les ai rassurés en leur disant que la république française ne se mettait en possession que dans tous les droits qu'avait le ci-devant prince-évêque de Basle. Ils ont emporté avec eux la lettre du citoyen Bacher, que je leur ai remise.

J'ai convoqué dès hier soir tous les fonctionnaires publics qui doivent composer l'administration de ce canton; j'espère, à midi, avoir terminé l'opération que le commissaire du département finira dans la journée, s'il n'est pas retenu à Moutier, où il n'a pas été facile de trouver des agents.

Je partirai après midi pour vous rejoindre; faites-moi savoir, je vous prie, où je vous trouverai.

N° 79.

[212]

Malleray, le 26 frimaire an VI (16 décembre 1797).

A neuf heures du soir.

ROUSSEL, *commissaire du pouvoir exécutif près l'administration départementale du Mont-Terrible, au général* GOUVION SAINT-CYR.

JE reçois à l'instant la députation du sieur Glutz, qui, avant l'occupation par nous de la maison du chapitre de Moutier, commandait dans cette maison, au nom de la république de Soleure, des hommes qu'il n'avait pas, mais dont l'emploi était lucratif. Il m'a remis ce que diplomatiquement on pourrait appeler ses lettres de créance, qui, dans le fait, ne sont autre chose que l'ouvrage du sieur Zeltner, chancelier de l'état, qui, jusqu'à présent, s'est fait un jeu et un plaisir de tromper la république française. Vous verrez en tête de ce chef-d'œuvre d'imagination : *Nous avoyer et conseil de la ville et république de Soleure,* et le tout signé : ZELTNER, *chancelier.*

C'est une petite supercherie des cantons suisses, depuis la révolution, qui ont voulu se réserver la faculté de désavouer un homme en n'agissant pas sénatorialement.

Actuellement je cesse de plaisanter, parce que vraiment j'ai regardé la copie que je vous envoie comme une plaisanterie, et je vais avec vous, citoyen général, entrer en matière relativement au contenu de la pièce ci-jointe.

La co-bourgeoisie accordée à prix d'argent, par MM. du canton de Soleure, au chapitre de Moutier-Grandval, ainsi qu'à l'abbaye de Bellelay, était purement religieuse : son époque date de celle où la réforme s'est introduite dans l'Erguel et dans la prévôté. Alors ces moines et ces prêtres, voulant se fortifier contre leurs voisins réformés, ont acheté un appui religieux dans le canton de Soleure, que Bellelay renouvelait à chaque mutation d'abbé, et que le chapitre de Moutier est supposé avoir payé toutes les années; et observez que les réformés, par la même raison, cherchant un appui contre un prince catholique, s'étayaient de l'alliance de Berne : cette co-bourgeoisie est donc purement religieuse et de protection. Je remarque avec plaisir que M. Zeltner a eu assez de pudeur pour en convenir dans la déclaration du 13 décembre ou 23 frimaire courant. D'ailleurs, je n'ai plus qu'une objection à faire contre les prétentions ridicules, vraies ou fausses, du canton de Soleure; c'est que depuis la co-bourgeoisie du chapitre de Moutier, il n'a pas cessé un instant, jusqu'à l'expulsion du prince-évêque de Basle, d'être assujetti à ce dernier.

J'ignore, citoyen général, si l'intention du canton de Soleure est de faire strictement exécuter sa déclaration de guerre contre la république française; mais je remarque avec peine que cette déclaration se trouve en opposition avec l'arrêté du Directoire exécutif, et je dois à la vérité de dire que le chapitre de Moutier-Grandval appelait des jugements rendus contre lui dans la prévôté, à la chambre impériale de Wetzlar :

au surplus, je soumets la décision de toute cette affaire à vos lumières et à votre prudence.

N° 80.

[214]

Le 18 décembre 1797.

L'AVOYER ET CONSEIL DE LA RÉPUBLIQUE DE BERNE, *au général* GOUVION SAINT-CYR, *à Sonceboz.*

DANS votre lettre datée du quartier-général de Sonceboz, vous nous faites part, citoyen général, de l'ordre que vous avez reçu du Directoire exécutif de la république française, de prendre possession des pays du ci-devant évêché de Basle, situés en Suisse, et vous demandez en conséquence le passage par la Neuveville qui en fait partie, pour des troupes françaises, soit par la montagne de Diesse, soit par notre territoire.

Notre république, citoyen général, se réservant tout ce qui peut et doit être réservé dans ces circonstances, consent volontiers au passage que vous demandez par la montagne de Diesse. Nous espérons que le Directoire exécutif de la république française verra dans cette déférence une nouvelle preuve du désir sincère de notre gouvernement d'entretenir la bonne amitié et le bon voisinage subsistant entre nos deux états.

Nous profitons en même temps de cette occasion, citoyen général, pour recommander les habitants de toutes ces contrées à vos soins généreux, et nous vous prions d'agréer, etc.

N° 81.

[214]

Berne, le 21 décembre 1797.

Le colonèl KIRCHBERGER DE ZIEBISTORF *au général* GOUVION SAINT-CYR.

AYANT fait part à mon souverain de votre façon de penser favorable envers le corps helvétique, et des qualités rares qui vous distinguent d'une manière si éminente, il m'a chargé de vous annoncer que l'on retirera deux bataillons d'infanterie et un corps de carabiniers placés à Aarberg; le reste des troupes qui se trouvent à Nidau et à Buren ne seront conservées que comme une décence militaire et une mesure de police.

FIN DU QUATRIÈME ET DERNIER VOLUME.

TABLE

DES CHAPITRES.

———

Pages

Suite de la campagne de 1796. — Chapitre quinzième. Combats d'Emmendingen et de Waldkirch. . .

Chapitre seizième. Passage de l'Elz par l'Archiduc. — L'aile gauche de Moreau repasse le Rhin ; le centre et la droite se retirent en arrière de Freiburg. — Position des deux corps d'armée à Schliengen. — Affaire de Schliengen. — Moreau repasse le Rhin à Huningue.   27

Chapitre dix-septième. Réflexions sur l'ensemble de la campagne, jusqu'à l'époque du retour de l'armée de Rhin-et-Moselle sur la rive gauche du Rhin.   41

Chapitre dix-huitième. Préliminaires du siége de Kehl. — Les Autrichiens construisent leur ligne de contrevallation. — Elle est attaquée par les Français qui, après s'être emparés de quelques redoutes, les abandonnent et se retirent. . . .   58

TOME IV.

Pages

CHAPITRE DIX-NEUVIÈME. Commencement du siége de
    Kehl... 86

CHAPITRE VINGTIÈME. Continuation du siége. — Ré-
    flexions générales.......................... 105

CHAPITRE VINGT-UNIÈME. Siége de la tête-de-pont
    d'Huningue.................................. 127

CAMPAGNE DE 1797. — CHAPITRE PREMIER. Les armées
    de Rhin-et-Moselle et de Sambre-et-Meuse
    envoient des détachements en Italie ; celle de
    Rhin-et-Moselle prend des cantonnements en
    Alsace et dans le Palatinat. — Moreau se rend
    à l'armée de Sambre-et-Meuse, que le Direc-
    toire avait réunie à son commandement. —
    Hoche est nommé général en chef de cette
    armée. — Départ d'un détachement de l'armée
    autrichienne pour l'Italie. — Hoche dénonce
    l'armistice.................................. 139

CHAPITRE SECOND. Tentatives de Latour pour renou-
    veler l'armistice. — Préparatifs du passage du
    Rhin.. 154

CHAPITRE TROISIÈME. Passage du Rhin à Diersheim. 165

CHAPITRE QUATRIÈME. Moreau conclut un armistice
    avec Latour, et renvoie sur la rive gauche du
    Rhin une partie de son armée. — Influence de
    la journée du 18 fructidor sur les armées. —
    Rappel de Moreau, et son départ pour Paris.
    — Mort de Hoche............................. 184

Chapitre cinquième. Augereau arrive à Strasbourg, investi du commandement des armées de Sambre-et-Meuse et de Rhin-et-Moselle, qui prennent la dénomination d'*Armée d'Allemagne.* — Il rompt l'armistice, et se dispose à passer le Rhin. — Paix de Campo-Formio. — Prise de possession des vallées de l'Erguel et de Moutier-Grandval. 204

Conclusion. 216

Pièces justificatives. 225

FIN DE LA TABLE.

AVIS AU RELIEUR,

POUR LE PLACEMENT DES CARTES ANNEXÉES A CE VOLUME.

———

Pages

1. Carte des environs de Schliengen. 34

2. Passage du Rhin à Diersheim. 165

Généraux commanda
Le gén. de division ÉBLÉ *et le c*
Le général de brigade
Le chef de bataillon D*

GÉNÉRAUX DE	
DIVISION.	BRIGADE.
AMBERT. . . . {	Davoust. . . .
	Decaen. . . .
DUHESME. . . {	Eckmayer. . .
	Lecourbe. . .
Ste-SUZANNE. {	Montrichard.
	Ste-Suzanne. .

Lightning Source UK Ltd.
Milton Keynes UK
UKHW02f0225140818
327178UK00014B/971/P